Immer wieder sind Uta Ackermann und Werner Fritsch bei der Arbeit an ihrem Böhmen-Buch auf die mythische Dimension von Böhmen gestoßen. Deshalb beginnt ihre Lese-Reise mit Texten, die diese Bedeutung ausloten, und sie schließt mit einem Kapitel, das den »böhmischen Dörfern« gewidmet ist.

Ausgehend vom westlichen Tor zu Böhmen, der Stadt Cheb, geht die Reise über das nördliche, östliche und südliche Böhmen bis nach Horni Plana. Prag wurde ausgeklammert, sonst hätte »das Mütterchen mit Krallen« das Gros der Seiten an sich gerissen.

Das Spektrum der Autoren reicht von dem um 1400 lebenden Johannes von Tepl bis zu dem 1970 geborenen Petr Borkovec. Besonders bemüht waren die Herausgeber um ein ausgewogenes Verhältnis von deutschen und tschechischen Blicken auf diesen Kulturraum, der über Jahrhunderte von gegenseitigem Austausch geprägt wurde. Sie haben überdies versucht, jeden Ort selbst zu bereisen und mit dem Text des jeweiligen Autors, auch mehreren Originalbeiträgen, die Landschaft neu zu erschließen. Die dadurch entstandene »Gegenlandkarte des Geistes« ist eine Einladung zu einer ungewöhnlichen Entdeckungsreise.

Werner Fritsch, 1960 in Waldsassen, unweit der böhmischen Stadt Cheb geboren, wurde 1987 beim Ingeborg-Bachmann-Wettbewerb mit dem Preis des Landes Kärnten ausgezeichnet. Er erhielt für *Cherubim* im selben Jahr den Robert-Walser-Preis, 1988 den Rauriser-Literaturpreis, 1993 den Hörspielpreis der Kriegsblinden und 1997 den Else-Lasker-Schüler-Preis. Seine Werke erscheinen im Suhrkamp Verlag: *Cherubim, Steinbruch, Fleischwolf, Sense, Stechapfel, Es gibt keine Sünde im Süden des Herzens.*

Uta Ackermann, 1964 in Dresden geboren. Promotion über René Char. Übersetzungen. Veröffentlichungen von Lyrik und Prosa, zuletzt »Das Blut der Distel« (Hörspiel), DeutschlandRadio Berlin, 1997.

insel taschenbuch 1994
Böhmen

Inhalt

Das nördliche Böhmen

Das östliche Böhmen

Böhmische Dörfer

Böhmen, das Meer, der Baum der Flüsse

1 · Vor Prag, im Süden, unweit der einstigen Burg der böhmischen Amazonen, mündet die Berounka in die Moldau.

Von Beroun an standen die Wälder schwarz. In Křivoklát überquerten wir die Berounka. Wir gingen zur Burg, um den Landstrich zu überblicken, in dem wir uns nun verlieren würden. Über die Brücke kehrten wir ans andere Ufer zurück und tauchten abermals in dunklen Wald. Serpentinen führten hinauf nach Bránov: am verlassenen Gasthof eine Gedenktafel für Ota Pavel.

Die Begegnung mit diesem Autor war eine der schönsten Überraschungen bei der Arbeit an diesem Buch. Ota Pavel, Sohn eines jüdischen Vaters und einer christlichen Mutter, wurde nur dreiundvierzig Jahre alt. In seinen autobiographisch grundierten Erzählungen ersteht die Landschaft seiner Kindheit in einem ungewöhnlich schönen Licht.

Jemand wies uns den Weg zum »letzten Paradies« von Ota Pavel. Es war nur zu Fuß zu erreichen. Als wir sie schon nicht mehr erwartet hatten, hinter einer grün verwucherten Wegbiegung, tat sich die Siedlung vor uns auf. Der einzige Weg führte zum Fluß und zum Fährhaus. Die Akazie stand noch, unter der jeder, selbst ein Angler, die Wahrheit gesagt haben soll. Alles war genauso, wie beschrieben: der rasche Fluß, die stromaufwärts gelegene kleine Insel, die »Schnitzelfische«, die im seichten Wasser spielten. Nicht Hechte, »groß wie Krokodile«, köderten wir mit ihnen, sondern Erinnerungen an eine Zeit, in der wir noch nicht gelebt haben, die hier aber so geblieben zu sein scheint, wie es bei Ota Pavel zu lesen ist.

Von der Akazie im Buch blickten wir auf zur Akazie über uns, vom Fährhaus im Buch blickten wir auf zum Fährhaus vor uns, von der Berounka im Buch stiegen wir in die Berounka unter uns, die flacher war und doch rascher floß als im Buch.

Ein Schatten war auch über diese Landschaft gefallen: deutsche Jagdbomber. Der Vater und die beiden älteren Brüder Ota Pavels wurden nach Theresienstadt deportiert. Sie überlebten, der Schatten blieb. Der vom Angeln besessene Junge wurde Sportreporter und bereiste viele Länder. Während der Olympiade in Innsbruck zündete er Bauernhöfe an, um die Dunkelheit aus der Welt zu vertreiben. Die Krankheit war ausgebrochen, die ihn oft in psychiatrischen Anstalten festhielt. Allein die Erinnerung an glückliche Tage hier, an seiner Berounka, hielt ihn am Leben. So begann er zu schreiben.

Die letzte Fotografie von Ota Pavel, welche die Ausstellung im kleinen Museum des Fährhauses beschließt, zeigt ihn geduckt, die Augen niedergeschlagen und hinter dicken Brillengläsern verborgen, das Gesicht aufgeschwemmt.

Schon lag das Ufer verlassen. Wir konnten uns schwer von diesem Ort trennen. Erst als Blitze den Himmel zerklüfteten, hasteten wir zurück ins Dorf.

Am nächsten Morgen kamen wir wieder. Schon bei den Mohnfeldern vor Nezabudice hatte ich Herzklopfen, es war, wie nach langer Zeit nach Hause zu kommen.

II · Es ist still in Zürau. Man hört nur das Rauschen eines Flüßchens und noch immer, als wäre Sommer und nicht Oktober, das Zirpen von Grillen.

Über den Hopfenfeldern liegt Nebel. Kaum Lichter in den vor langer Zeit gelbgekalkten Höfen. Putz bröckelt. Allein auf dem Friedhof züngeln, in Rot gehüllt, ein paar Kerzen. Es gibt nichts Verwunscheneres, nichts Abgründigeres als böhmische Dörfer bei Nacht.

Das Haus, in dem Kafka geschrieben hat, steht nicht

mehr. Kafkas Schwester Ottla, die das Haus bewohnt hatte, überließ ihrem Bruder, wie später in Plana, einen Raum zum Schreiben. Auch das Häuschen in der Prager Alchemistengassen hatte sie ihm zum Schreiben verschafft. Und ich denke, daß es schön ist, wenn Menschen, die weniger dumpf sind als die Welt ringsherum, sich helfen: Wie wäre sonst ein »Herausspringen aus der Totschlägerreihe« möglich?

Kafka erlag seiner Krankheit, Ottla wurde ermordet in Auschwitz.

Manche Häuser sind nun leer und verfallen. Ihre Fensterlöcher klaffen schwarz. In der Kirche ist das Schwarz in der Mauer größer und oben zu einem Bogen geschwungen. Im verwilderten Kirchhof wachsen, höher als die Flügel der beiden Engel auf Granitsäulen dies- und jenseits der Pforte, Birken, erstes Gold in den Kronen.

Wir essen zwei Birnen, die ich weiter unten am Ortsende von einem Baum »etwa meines Alters« gepflückt habe. Durch das Licht der Laterne am Brückenkopf sehen der Schatten des Brückengeländers und unsere Schatten auf der im Mondlicht tauglitzernden Wiese aus wie eine Zeichnung von Kafka.

Tags darauf sitzen wir oben in Mělník, und die Sonnenkugel steht über dem Tafelberg Řip. Wir sehen, wie Blau und Blutrot ineinander über- und untergehen im Schwarz: Wir sehen, wie unter uns die Moldau mit der Elbe verschmilzt.

Und mir erscheint die Elbe wie ein gewaltiger Baumstamm, dessen Wurzelwerk die Nordsee ist. Mir wird bewußt, daß das Flußsystem, von oben gesehen, einem über die Jahrtausende in die Landschaft eingeschriebenen Baum gleicht. Ich erkenne, daß mein Heimatfluß Wondreb in der Krone dieses Baumes einen Ast bildet.

Und ich stelle mir vor, daß die Wurzeln des horizontalen zugleich die Wurzeln eines vertikalen Baums sind, dessen Krone in den Himmel ragt...

III · Während Shakespeare Böhmen ans Meer verlegt, vermutet Goethe ein Meer *in* Böhmen. Er schreibt in dem Aufsatz »Zur Geognosie und Topographie von Böhmen«:

»Wir wenden uns zuerst an die Eger, die, in Bayern entsprungen, schon als bedeutendes Wasser nach Böhmen eintritt; sodann zur Wondrab, dem Bache, der, gleichfalls in Bayern entspringend, doch in Böhmen als der erste sich mit der Eger vereinigt. Müsse nun bei allen Untersuchungen der jetzigen Erdoberfläche, und besonders des nutzbaren Teils, dessen Wert uns so nahe liegt, die Restagnation des uralten Meers unsere Aufmerksamkeit reizen, so haben wir die Einbildungskraft bis zu jener Zeit zurückzuführen, wo das *Böhmische Binnenmeer* bis an den Fichtelberg reichte und dort, mit Vor- und Zurücktreten, gar manche, jetzt reichlich fruchttragende Flächen bildete.«

Ob nun Böhmen am Meer oder das Meer in Böhmen war – immer wieder sind wir bei unserer Arbeit an diesem Buch auf die mythische Dimension von Böhmen gestoßen. Deshalb eröffnen wir unsere Lesereise mit Texten zu »Böhmen am Meer«.

Der ganz besonderen, zugleich vertrauten und fremden Atmosphäre in böhmischen Dörfern ist unser Schlußkapitel gewidmet.

Zusammen mit 85 Autoren beginnen wir unsere böhmische Reise, ausgehend vom westlichen Tor zu Böhmen, der Stadt Cheb, über das nördliche, östliche und südliche Böhmen bis nach Horní Plana, Stifters Geburtsort Oberplan. Um möglichst viele Stationen möglichst vielfältig beleuchten zu können, mußten wir uns, da auch dem Umfang des Buches Grenzen gesetzt waren, auf das alte Böhmen beschränken und konnten Mähren nicht einbeziehen. Prag klammerten wir von vornherein aus, sonst hätte »das Mütterchen mit Krallen« das Gros der Seiten an sich gerissen.

Das Spektrum der Autoren reicht von dem um 1400 lebenden Johannes von Tepl bis zu dem 1970 geborenen Petr Borkovec. Wir bemühten uns um ein ausgewogenes Verhältnis von deutschen und tschechischen Blicken auf diesen Kulturraum, der über Jahrhunderte von gegenseitigem Austausch geprägt wurde. Einige Autoren, um deren persönlichen Bezug zu Böhmen wir wußten, baten wir um Originalbeiträge. Neben bekannte Autoren stellten wir unbekanntere, neben hundertfach beschriebene Städte und Landschaften kaum beachtete.

Wir haben versucht, jeden Ort selber zu bereisen und, mit dem Text des jeweiligen Autors in der Hand, neu zu erschließen. Die dadurch entstandene Gegenlandkarte des Geistes wollen wir als Einladung zu einer ungewöhnlichen Entdeckungsreise verstanden wissen, die nicht nur eine Reise auf dem Papier, sondern auch eine durch die böhmischen Landschaften sein sollte – eine Einladung zur liebevollen Wahrnehmung dieses eng mit uns verbundenen Landes.

Oktober 1995   Uta Ackermann · Werner Fritsch

Böhmen am Meer

Adalbert Stifter
Weit zurück in dem leeren Nichts

Weit zurück, in dem leeren Nichts ist etwas wie Wonne und Entzücken, das gewaltig fassend, fast vernichtend in mein Wesen drang und dem nichts mehr in meinem künftigen Leben glich. Die Merkmale, die fest gehalten wurden, sind: Es war Glanz, es war Gefühl, es war unten. Dies muß sehr früh gewesen sein, denn mir ist, als liege eine hohe, weite Finsternis des Nichts um das Ding herum.

Dann war etwas anderes, das sanft und lindernd durch mein Inneres ging. Das Merkmal ist: Es waren Klänge.

Dann schwamm ich in etwas Fächelndem, ich schwamm hin und wieder, es wurde immer weicher und weicher in mir, dann wurde ich wie trunken, dann war nichts mehr.

Diese drei Inseln liegen wie feen- und sagenhaft in dem Schleiermeere der Vergangenheit, wie Urerinnerungen eines Volkes.

Die folgenden Spitzen werden immer bestimmter, Klingen von Glocken, ein breiter Schein, eine rote Dämmerung.

Ganz klar war etwas, das sich immer wiederholte. Eine Stimme, die zu mir sprach, Augen, die mich anschauten und Arme, die alles milderten. Ich schrie nach diesen Dingen.

Dann war Jammervolles, Unleidliches, dann Süßes, Stillendes. Ich erinnere mich an Strebungen, die nichts erreichten, und das Aufhören von Entsetzlichem und zu Grunderichtendem. Ich erinnere mich an Glanz und Farben, die in meinen Augen, an Töne, die in meinen Ohren, und an Holdseligkeiten, die in meinem Wesen waren.

Immer mehr fühlte ich die Augen, die mich anschauten, die Stimme, die zu mir sprach, und die Arme, die alles milderten. Ich erinnere mich, daß ich das »Mam« nannte.

Diese Arme fühlte ich mich einmal tragen. Es waren dunkle Flecken in mir. Die Erinnerung sagte mir später, daß es Wälder gewesen sind, die außerhalb mir waren. Dann war eine Empfindung, wie die erste meines Lebens, Glanz und Gewühl, dann war nichts mehr.

Jan Skácel
Kindheit

Goldne goldne brücke
wer hat sie denn zerbrochen

Gegen abend wuschen die mütter uns die füße
heute würde ich dieses wasser trinken
Und wie heftig wir schliefen

Es war der pappkater anstelle des eichhörnchens
und das fischchen
ertrunken im kolk

Die sonntage silbern und dunkelbraun die freitage
Mitten in der woche lag der mittwoch
und der dienstag fand fast nicht statt

Einmal im jahr erhängte sich jemand
die leute folgten dem sarg
und kehrten ohne ihn zurück

Manchmal rückten wälder aus
zurück blieben kahlschläge
und zu tode erschreckte rehe

Und wir fürchteten uns vor dem bösen
die tage waren aus johannisbeeren
und die nächte zerkräht

Kalmus duftete wie die gifte der könige
die vorfahren verwesten
in der lieblichen heimaterde

und in den erkalteten öfen wohnte die angst
Und sie
sie ist immer zu finden

Schau nicht um
der plumpsack geht rum
er geht um den kreis
daß niemand was weiß

František Halas
Drei Landschaften

J. Č. gewidmet

Landschaft der Kindheit die vom Strom getragen
von Früh durchflochten und vom blonden Wein
im Glas der Wogen tausendfach zerschlagen
dahin

Landschaft der Stadt von Turteltaubenleib betört
wenn sie des Abends kreisten wie im Spiel
In welchen Sünden haben wir uns angehört
nicht mehr

Der Träume Landschaft blutzerstückt
erschrocken bin ich nachts davongelaufen
In Dich gehör ich Laß Du Liebe laß mich sein
zu tief hab ich ins Aug der Dunkelheit geblickt

William Shakespeare
In Böhmen. Eine öde Küste.

Auftritt Antigonus mit dem Kleinkind, und ein Matrose.
Antigonus: Bist du sicher, unser Schiff ist angekommen
    An Böhmens Wüsten?
Matrose: Ja, Herr, nur fürchte ich, wir haben angelegt
    Im ungünstigen Moment: der Himmel sieht
    Bedrohlich drein, ein Sturm steht wohl bevor.

Ingeborg Bachmann
Böhmen liegt am Meer

Sind hierorts Häuser grün, tret ich noch in ein Haus.
Sind hier die Brücken heil, geh ich auf gutem Grund.
Ist Liebesmüh in alle Zeit verloren, verlier ich sie hier gern.

Bin ich's nicht, ist es einer, der ist so gut wie ich.

Grenzt hier ein Wort an mich, so laß ich's grenzen.
Liegt Böhmen noch am Meer, glaub ich den Meeren
    wieder.
Und glaub ich noch ans Meer, so hoffe ich auf Land.

Bin ich's, so ist's ein jeder, der ist soviel wie ich.
Ich will nichts mehr für mich. Ich will zugrunde gehn.

Zugrund – das heißt zum Meer, dort find ich Böhmen
    wieder.
Zugrund gerichtet, wach ich ruhig auf.
Von Grund auf weiß ich jetzt, und ich bin unverloren.

Kommt her, ihr Böhmen alle, Seefahrer, Hafenhuren und
    Schiffe
unverankert. Wollt ihr nicht böhmisch sein, Illyrer,
    Veroneser,
und Venezianer alle. Spielt die Komödien, die lachen
    machen

Und die zum Weinen sind. Und irrt euch hundertmal,
wie ich mich irrte und Proben nie bestand,
doch hab ich sie bestanden, ein um das andre Mal.

Wie Böhmen sie bestand und eines schönen Tags
ans Meer begnadigt wurde und jetzt am Wasser liegt.

Ich grenz noch an ein Wort und an ein andres Land,
ich grenz, wie wenig auch, an alles immer mehr,

ein Böhme, ein Vagant, der nichts hat, den nichts hält,
begabt nur noch, vom Meer, das strittig ist, Land meiner
    Wahl zu sehen.

Man nannte dich Herz Europas

Man nannte dich Herz Europas, meine Trauerweide

Vilém Závada

Lindenbaum, wenn der Blitz in dich einschlägt, richten sich, wie man sagt, alle deine Blätter auf. Entsetzt von ihrer Schwachheit, oder gesteigert in ihrem Lebensgefühl?

Jakub Deml

Nach Böhmen möcht' ich immer. Zum Sterben nach Böhmen, wo meine junge Mutter ist. So muß ich nun ganz anders einmal nach Böhmen wandern und mit den Fischlein muß ich ziehen den steinigen Weg nach Böhmen. Und werd' manche Hure auch nach Böhmen fragen müssen, und ob es noch alte Wegkreuze gibt in Böhmen.

Hartmut Riederer

Die Toten horchen an meinem Herz. Ihr Toten geht nach Böhmen! Wo die Alleebäume stehen an verschwundenen Straßen. Wo die Bäume im Geviert stehen um verschwundene Häuser. Ihr Toten übt dort die Heimatlosigkeit, nicht in mir. Hört dem Wind zu, nicht mir.

Herbert Achternbusch

Nach den glücklichen Tagen im Böhmerwald – die Schmetterlinge fliegen dort so hoch wie die Schwalben bei uns…

Franz Kafka

Der Totenkopfschwärmer dringt bei Anbruch der Dunkelheit in Bienenstöcke und raubt den Honig aus.

Sonka

Die böhmischen Teiche sind Inseln im Meer der Erde ...

Bohumil Hrabal

Durch die Segenswünsche der Mutter hielten wir uns vor Mißgeschicken auf der Reise geschützt und gelangten zu jenem Gebirge, das Böhmen gleichsam wie ein Ring von allen Seiten in einer Breite von drei bis vier Meilen umgibt. Innerhalb dieser Gebirge, übervoll von Räubern, liegt das Land Böhmen wie ein Nußkern in einer Länge und Breite von dreißig Meilen. Mit geladenen Büchsen zogen wir durchs Gebirge und mein Herr sagte zu mir: »Bleibe dicht hinter mir! Wenn Du zufällig an den Seiten des Weges einen Hinterhalt entdeckst, gib mir schleunigst einen Wink und ob ich fliehe oder stehenbleibe: Du hältst Dich an mich!« Kurz nachdem wir ins Gebirge eingedrungen waren, kamen auch schon Räuber hinterher. Aus Höhlen und Gestrüpp sahen wir sie mit geschwärzten Gesichtern und als Hirsche getarnt nach uns spähen und hörten ihre Pfeifsignale, mit denen sie sich gegen uns zusammenriefen.

Johann Butzbach

Mein, was will man auch machen in so einer Gegend. Gegen so ein Reich? Weiß ich auch wieder nicht, was dasselbe für eine Gegend war? Ist auch eine ganz verdrehte Gegend: Böhmen. Gegen das Wasser. Gegen das Meer, darf man sagen. Dort läuft doch das Meerwasser hinaus oder hinein, was es läuft. Die sind doch direkt am Ufer gegen das Meer.

Wenzel Heindl

Die Weissagungen des blinden Jünglings

1. Eine und noch eine und eine halbe Zeit werden über Böhmen fremde Herrscher sein.

2. In einer Zeit, da einer länger denn 60 Jahre Herr über Böhmen war, wird durch einen Fürstenmord ein großer Krieg entstehen.

3. Dann werden die gekrönten Häupter wie reife Äpfel von den Bäumen fallen.

4. Der böhmische Löwe wird nicht mehr untertan sein, sondern selber herrschen.

5. Zwei Völker werden in Böhmen leben.

6. Das Herrschervolk wird dem anderen nach dem Leben trachten und ihm keine Freiheit gönnen.

7. Bis ein Mächtiger kommt.

8. Dann werden die Herren in Prag dem zweiten Volke die Freiheit aus dem Fenster zuwerfen, aber zu spät.

9. Es kommt abermals ein großer Krieg zwischen allen Völkern der Erde.

10. Deutschland wird ein großer Trümmerhaufen und nur die Gebiete der blauen Steine werden verschont bleiben.

11. Der große Krieg wird zu Ende gehen, wenn die Kirschen blühen.

12. Solange die Kirschen reifen, möchte ich kein Deutscher sein.

13. Wenn aber die Kirschen geerntet sind, dann möchte ich kein Tscheche sein.

14. Zweimal wird das Böhmerland gesiebt werden: das erste Mal bleiben nur soviel Deutsche, wie unter einer Eiche Platz haben.

15. Wieder wird der tschechische Löwe über Böhmen herrschen, aber sein Glanz ist zu Ende.

16. In Böhmen wird nur noch ein Volk leben.
17. Ein neuer Krieg wird ausbrechen, dieser wird der kürzeste sein.
18. Das Volk in Böhmen wird durch den Krieg vernichtet und alles im Lande wird verschüttet werden.
19. Zweimal wird das Böhmerland gesiebt werden: das zweite Mal werden nur soviel Tschechen übrig bleiben, die auf einer Hand Platz haben.
20. Aber es wird nicht eher Friede in Europa sein, ehe nicht Prag ein Trümmerhaufen ist.
21. Abermals zur Kirschblüte wird Prag vernichtet werden.
22. Eine Sonne wird stürzen und die Erde beben...
23. Die Rache kommt übers große Wasser.
24. Wenn zum zweiten Male die Kirschen reifen, werden die Vertriebenen aus Böhmen traurig wieder zu ihren Herrn, ihren Webstühlen und Feldern zurückkehren.
25. Aber nur wenige werden es noch sein.
26. Und diese Wenigen werden einander fragen: Wo hast Du gesteckt und wo Du?
27. Die Bauern werden hinter dem Pflug mit der Peitsche knallen und sagen: hier hat Prag gestanden.
28. Über die Welt wird ein neues Zeitalter kommen, das man das goldene nennen wird.

Das westliche Böhmen

Bohumil Hrabal
Eger in Trümmern

So ließ ich mich denn von einem Auto bis kurz vor Eger mitnehmen, wo ich warten mußte, da ein Luftangriff auf Eger und Asch angesagt worden war, und während ich mit den Soldaten im Straßengraben lag, hörte ich ein Dröhnen, das sich nähernde, regelmäßige und rhythmische Stampfen einer Maschine, so daß vor mir fast wie eine Vision mein Söhnchen auftauchte. Ich sah, wie es jeden Tag und gewiß auch heute, weil ich ihm fünf Kilogramm Achtzöller gekauft hatte, mit rhythmischen und regelmäßigen Bewegungen umherkroch und mit kräftigen Hammerschlägen, mit je einem Hieb Nagel neben Nagel in den Fußboden schlug, mit einer Begeisterung, als säe es Radieschen oder in engen Reihen Spinat... Und dann, als der Angriff vorüber war, stieg ich in das Militärauto, und als wir uns Eger näherten, kamen uns singende Menschen entgegen, ältere deutsche Männer, die Liedchen sangen, lustige Lieder, wahrscheinlich waren sie von dem, was sie gesehen hatten, wahnsinnig geworden oder wirr im Kopf, oder es war bei ihnen Brauch, bei einem Unglück ein lustiges Lied zu singen, und dann wallte auch schon Staub auf uns zu und goldfarbener Rauch, und wir sahen Tote in den Straßengräben, und wir kamen in Straßen mit brennenden Häusern. Sanitätsabteilungen befreiten Halbverschüttete, und Sanitätsschwestern knieten auf der Erde und verbanden Köpfe und Hände, und von überall her kam ein Stöhnen und Klagen, und ich dachte daran, wie ich auf diesen Straßen in der Kutsche, gefolgt von Autos, zur Trauung gefahren war und wie alle berauscht gewesen waren vom Sieg über Frankreich und Polen, und ich sah, wie das Feuer die roten Hakenkreuzfahnen aufschleckte, knatternd verbrannten die Fahnen und Flaggen, als mundeten sie dem Feuer besonders gut, das durch den roten Stoff in die Höhe stieg und das schwarze Ende wie einen Seepferdchenschwanz wedeln ließ...

Und dann stand ich vor der brennenden und eingestürzten Wand des Hotels Zur Stadt Amsterdam, und als sich ein leichter Wind hob, wehte er die beigefarbenen Wolken aus Rauch und Staub hinweg, und ich sah im obersten Geschoß mein Söhnchen sitzen, unverdrossen langte es nach den Nägeln und trieb sie mit kräftigen Hieben in den Fußboden; von weitem sah ich, wie stark schon seine Rechte war, sie war nichts anderes als ein kräftiges Handgelenk und ein Tennisarm und ein tanzender Bizeps, der mit einem Hieb weiter die Nägel in die Dielen schlug, als seien überhaupt keine Bomben gefallen, als habe sich nichts auf der Welt ereignet...

Heimito von Doderer
Die Burg zu Eger

Eger, 27. November

Heute bin ich auf der Kaiserburg in dem Saal gestanden, wo einst die Wallensteinschen Offiziere bei jenem ominösen Abendessen niedergestoßen worden sind. Es fehlt die Decke. Auf dem Boden wächst Gras. Man kann heute noch vermuten, wo die Musik-Estrade gewesen sein mag. Die Zerstörung geht wohl auf des schwedischen Generals Wrangel Artillerie zurück, welche Stadt und Burg von der Mitte des Juni 1647 bis zum 5. Juli beschoß. Eger hat eine fließendere Verbindung mit seiner Vergangenheit als etwa Nürnberg, wo jene sich wie eine Art historischer ›Zoo‹ hinter unsichtbaren Gittern von der technisierten Gegenwart und dem deutschen Bierdunst und Zigarrengeruch absetzt, was ich schon im Frühjahr 1937 in meinem Tagebuch anmerkte.

Diese Stadt hier mit ihrem sogenannten Ringplatz ist nicht deutsch und nicht tschechisch, sie ist – böhmisch. Der inneren Grammatik und wohl auch dem äußerlichen Sprachgebrauche nach gehört sie zum fernen Wien, nicht zum nahen Bayern.

Der Nebel hing über den Mauerkronen und zog durch die außerordentlich vornehmen romanischen Bogenfenster in dem eingestürzten Rittersaale der alten Kaiserpfalz. Die Aussicht – welche bedeutend sein muß! – war verschlossen. Aber gerade der Umstand, daß die Ferne durch das tiefe Nebelkissen von den Bastionen abgehalten blieb, nahm meiner Anwesenheit den Charakter des erreichten Ausflugs-Zieles und machte die mindestens drei bedeutenden Zeitschichten, welche hier übereinander liegen, ahnungsweise und sonor fühlbar: die Zeit Friedrich Barbarossa's, der hier für seinen Kreuzzug den Adel gesammelt hat; das böhmische Nationalkönigtum Georg Podiebrad's aus den Sechziger Jahren des Fünfzehnten Jahrhunderts; und endlich jene für uns durch Schiller ein für alle Male geformte Nacht, mit welcher die Geschichte dieser Burg schließt, denn 13 Jahre danach kam die Zerstörung des Saals durch die schwedischen Kartaunen, was ja doch mit den angedeuteten nächtlichen Vorgängen näher oder weiter zusammengehangen hat, wie wir heute zu wissen vermeinen.

Johann Wolfgang Goethe
Fahrt nach Pograd

Freitag den 26ten Juli. Wir fuhren von Eger ab südwärts; der Weg geht durch aufgeschwemmtes Erdreich, worin sich neben den losen Kieseln auch Breccien finden. Zufällig trafen wir eine von weißen, größern und kleinern Quarzkieseln, durch ein Bindungsmittel von schmalem, zartem Brauneisenstein zusammengekittet. […]

Pograd ist eine Herrschaft, Herrn Joseph *Gabler*, Ritter von Adlersfeld gehörig, das Flüßchen Wondrab fließt vorbei, worin der Bach Kidron von Kinsberg herabkommend sich einmündet. Die Gegend ist ungleich, kleinhügelig, auf eingesperrte, ruhige Wasser der Urzeit hindeutend.

Das Flüßchen Wondrab gibt uns bei geologischen Betrachtungen manchen Aufschluß, es kömmt aus der Oberpfalz und zeiget an, daß der höchste Rücken der europäischen Wasserscheide an dieser Stelle durch Bayern gehe.

Der Bach Kidron hat wahrscheinlich seinen Namen den zwei und dreißig Stationen zu danken, die sich hier dem linken Ufer nähern; diese, vor uralten Zeiten errichtet, nach aufgehobenen Klöstern in Verfall geraten, wurden, im Verlauf der letzten Jahre, durch eine alte Frau, die ein gesammeltes Almosen hierzu verwendete, vollkommen wieder hergestellt. Schon im vorigen Jahre erzählte mir der Postillon von Eger auf Sandau mit frommer Bewunderung: wie das gute Mütterchen an der ersten Station bettelnd so lange verharrt und gespart, bis sie, dieselbe herzustellen, Maurer, Tüncher, Maler und Vergolder zu bezahlen im Stande gewesen. Eben so habe sie bei der zweiten verfahren, da sich denn schon reichlichere Gaben und Hülfsarbeiten hinzugesellt, bis sie nach und nach durchgereicht und nunmehr Anstalten mache die letzte Hand daran zu legen.

Wir besuchten also den Ölberg, welcher als Schluß und Gipfel der ganzen frommen Anstalt zu betrachten ist; auch dieser wird bald fertig sein, wie man denn alles schon dazu in Bereitschaft hielt. Sauber zugehauene Granitpfosten, worin die Latten des Geheges eingelassen werden sollen, liegen umher, und man sieht an den Splittern, daß Steinhauer daran beschäftigt sind, sie ins Reine zu arbeiten; auch finden

sich frische Haufen Tonschiefer zu irgend einem Mauer-
werk. Offenbar ist dieses der Granit, welcher bei Sandau
gebrochen wird, (Nr. 28 unsers Marienbader Verzeichnis-
ses) wahrscheinlich durch Bittfuhren herbeigebracht, wie
denn auch der eigentliche Ölbergshügel bald wieder einge-
hegt und den Garten Gethsemane darzustellen geeignet sein
wird.

Die Jünger schlafen noch im Grase von alten Zeiten her
mit bunten Gewändern, fleischfarbenen Gesichtern, braunen und schwarzen Bärten, daß man davor erschrecken
könnte; der tröstende Engel nimmt noch den Gipfel ein,
aber den Rücken kehrt ihm der von seiner Stelle geschobene
Heiland; auch dieser ist von Stein und angemalt, nur die be-
tenden Hände fehlen, welche gewiß nächstens restauriert
werden.

Indessen spricht in einer nächsten Halle Judas Verrat und
Christi Gefangennehmung, schön aufgefrischt, die Augen
lebhaft an. Und so sehen wir in frommer Beharrlichkeit eine
bejahrte Bettlerin dasjenige wieder herstellen, was Mönche
mit den Rücken ansahen, da sie sich selbst nicht mehr erhalten konnten. Beobachten wir doch auch hier, wie alles zu
seinem Anfange zurückkehrt! Die ersten Stifter vieler, nach-
her so hoch beglückten geistlichen Anstalten, waren einzelne Einsiedler und Bettler, wer weiß was sich hier für die
Zukunft gründet? Nächsten Grünen Donnerstag wird sich
gewiß ein großer Zulauf einfinden.

Unter diesen Betrachtungen sah man auf dem Berge gegenüber St. Laurette liegen; ein Nonnenkloster, das munter
in der Gegend umherschaut, welches der Staat aber, wie so
viele andere, zu sich genommen hat. Man sieht es weit und
breit, denn es ist von außen frisch angeweißt.

Wir stiegen in die flache breite Tiefe hinab welche beide
Höhen scheidet; sie hatte in uralten Zeiten ein See bedeckt,
dessen Wasser, den aufgelösten Glimmerschiefer hin und

her schlickend, einen den neuesten Bedürfnissen höchst willkommenen Ton absetzte. Sonst bediente man sich zu den Eger Sauerbrunnen-Flaschen eines ähnlichen Tons, der in der Tiefe unter Altenstein zu graben ist; nun wird er aber, sowohl für Franzenbrunnen als für Marienbad, von hier genommen, er steht oft 20 Fuß tief unter der Oberfläche und wechselt in weißen und grauen Lagen ab. Der letztere wird zu gedachten Flaschen oder Steingut verarbeitet, welches kein wiederholtes Feuer auszuhalten braucht, dahingegen der weiße zum Töpfergeschirr höchst brauchbar ist. Er wird in mäßigen Quadraten gewonnen, ohngefähr wie der Torf; die Lagen sind ungleich und ungewiß, daher der unvermeidliche Raubbau, den man immer getadelt, beklagt und fortgesetzt hat.

Wir begaben uns auf das Schloß Kinsberg am Fuße der Höhe von Laurette; es ist auf starkdurchquarzten Tonschiefer gegründet. Der ganz erhaltene, auf dem Fels unmittelbar aufruhende runde Turm ist eines der schönsten architektonischen Monumente dieser Art, die ich kenne, und gewiß aus den besten römischen Zeiten. Er mag hundert Fuß hoch sein und steht als prächtige toskanische Kolossal-Säule unmerklich kegelförmig abnehmend.

Er ist aus Tonschiefer gebaut, von welchem sich verschiedene Reihen gleichförmiger Steine horizontal herumschlingen, der Folge nach wie sie der Bruch liefern mochte; kleine rötliche, die man fast für Ziegel halten könnte, behaupten ringförmig die mittlere Region; graue plattenartige größere bilden gleichfalls ihre Zirkel oberwärts, und so geht es ununterbrochen bis an den Gipfel, wo die ungeschickt aufgesetzten Mauerzacken neuere Arbeit andeuten.

Den Diameter wage ich nicht zu schätzen, doch sage ich soviel, daß auf dem Oberboden des anstoßenden Wohnhauses durch eine ursprüngliche Öffnung sich in den Turm notdürftig hineinschauen läßt, da man denn innerlich eine eben so schöne Steinsetzung wie außen gewahr wird, und die Mauer schätzen kann, welche zehn Fuß Leipziger Maß halten mag. Wenn man nun also den Mauern zwanzig Fuß zugesteht und den innern Raum zu vierzig annimmt, so hätte der Turm in der Mittelhöhe etwa sechzig Fuß im Durchmesser; doch hierüber wird uns ein reisender Architekt nächstens aufklären: denn ich sage nicht zu viel, stünde dieser Turm in Trier, so würde man ihn unter die vorzüglichsten dortigen Altertümer rechnen; stünde er in der Nähe von Rom, so würde man auch zu ihm wallfahrten.

Rainer Weiss
Eine Reise mit W.

Ehrlich gesagt: Ich glaube nicht, daß ich je wieder nach Böhmen fahre.

Nicht, daß es das eine Mal nicht wundersam schön gewesen wäre, im Gegenteil: Noch heute erinnere ich den warmen, sehr warmen Tag mit seinen ungebrochenen Farben, Gerüchen und Tönen, die mich damals, die Grenzen waren seit Wochen geöffnet, empfingen.

In einem alten Trabi-Cabrio, den vor nicht langer Zeit Grenzsoldaten der DDR beim Aufspüren von Fluchtwilligen gefahren hatten – so jedenfalls stellte ich mir das vor – und der eben erst bei einer Versteigerung spottbillig an W.s Vater geraten war, in einem alten grasgrünen, offenen Trabi also fuhren wir beide auf den Grenzübergang Mähring zu. Ich erinnere mich jedoch noch heute an johlende Jugendliche am Straßenrand, die unserem Fahrzeug erstaunt und spöttisch zugleich hinterherglotzten. Der Zöllner glich einem traurigen Hund, dem »eine schwarze Locke wie ein dickes Komma mitten in der Stirn« hing, wie ich das am

Morgen dieses Tages noch in Friedrich Glausers »Gourrama« gelesen hatte.

Dann ging's hinein ins Böhmische. Die Wälder, durch die wir fuhren, waren traumhaft dicht, bedrohlich und auf altmodische Weise »Wald«, der Teil der Welt, auf dem sie standen, kam mir, obschon die Sonne schien, sehr kalt vor.

Kurz darauf aber standen wir auf einem Friedhof in Bromenhof, einem kleinen Weiler, in dem offenbar keiner mehr sterben konnte, denn auf dem Friedhof waren die Gräber betagt und die Erde trocken. Ein Bienenstock stand hinter einer verfallenen kleinen Kirche, die – Ironie der Begegnung mit diesem Ort – verrammelt war und uns abwies und selbst einen ganz mutlosen Eindruck machte nach so vielen Jahren des Widerstands in der Diktatur, die irgendwie auch in Bromenhof Wurzeln geschlagen haben mußte. So waren mittlerweile die Bienen in ihrem Bienenstock die wirklichen Bewohner des Friedhofs geworden: Vielleicht hatten sich ihrer ja die Seelen der Gläubigen bemächtigt, die sich so, in anderen Körpern, ihr Zuhause im Böhmischen erhielten.

Weiter ging es im Trabi über schmale, faltige, rissige Straßen, in die von rechts und links Buschwerk hineinreichte, so daß man fast durchweg aus dem Auto hätte Beeren pflücken können, die Landschaft wurde immer wilder, immer romantischer, dann immer stiller, bis vor uns, die wir gemütlich dahinfuhren und ab und zu ein Vogelpaar von der Straße scheuchten, eine Burg auftauchte.

Kaum später standen wir auf einem Turm, unter uns oder gewissermaßen auch neben uns Alt-Kinsberg, blickten auf sich bis zum Horizont hingießende Felder, auf Waldstücke, auf Farben zwischen Dunkelgelb und Hellgrün, die Sonne goß Honig über den Kuchen, als der Böhmen – dieser Teil von Böhmen – uns jetzt erschien, und auf einmal, für einen dauerhaften Augenblick, war das Fremde, so nie Gesehene, durch und durch Unvertraute dieses Landes wie himmlisch nah, wie der mir selbst blutsverwandte Schwarzwald bei Hinterzarten etwa, wie ein Quadrat Asphalt in einem Hinterhof, in dem man als Kind tagtäglich und nicht immer nur friedlich gespielt hat.

Später dann an diesem Nachmittag war wieder alles anders. Wir tappten durch die Klosterruine Maria Loretto, einen geschändeten Ort, im Zweiten Weltkrieg zerstört, danach nie wieder aufgebaut, renoviert oder restauriert, der Boden moorig, alles wirkte abweisend, als wäre hier nie eine Messe gefeiert, als wäre hier nie gebetet oder gesungen worden. Baumstämme, große Teile von Bäumen lagen herum, und als wir, W. voraus, in die Kapelle traten, sahen wir: Sie war bis vor kurzem die Schlafstatt hier stationierter junger russischer Soldaten gewesen. Und die hatten sich mit Kohle Frauenkörper an die noch stehenden Wände der Kapelle gemalt, um sich wohl bei Bedarf an entscheidender Stelle, in die Körpermitten nämlich waren Löcher gebohrt, in die Wand zu stürzen, sich in die Wand hineinzubohren, sich in sie hineinzuentleeren. Ich roch den Unrat, die Verzweiflung, den Wahnsinn des über Jahrzehnte nach dem Krieg Geschehenen, wandte mich ab, da machte mich W. auf eine Stimme aufmerksam, in großer Entfernung eine Stimme, die ein merkwürdiges Lied sang – ein böhmisches? –, eine Stimme, »einzig getragen von ihrer eigenen Schwäche«, so wieder Glauser, dünn und schön und voller Kummer. Maria Loretto, ein grausiger, ein heiliger Ort, ein einsamer, den die Gläubigen unserer Tage wohl erst wieder finden müssen.

Wir ratterten dann am dunklen Wondrebstausee entlang, über den W. Geschichten wußte, die einem uralten Buch entsprungen waren, das er bald würde schreiben sollen, wie ich ihm riet, und endlich tauchte Eger, das kehlige »Cheb«, vor uns auf, es nebelte, Wallenstein war nicht weit, ein Mückenschwarm überfiel uns, als wir kurz ausstiegen, um auf altem Straßenpflaster und unter kaputten Laternen ein paar

Schritte zu gehen, um ein wenig noch böhmische Luft zu atmen, bevor es weiterging und nach Hause.

Hinter dem Zentrum von Eger, wir folgten den Schildern zur Grenze, fielen mir Hunderte von Frauen auf, die an und neben den Straßen saßen, standen, liefen, sonnenklar war's mir: Meilen der Prostitution, der untergehende Osten schickte seine unmündigen Kinder auf den Strich, entsetzlich.

Da grauste es W. und mich, es vertrieb uns, wir wollten jetzt heim zum Hof von W.s Eltern unweit von Tirschenreuth, zurück in die ein paar Kilometer entfernte Oberpfalz, hin zum Grenzübergang Waldsassen/Heiligkreuz, weg vom fremden dunklen Erdteil Böhmen, weg vom auf ewig Zerstörten, vor sich hin Mordnen, wie es uns mit einem Mal schien, weg und zurück ins irgendwie Helle, dahin, wo man sich eben auskennt und wo man Schutz vermutet.

Heute kommt mir diese kleine Reise ins Böhmische wie ein kleiner Film vor, den ich ab und zu vor mir ablaufen lasse. Und alles dabei ist warm und herrlich, und selbst jener Abspann in Eger hat mittlerweile etwas erzählenswert Interessantes. Aber ich glaube nicht, wie gesagt, daß ich je wieder nach Böhmen fahre.

Heinrich Laube
Frauen in Franzensbad

Über eine belebte Fläche ging es nach Franzensbrunn, das eine kleine Stunde entfernt liegt. Es ist ein kleiner sauberer Ort mit massiven, hübschen Gebäuden. Es sieht ausgekehrt und zierlich aufgeräumt aus, als komme man in eine Alte-Jungfern-Stube.

Unsere Aufgabe, das Mädchen aufzufinden, war nicht

leicht, da wir nicht den kleinsten Anhaltspunkt hatten. Wir fingen also unsere Untersuchung beim ersten Hause an, und unsere löbliche Absicht erstreckte sich auf ganz Franzensbrunn. Es ist ein Novellenstoff, den ich nur sehr empfehlen kann, zwanzig bis dreißig verschiedene Wohnungen hintereinander zu betreten.

Endlich hatten wir Glück: wir kamen durch ein halbdunkles Vorzimmer zu zwei großen Glastüren, die mit dünnem Flor verhangen waren. Im Zimmer sahen wir vor einem hohen Spiegel ein Mädchen stehen, das nur mit einem blendendweißen Unterröckchen bekleidet war und sich mit vollen frischen Armen die schwarzen Flechten des Haares band. Ihr Kopf war nach vorne hin niedergebeugt, ein voller Nacken und feste Schultern stachen uns lachend und keck in die Augen. Jetzt wendete sie sich nach einem Seitentisch, um etwas an sich zu nehmen, wir sahen das Profil, es war unser bayrisches Mädchen. Ein krampfhafter Druck der Hand bedeutete mir zurückzubleiben. Ich ließ mich auf einen Stuhl nieder. Leise schlich er hinein – sie erblickte ihn im Spiegel und schrie laut auf. Mein Begleiter hielt einen Augenblick inne. Das verwunderte mich. Sie sprach Französisch. Das verwunderte mich noch mehr. Jetzt eilte er zu ihr, ergriff ihre Hand und küßte sie lebhaft. Ich sah noch einmal ihr volles Gesicht, aber es war nicht das bayrische Mädchen. Ich hörte deutlich ihre Worte, daß sie jeden Augenblick ihren Gemahl zurückerwarte. Wirklich kamen hastige Schritte die Treppe herauf und wandten sich der Türe des Vorzimmers zu. Hastig rief ich: »Er kommt«, setzte meinen Stuhl dicht vor die Türe und mich darauf. Stürmisch rannte der Eintretende an, ich sprang auf, um ihm die Aussicht zu nehmen. Er fragte entrüstet, wer ich sei. Pantomimisch versuchte ich, ihm begreiflich zu machen, ich sei stumm und warte hier auf jemand. Er stieß mich zur Seite und eilte nach dem Zimmer, in dem niemand mehr zu sehen war. Diesen Augenblick benützte ich zur Flucht. Als ich auf die Straße kam, trat eben aus dem Nachbarhaus mein Freund.

Ohne zu wissen wohin, gingen wir eine Strecke weiter. Er erzählte mir, die Dame sei eine alte Bekannte aus Teplitz. Er sei in großer Eile durch Seitenzimmer, die sich in das anstoßende Haus erstreckten, entkommen. Ich erklärte, ich hielte es durchaus nicht für geraten, dem Herrn Gemahl noch einmal zu begegnen. Meine stumme Rolle würde einige Unannehmlichkeiten mit sich bringen. Ich hielte es also für besser, die Bayerin aufzugeben und nach Eger zurückzukehren. Aber er war durchaus nicht dahin zu bewegen und zog mich in den Kursaal, wo eben gespeist wurde.

Neben uns saß das bayrische Mädchen mit ihrer dicken, harthörigen Mutter. Mit Feuer wurde die Bekanntschaft erneuert und das gesunde, natürliche Kind mit Liebeserklärungen überschüttet. Sie kam nicht aus dem Rotwerden heraus, und beide Teile versäumten ohne viel Bedauern das schlechte Mittagessen. Nach aufgehobener Tafel ging man im Saale auf und nieder. Ich nahm mich der harthörigen bayrischen Mutter an und ließ mich angelegentlich in alle Mysterien ihrer gestörten Verdauung einweihen. Sie liebte ihr Leben über alles, und ich konnte nichts Besseres tun, als ihr mit rationellen, physikalischen und kabbalistischen Gründen zu beweisen, daß sie sehr alt werden müsse.

Der Kollege war mit der Tochter in ein Seitenzimmer getreten. Ich stellte mich vor die halboffene Türe und verhinderte durch lebhafte Unterhaltung die Mutter am Eintreten. Damit sie nicht hineinsehen könne, wies ich darauf hin, daß aus dem Nebenzimmer ein erkältender Zug dringe. Sie trippelte auf die Seite, und ich ersuchte sie um eine vollständige Geschichte ihrer Krankheit.

Das Gespräch in jener Stube ward immer weicher und stockte zuweilen. Als ich mich einmal schnell umwendete, sah ich, daß mein Bekannter schon seinen Arm um die Taille des Mädchens geschlungen hatte. Die Tochter der dicken Mutter wehrte nur nachgiebig ab. Ihr Gesicht konnte ich nicht sehen, denn sie kehrte mir den Rücken zu. Kaum zur Magenstörung der Alten zurückgekehrt, sah ich jenen Herrn Gemahl mit seiner Frau in den Saal treten und langsam auf uns zukommen. Ich saß wie auf Kohlen, denn meine stumme Rolle konnte undankbar werden. In diesem Augenblicke schrie das Mädchen im Nebenzimmer laut auf und stürzte heraus in die Arme ihrer Mutter. Ich hörte nur noch ihre leise klagenden Worte: »Ach Gott, Mutter, er ist verheiratet.«

Der Herr Gemahl kam direkt auf mich los, ich zog mich eiligst in das Nebenzimmer zurück, Hut und Überrock im Stiche lassend. »Fort«, rief ich, »der Gemahl kommt.« Wir eilten in das nächste Zimmer und in das dritte, doch die Schritte kamen hinter uns nach. Die Zimmer waren zu Ende, der Ausgang verschlossen. Im Hui sprangen wir durch die offenen Fenster. Entblößten Hauptes kamen wir beide zu unserem auf der Straße haltenden Postillon und eilten in den Wagen. Ich nahm Hansl die Zügel ab, mit einigen zwanzig Kreuzern bewaffnet wurde er abgeschickt, um das im Stich gelassene Material durch einen Kellner zu gewinnen. Ich fuhr uns eiligst aus der Schußweite bis vor das Städtchen.

Joseph Berlinger
Wenn diese Buche sprechen könnte

Wenn diese Buche sprechen könnte, sagt Rudolf Brandl, der in Lázně Kynžvart lebt, das auch Bad Königswart heißt, das unter Úbočí liegt, das auch Amonsgrün heißt, das über Mariánské Lázně liegt, das auch Marienbad heißt, wenn diese Buche sprechen könnte, sagt Rudolf Brandl, der jetzt schon in der Altersrente ist, der ein Förster war das ganze Leben, der in den Wäldern Metternichs gedient hat, der immer Optimist gewesen ist, der ein Deutscher ist, der die Nazis kommen hat sehen, der einen Vater gehabt hat, der den Verfolgten und den Nazigegnern aus dem Land geholfen hat, der verraten worden ist, der ins KZ gekommen ist, der im KZ gefangen war den ganzen Krieg, der nach dem Krieg aus dem KZ herausgekommen ist, der als Deutscher bei den Tschechen ins Gefängnis wiederum hineingekommen ist, wenn diese Buche sprechen könnte, sagt Rudolf Brandl, der von dem Deutschenhaß und von dem Tschechenhaß genug hat, der im Jahre 93, der Umkehrung von 39 also, jüdische Grabsteine gefunden hat, die die Nazideutschen aus dem Judenfriedhof von Bad Königswart herausgeplündert haben, die sich die Nazideutschen für das Pflastern ihres Marktplatzes genommen haben, die sich die Nazideutschen unterworfen haben zum Darauf-Spazieren, die nach dem Krieg herausgerissen worden sind und in den Wald gekippt, die Rudolf Brandl dann im Jahre 93, der Umkehrung von 39 also, beim Langholzabtransport entdeckt hat, wenn diese Buche sprechen könnte, sagt Rudolf Brandl, der jetzt mitten im jüdischen Friedhof von Bad Königswart steht, der nicht mehr zu erkennen ist, der dem Erdboden gleich ist wie die Synagoge, wie das alte Ghetto, das im Mittelalter so bekannt war, daß man es Klein-Prag hieß, wenn diese Buche sprechen könnte, sagt Rudolf Brandl, der hier früher Kaninchen geschossen hat, der heute wegen der Myxomatose keine mehr antrifft, wenn diese Buche sprechen könnte, sagt Rudolf Brandl, der neben einer Buche steht, wenn diese Buche sprechen könnte, sagt Rudolf Brandl, die würde uns schöne Sachen erzählen.

Johann Wolfgang Goethe
Aus der Marienbader Elegie

Vor Ihrem Blick, wie vor der Sonne Walten,
Vor Ihrem Athem, wie vor Frühlingslüften
Zerschmilzt, so längst sich eisig starr gehalten,
Der Selbstsinn tief in winterlichen Grüften;
Kein Eigennutz, kein Eigenwille dauert;
Vor Ihrem Kommen sind sie weggeschauert.

Es ist als wenn Sie sagte: Stund um Stunde
Wird uns das Leben freundlich dargeboten,
Das Gestrige lies uns geringe Kunde,
Das Morgende! Zu wissen ist's verboten;
und wenn ich je mich vor dem Abend scheute,
Die Sonne sanck und sah noch was mich freute.

Drum thu wie Ich und schaue, froh verständig,
Dem Augenblick in's Auge! Kein Verschieben!
Begegn' ihm schnell, wohlwollend wie lebendig,
Im Handeln sey's, zur Freude, sey's dem Lieben;
Nur wo du bist sey alles, immer kindlich,
So bist du alles, bist unüberwindlich.«

Du hast gut reden dacht ich, Zum Geleite
Gab dir ein Gott die Gunst des Augenblickes,
Und jeder fühlt, an deiner holden Seite,
Sich Augenblicks den Günstling des Geschickes;
Mich schreckt der Winck von Dir mich zu entfernen,
Was hilft es mir so hohe Weisheit lernen!

Nun bin ich fern! Der jetzigen Minute
Was ziemt denn der? Ich wüsst es nicht zu sagen;

Sie bietet mir zum Schönen manches Gute,
Das lastet nur, ich muss mich ihm entschlagen.
Mich treibt umher ein unbezwinglich Sehnen,
Da bleibt kein Rath als gränzenlose Thraenen.

So quellt denn fort! und fliesset unaufhaltsam;
Doch nie gelängs die innre Glut zu dämpfen!
Schon rasst's und reisst in meiner Brust gewaltsam,
Wo Tod und Leben grausend sich bekämpfen.
Wohl Kräuter gaeb's des Körpers Quaal zu stillen;
Allein dem Geist fehlt's am Entschluss und Willen;

Fehlt's am Begriff: wie sollt er Sie vermissen?
Er wiederholt Ihr Bild zu tausend malen.
Das zaudert bald, bald wird es weggerissen,
Undeutlich jetzt und jetzt im reinsten Stralen;
Wie könnte dies geringstem Troste frommen?
Die Ebb' und Flut, das Gehen wie das Kommen!

Verlasst mich hier, getreue Weggenossen!
Lasst mich allein am Fels, in Moor und Moos;
Nur immer zu! euch ist die Welt erschlossen,
Die Erde weit, der Himmel hehr und gros;
Betrachtet, forscht, die Einzelnheiten sammelt,
Naturgeheimniss werde nachgestammelt.

Mir ist das All, ich bin mir selbst verlohren,
Der ich noch erst den Göttern Liebling war;
Sie prüften mich verliehen mir Pandoren,
So reich an Gütern, reicher an Gefahr;
Sie drängten mich zum gabeseligen Munde,
Sie trennen mich, und richten mich zu Grunde.

Friedrich Hebbel
Meine Frau nahm ihr erstes Schlammbad

Marienbad, d. 4. Juli 54

Das Bad macht einen sehr freundlichen Eindruck; überall die schönsten Waldspaziergänge und geschwätzige Bäche, die bald still dahinrieseln, bald tosen und aufschäumen; in unser Zimmer rauscht eine Fontäne hinein, die nicht weit von unserm Hause steht. Ich glaube, es muß schwer sein, sich in einem Badeort zu verlieben, da alle Damen, die einem begegnen und bei denen man sonst an Werther und Lotte denken kann, hier nur des Purgierens wegen im Walde herumlaufen; wir sind eben von unserer Morgenpromenade zurückgekommen und, während ich dem Geist des Brunnens infolge der genossenen drei ersten Becher an einem gewissen Ort mein Opfer darbrachte, wurde mir vor meinen Fenstern von der Musik-Kapelle ein Ständchen gemacht. Übrigens macht ein besuchter Badeort einen Eindruck, wie ein Jahrmarkt, der in einer kleinen Stadt abgehalten wird; viele Menschen drängen sich in einem kleinen Raum und jedem sieht mans an, daß er nicht zu bleiben gedenkt. Dabei hier die fortwährende Erinnerung des Menschen an eine Pflicht, die er nicht gerne nennt, wenn er sich auch zu ihr bekennt; wie der Kirchhof ihm unaufhörlich zuruft: bedenke, daß du sterben mußt, so mahnt Marienbad ihn unermüdlich: vergiß nicht, daß du –ßen mußt! Wohin man auch komme, überall kleine Häuschen in Pyramidal-Form, deren Bestimmung sich keine Minute verkennen läßt, mögen sie nun über einem silbern dahinrieselnden Bach oder unter blühendem Hollunder und flüsternden Birken angebracht sein, und wie oft stößt man auf bebänderte Herren oder nach Ambra duftende Damen, die mit verlegenen Gesichtern auf sie zueilen oder mit beschämten herausschlüpfen.

Der gestrige Tag begann kläglich, endete aber ganz gut. Die Nacht vorher schlief ich gar nicht; wie ich eindämmerte, störte mich das Geklatsch eines heftigen Regens, der an unsere Fenster schlug, wieder auf. Anfangs glaubte ich, es sei die Fontäne vor unserem Hause, die sich in der Stille der Nacht stärker vernehmen lasse und machte mir wenig daraus; als ich mir aber die traurige Wahrheit, welche die schöne Hoffnung auf einen Witterungswechsel so grausam wieder durchstrich, endlich bekennen mußte, ward ich verdrießlich und fand den Schlaf nicht mehr. Die Morgenpromenade war kalt und frostig, im Kursaal mußte die Kalkluft eingeatmet und im Hause gefrühstückt werden; dann kam unser Reisegefährte, der Kaufmann und brachte mir die Ostdeutsche Post und man hatte leider einmal wieder Zeit, an den armen Kaiser von Rußland zu denken, der sich, nachdem er so lange von seinem bloßen Kredit lebte, nun plötzlich in eine Lage hineinpoltronisiert hat, wo er bar zahlen muß. Der Nachmittag heiterte sich auf und wurde zuletzt noch recht schön; wir tranken unsren Kaffee in der Marienbader Mühle und ich merkte mir bei der Gelegenheit einen neuen Ausdruck, wie sie jeder Ort, jeder Stand und jedes Gewerk nach ihren besonderen Verhältnissen und Bedürfnissen erfinden: eine Portion mit viel Kaffee und wenig Milch heißt eine gerade und eine mit wenig Kaffee und viel Milch eine verkehrte. Abends ein Spaziergang auf die Hohendorfer Höhe, wo neben einer Bank eine Tafel angebracht war, die den Platz als Goethes Sitz bezeichnete. Sie war natürlich links und rechts beschrieben und vorzugsweise tat sich ein Kandidat der Theologie hervor; er hatte den Vers:

>»Deinem hohen Geiste angemessen,
> Wähltest du dir diesen hohen Sitz«

extemporiert und seinen Namen hinzugefügt. Der heutige Morgen war schön, aber nicht klar, was uns denn antrieb, ihn rasch und mit einer gewissen Angst zu genießen, doch hielt sich das Wetter, so daß den ganzen Tag kein Tropfen fiel. Meine Frau nahm ihr erstes Schlammbad, aus verkohlten Pflanzenstoffen bestehend; ich besuchte den Moorgrund, wo die Erde gegraben wird, die sie enthält. Ein ziemlich ausgedehntes Lager, das sich dem Auge in Tintenschwärze darstellt; an der einen Seite ein brodelnder Teich voll braun-gelben Wassers, welches quillt und quallt, als ob es aus der Hölle aufstiege. Dann schweifte ich noch weit herum und bohrte mich ins Detail ein; Marienbad ist wirklich, wie aus einem Urwald herausgeschnitten, von dem noch ein ganz respektabler Rest stehenblieb.

Friedrich Nietzsche
Aus Marienbad

An Peter Gast

Marienbad, 20. August 1880

Ich bin noch in Marienbad: das »österreichische Wetter« hielt mich fest! Denken Sie, daß es seit dem 24. Juli jeden Tag geregnet hat, und oft tagelang. Regenhimmel, Regenluft, aber gute Wege im Walde. Meine Gesundheit ging dabei wieder rückwärts: *in summa* bin ich aber mit Venedig und Marienbad zufrieden. Es ist gewiß hier seit Goethe noch nicht so viel gedacht worden, und auch Goethe wird nicht so prinzipielle Dinge sich haben durch den Kopf gehen lassen, – ich war über mich selber weit hinaus. Einmal, im Walde, fixierte mich ein Herr, der an mir vorüberging, sehr scharf: ich empfand in diesem Augenblicke, daß ich den Ausdruck strahlenden Glücks im Gesicht haben müsse und daß ich schon zwei Stunden mit ihm herumlaufe. Ich lebe *incognito*,

wie der bescheidenste aller Kurgäste; in der Fremdenliste
stehe ich als »Herr Lehrer Nietzsche«. Es gibt viel Polen hier,
und diese – es ist wunderlich – halten mich durchaus für einen Polen, kommen mit polnischen Grüßen auf mich zu
und – glaubens mir nicht, wenn ich mich als Schweizer zu erkennen gebe. »Es ist die polnische Rasse, aber das Herz ist
Gott weiß wohin gewendet« – damit verabschiedete sich einer von mir, ganz betrübt

Scholem Alejchem
Loschne sluchem in Marienbad

Chajim Soroker aus Marienbad an seinen Freund Schlojme
Kurländer auf den Nalewki in Warschau

Lieber Freund Schlojme! Ich habe Deinen lieben Brief erhalten. Es freut mich sehr, daß Du mir so offen schreibst wie
einem wirklichen Freund, und es wird mich noch mehr
freuen, Dir zu helfen so gut ich es vermag. Daß Deine Bel-
tschi nach Marienbad kommt, habe ich schon gewußt, ehe
Dein Brief an mich kam. Wie und von wem ich das erfahren
habe? Von eben dieser Madame Tschapnik. Und wie das
kam? Ich will Dir die ganze Geschichte genauso erzählen,
wie sie sich zugetragen hat. Man hat ja hier ohnehin nichts
zu tun, man wird fast verrückt. Also will ich für eine kurze
Weile zum Schriftsteller werden. Aber um eines muß ich
Dich bitten, Schlojme: daß alles, was ich Dir hier schreibe,
unter uns bleiben soll. Da Du Dich in Deinem Brief mir an-
vertraust, da Du weißt, daß ich ein Geheimnis behalten
kann, vertraue ich auch Dir Dinge an, die ich keinem andern, ja nicht einmal meiner eigenen Frau erzählen würde.
Und ich bin sicher, daß alles unter uns bleiben wird.

Zuallererst mußt ich Dir dieses Marienbad beschreiben, damit Du weißt, was das ist. Hierher kommen Menschen, die Gott mit viel Geld gesegnet und mit viel Leibesfülle gestraft hat. Aber mir scheint eher, daß er sie umgekehrt mit Geld gestraft und mit Leibesfülle gesegnet hat. Sie sind die unglücklichsten Menschen der Welt. Sie möchten essen und dürfen nicht. Sie möchten gehen und können nicht. »Ihr müßt gehen, möglichst viel gehen! Ihr müßt euch Bewegung machen!« sagen die Doktoren. »Ihr müßt abnehmen, möglichst viel abnehmen!« »Abnehmen« heißt auf jiddisch das Bäuchlein verlieren, ein wenig abmagern. Und um abzumagern, gibt es ein Mittel: Marienbad. Und man nimmt ab, als ob Stücke Fett von einem abgezupft würden! Ist es denn ein Wunder? Zu essen bekommt man hier einen Dreck. Man lebt nur von dem bißchen Bitterwasser, das man »Kreuzbrunn« nennt. Das schmeckt, warm auf den nüchternen Magen, daß man zehn Mal ohnmächtig werden kann. Und während Du trinkst, sollst Du spazieren gehen, »Bewegung machen«, wie der Doktor das nennt. Und nach dem Trinken und der »Bewegung« bekommt man Lust, etwas Rechtes zu essen. Kommst Du aber ins Hotel zurück, dann serviert man Dir statt einer vernünftigen Mahlzeit ein sogenanntes »Frühstück«. Ist das etwa ein Essen? Kein Fleisch, keine Eier, keine Semmeln – nur eine Schale Kaffee und ein Zwieback! Das ist das ganze Frühstück! Und nach dem Frühstück befiehlt der Doktor erst recht, zu gehen, »Bewegung zu machen«. Jetzt bekommst Du natürlich erst recht Appetit, und wenn die Zeit zum Mittagessen naht, hast Du das Gefühl, Du könntest einen ganzen Ochsen samt den Hörnern verschlingen. Da sagt aber der obergescheite Doktor: »Nein, mein Lieber! Wenn Ihr so freßt« – sagt er – »werdet Ihr einen Dreck abnehmen und nicht ein Pud Schmalz und werdet Euren Reisesack nicht loswerden, solang Ihr lebt!«

Kurz, es ist die Hölle, das kannst Du Dir ja ausmalen.

Zum Glück kann man auf den Doktor pfeifen. Er befiehlt, einen trüben Schmarren zu essen – soll er das gefälligst selber essen! Er befiehlt, zu gehen – soll er selber gehen! Wir setzen uns lieber miteinander zu einer »Préférence«.

[...] Diese Saison ist offenbar der Anteil an Weibern hier besonders üppig ausgefallen: alte Weiber, junge Weibchen, Damen, Damen, unzählige Damen! Meist sind es dicke Weiber aus Bialystok und Kischinew, aus Jekaterinoslaw, aus Kiew, aus Rostow, aus Odessa und aus der ganzen Welt, die unter dem Vorwand einer Kur hierhergekommen sind. Aber in Wirklichkeit suchen sie Bräutigame für ihre Töchter, die überfälligen Mamsellen. Sie kommen in Samt und Seide daher, tragen die Hälse voller Perlen und stellen ihre Mamsellen aus. Sie sprechen »Deutsch direkt aus Kamenez« und durchlöchern jedes Mannsbild mit ihren Blicken, als wollten sie sagen: »Bist du Junggeselle, dann komm her! Bist du aber verheiratet, dann scher dich dorthin, wo du hergekommen bist!«...

Um die hiesigen Mamas schwirrt, wie eine Biene um den Honig, ein Kerl mit einem Zylinder namens Swirski, ein Jude, der Heiraten vermittelt. Also ein Schadchen, und zwar mit umfassenden Beziehungen. Er stammt zwar aus unserer Gegend, spricht aber ums Verrecken kein Wort »Jargon«. Nur Deutsch. Ein »Schiduch« ist bei ihm eine »Partie«, ein »Chossen« ein »Bräutigam«. Nie wird er zu Dir sagen »Euer Weib«, sondern »Eure Frau Gemahlin«. Ich sag Dir, es ist die reinste Komödie, zuzuschauen, wie die dikken Mamas mit den perlenbehangenen Hälsen dem »Herrn Swirski« nachjagen, mit ihm »Deutsch aus Kamenez« reden, und wie er vor ihnen prahlt, wie viele »Partien« er schon während der Kursaison zustande gebracht hat, und alle durch Liebe! [...]

Meyer Marjamtschik in Marienbad an Madame Scherenzes
und Madame Peckeles in Marienbad

Unser *kruschok* [Tafelrunde] in Marienbad hat *jedino-glassne* [einstimmig] *ge-reschet* [beschlossen], da Eure *prissuwije* [Gegenwart] so *prjatne* [angenehm] ist, daß wir uns *ossmeliwen* [erdreisten], Euch zusammen mit Eurer *podruga* [Freundin], Madame Peckeles, zu unserer morgigen *progulka* [Ausflug] nach Eger zu *priglaschen* [einzuladen]. Dort werden alle unsere intimen Bekannten sein, und wir werden die Zeit sehr *prjatne* verbringen. Wir werden uns zu einer *ljodka* [Eis] zusammensetzen, und ich werde mein Couplet vorlesen, das ich auf die Töchter der Jamajkerin *sotschinajet* [gedichtet] habe. Und ich *nadeje* [hoffe], daß ich Euch ein wahres *udowolstwije* [Vergnügen] *dostawen* [verschaffen] werde. Ich denke, da auch Madame Kurländer sich *sogljasset* [einverstanden erklärt] hat, könnt Ihr und Eure *podruga* Euch auch ruhig *sogljassen*. Wir sind in Marienbad, nicht in Warschau auf den Nalewki und können ruhig alle *predrassudki* [Vorurteile] vergessen.

Ich grüße Euch beide sehr freundlich
Euer Mark Davidowitsch M.

Alain Robbe-Grillet
Letztes Jahr in Marienbad

Wieder gehe ich, wieder diese Flure entlang, durch diese Säle, durch diese Galerien, in diesem Bauwerk – aus einer anderen Zeit, diesem gigantischen Hotel, luxuriös, barock, – unheilverkündend, wo endlosen Fluren Flure˙folgen, – lautlose, leere, überladen mit düsterem, kaltem Zierat, mit Getäfel, mit Stuck, mit den geschnitzten Füllungen der Türen, mit Marmor, erblindeten Spiegeln, verblichenen Gemälden, Säulen, erdrückenden Tapeten, – geschnitzte Rahmen der Türen, Reihen von Türen, von Galerien, – Fluchten von Fluren, die wieder in leere Salons führen, in Salons, überladen mit dem Zierat einer anderen Zeit, in schweigende Säle...

wo die Schritte des Schreitenden von Teppichen geschluckt werden, so schwer, so dicht, daß das Geräusch der Schritte das Ohr des Schreitenden nicht mehr erreicht, als ob selbst das Ohr dessen, der da schreitet, wieder einmal, diese Flure entlang, – durch diese Säle, durch diese Galerien, in diesem Bauwerk einer anderen Zeit, diesem gigantischen Hotel, luxuriös, barock, – unheilverkündend, wo endlosen Fluren Flure folgen, – lautlose, leere, überladen mit düsterem, kaltem Zierat, mit Getäfel, mit Stuck, mit den geschnitzten Füllungen der Türen, mit Marmor, erblindeten Spiegeln, verblichenen Gemälden, Säulen, erdrückenden Tapeten, – geschnitzte Rahmen der Türen, Reihen von Türen, von Galerien, Fluchten von Fluren, – die wieder in leere Salons führen, in Salons, überladen mit dem Zierat einer anderen Zeit, – in schweigende Säle, wo die Schritte des Schreitenden von Teppichen geschluckt werden, so schwer, so dicht, daß das Geräusch der Schritte das Ohr des Schreitenden nicht mehr erreicht, – als ob dieses Ohr selbst sehr weit fort wäre, sehr weit vom Boden, den Teppichen, sehr weit von diesem üppigen und leeren Zierat, sehr weit von diesem verschnörkelten Fries, der unter der Decke hinläuft, mit seinen Zweigen und seinen Girlanden, altem Blattwerk gleich, als ob es noch Sand oder Kies wäre...

Wolfgang Dietrich
Sudeten

Wo der Himmel eine Glocke aus Schwefel und
                    Zinn ist und
    die Bäume nachgeben wie Klöppel,
die Rost zerfraß, wo die Granitbuckel sich vor
    Raben ducken wie Schildkröten, wo
die Asche fliegt und die Planierraupen die einzigen
    Lippen sind, die nicht zerplatzen,
wo die Menschen ihre Pässe verbrennen, weil sie
                    im falschen
    Land wohnen, dort liegt Karlsbad.
Schlaggenwald und Elbogen. Winfried, du kennst
                    die Steine,
    also erkläre ich wenig. Vor zwei Tagen
stieg ich vom Egergraben zum Erzgebirge an. Es ist kahl,
    der Granit, einmal nackt, einmal
erdig, kommt heraus. Granit des Typs, in dem die
    Dreierbeziehung von Quarz, Feldspat und Glimmer
nicht hinhaut. Gehst du von Karlsbad aus, dann
                    nimmt gegen
    Elbogen zu der Feldspat so überhand, daß
seine entweder säulen- oder tafelförmigen Kristalle ganz
    vorwiegen, und die beiden anderen Bestandteile
rücksichtslos verdrängen. Aber im Gegenteil bekommt
                    dann auf
    dem Weg nach Schlaggenwald sofort
der Glimmer die Übermacht? er legt sich zu Blättern
                    und zwingt
    das Nachbargestein ebenso zu blättrigem
Gewebe. Wenig später bestimmt er sogar die Gestalt der
    Feldspäte. Diese Zwillingskristalle walzt er

der Länge nach aus und nimmt sie als Linsen in sich auf. Unweit
davon siehst du Glimmer und Quarz in großen
Steinmassen anstehn, bis du zu Felshaufen kommst,
die ganz
aus Quarz bestehen, die aber Flecken enthalten
von einem so brutal durchquarzten Glimmer, daß er als
Glimmer kaum mehr zu erkennen ist. Die Bergart
merkst du dir am meisten, denn in ihr steckt das Metall.
Derber Zinnstein füllt die Gänge. Innen
ist er Kristall, außen bloß Masse. Waagrecht liegt er
in Zinnwald, senkrecht in Graupen. Zerstreut,
verteilt hingegen ist das Metall in Schlaggenwald. Ganze
Bergmassen sind hier durchtränkt
von ihm. Wo das Zinn sich kreuzt mit dem Eisen, sind
die Arbeiter rot bestäubt. Talk
zertreten sie, und Kalk zeigt sich in Flußspat und
in Apatit. Der DDR-Mann teilt sich
den Abbau mit dem Tschechen.

Viktoras Pivonas
Böhmische Gläser

Schlaggenwald, ein kleiner friedlicher Fleck. Bis dahin. An einem der Ausläufer des Ortes, die Alte Post. Die berühmte Alte Post. Herr Hahn bewirtschaftete sie mit seiner Tochter. Soweit sie Iki zu Gesicht bekam – er hatte nur wenige Gelegenheiten –, erschien sie ihm hübsch, dunkel und viel zu groß.

Mit einer Gruppe Fahrschüler war Iki täglich nach Elbogen unterwegs. Bergab war man meist pünktlich, wegen der steinalten Lokomotiven mit den hohen Schornsteinen und den Kesseln, die wie schwarze Käseglocken wirkten und nicht in ihrer ganzen Ausdehnung sichtbar waren, wie die Kessel jener Loks, die er »im Reich« gesehen hatte. Gleich verrußten Riesenschildkröten bremsten sie die Fahrt talabwärts und wirkten auch auf ebener Strecke eher unwirsch beim Verrichten ihrer Arbeit. Bergauf war es eine andere Sache. Da hieß es nicht nur zu ziehen, sondern gelegentlich auch zurückzusetzen, wieder Anlauf zu nehmen und trotz durchdrehender Räder zu versuchen, den kurzen Zug ein Stück weiter aufwärts zu bewegen. Die alten Maschinen sahen aus, als seien sie eher für einen Märchenfilm gebaut worden als für ernsthafte Arbeit. Dazu paßte die Landschaft, durch die man fuhr, und die kleinen Städte, die einen erwarteten oder die man verließ, paßten genauso. Hatte man einen verspäteten Zug zu nehmen, verkürzte man sich die Zeit, indem man Münzen auf den Schienen auslegte. Die langsam rollenden Lokomotiven preßten das Metall zu blinkenden Fladen auseinander, die danach hinsichtlich Radius, Umfang und Anmutung genauer verglichen wurden, als es je als Aufgabe für eine Geometriestunde betrieben worden wäre.

Schlaggenwald hatte etwas, was einen zum Bleiben anhielt. Natürlich wurde ständig davon gesprochen, daß man auf der Durchreise sei. Flüchtling zwar, eingewiesen in die Alte Post, sicherlich, aber immer noch zahlender Flüchtling.

Jetzt bewohnte man ein geräumiges Zimmer mit Blick auf die Straße, die hinunter in den Ort führte. Neben der Straße ein Bach, der selbst bei niedrigem Wasserstand erstaunlich geschwind und mit lautlos bedrohlicher Effizienz zu Tal eilte. Auf der anderen Seite des Flüßchens, gleich nach den Uferbefestigungen, gab es noch etwas Platz für ein wenig Verkehr und möglicherweise auch für zu erwartendes Hochwasser. Danach erst kamen die bebauten Grundstücke und schließlich der Berg mit seinen Stollen.

Er hörte die Stimme seiner Mutter:

Iki, da unten, komm ans Fenster; da, in dem Auto, da fuhr eben Göring vorbei.

Wo?

Da hinten, jetzt kannst du ihn natürlich nicht mehr sehen; ich möchte schwören, das war Göring, mit noch einigen Uniformierten.

Mit Marschallstab?

Natürlich nicht. Auch nicht in seiner weißen Uniform. Aber ich habe ihn bestimmt erkannt. Was der hier will?

Wie würde man sich fühlen, dachte Iki, wenn man wüßte – und ihm fiel nur ein Vergleich aus seiner geliebten Astronomie ein –, daß in den nächsten Tagen ein Komet auf eben diese Stelle der Erde stieße, alle Felsen wegschmölze und alle Wasser verdampfen ließ? Wie würde man sich dann fühlen? Kein Komet am nächtlichen Himmel. Aber Ansagen im Radio: Starke Verbände amerikanischer Bomber seien im Anflug auf Böhmen und Mähren. Karlsbad wurde erwähnt; Dresden sei schon auf die furchtbarste Weise zerstört worden, und hier schien die Sonne ins Tal. Die Alte Post stand, fest für die nächsten Jahrhunderte. Der Bach gluckste. Gelegentlich ein Wagen stadteinwärts, stadtauswärts. Und auf der anderen Seite des Flüßchens, zwischen den Häusern, der Blick auf den Eingang zu den alten Stollen, die für den Fall der Fälle, wenn auch nicht gegen Kometen, so doch gegen amerikanische Bomben absolute Sicherheit versprachen.

Während sie noch im Hof standen, ertönten Luftschutzsirenen. Eine mußte in unmittelbarer Nähe des Hauses angebracht gewesen sein. Der Junge erschrak doppelt, weil er von ihrer Existenz nichts gewußt hatte. Im übrigen schien die Ankündigung auch reichlich spät, denn gleich darauf hörte man das singende Brummen amerikanischer Langstreckenbomber.

Es waren nicht einzelne Maschinen, die in großer Höhe den Ort überquerten, es war ein Himmelsteppich von Flugzeugen, dessen engmaschiges Muster von Horizont zu Horizont reichte.

Iki lief auf die Straße, blieb in der Mitte stehen, drehte sich um. Als wollte er das Dröhnen übertönen, rief er nach Mutter und Schwester, sie sollten mit ihm zum Stollen auf der anderen Seite des Flüßchens laufen.

Er wußte von seiner Mutter, daß sie in gefährlichen Situationen richtig handeln konnte, doch jetzt schien sie sich zu sagen, daß der Panzerzug von oben nicht mehr Eindruck machen könne als ein Regenwurm unsereinem. Ohnehin dürfte er längst in seinem Tunnel stecken; und die Flugzeuge hatten sicher andere Ziele als Schlaggenwälder Kirchtürme. Weder sie noch seine Schwester ließen sich blicken. Iki stand da und schrie, langsam der Hysterie nahe und auch nicht bereit, sich allein in Sicherheit zu bringen. Nach einer Weile erschien der Major und sagte, er möchte endlich zum Essen kommen.

Danach zog die Einheit ab. Einen Tag später, Iki stand wieder vor dem Haus, seine Schwester spielte neben ihm mit einer Puppe, auch die Wirtstochter war draußen, rückten Panzer unbekannter Bauart ein. Sie waren olivfarben und trugen weiße Sterne. Soldaten saßen lässig auf der Panzerung. Die Kolonne stoppte direkt vor der Hofeinfahrt. Die Turmklappe des ersten Fahrzeugs öffnete sich, und ein Mann stemmte sich heraus. Er holte etwas aus dem Inneren des Turms und warf es Iki vor die Füße. Es war ein aschenbechergroßes Päckchen, gefüllt mit einem weißen Pulver. Zucker in Zellophan.

Mit den Fahrten nach Elbogen war es jetzt vorbei. Die amerikanischen Panzer wurden auf der anderen Seite des Flüßchens, entlang der Häuserzeile, stationiert. Einige der Soldaten wurden auch in der Alten Post einquartiert. Als einer der Offiziere zu seiner Mutter sagte: War is over, wurde Iki zum Übersetzen gerufen. Seine Mutter schenkte dem Mann den Fotoapparat. Es hatte geheißen, man müßte dergleichen sowieso den Behörden abliefern.

Iki wurde zum Schutz der Haustochter abkommandiert, die die Zimmer der Einquartierten zu säubern und deren Betten zu machen hatte. Das heißt, er hatte sie bei dieser Art von Arbeiten ständig zu begleiten, wovor er sich nach Möglichkeit zu drücken suchte, weil er nicht verstand, wovor die junge Frau zu schützen war. Alles ging friedlich zu, und auf der Straße war es ja auch viel interessanter.

Es hieß, in einem der Nachbarorte sei Göring verhaftet worden. Ein Trupp gefangener deutscher Soldaten wurde vorbeigeführt. Sie hielten die Hände verschränkt über dem Kopf. Und schließlich erschienen, in SA-Uniformen, freilich ohne die Embleme der bisherigen Machthaber, tschechische Beamte. Um ein offizielles Aussehen zu gewinnen, machten sie von den erbeuteten Beständen Gebrauch. Sie verteilten Lebensmittelkarten und setzten Verhöre an. Auch seine Mutter wurde abgeholt. Sie blieb einen ganzen Tag fort. Die Kinder hätten sich vermutlich viel mehr gesorgt, wenn nicht die Wirtsleute mit ihnen verständig geredet hätten. Abends war die Mama wieder da. Sehr still. Sie sei befragt worden, weil sie mit einem Major der Wehrmacht gesehen wurde. Warum es so lange gedauert hätte? Darüber schwieg sie.

Am nächsten Tag, der mit einem strahlenden Sonnenaufgang begann, kam Gewitter auf. Und dann brach eins der heftigsten Unwetter los, das der Junge je erlebt hatte. Bomben und Kometen verblaßten zu Phantasiegebilden angesichts der Schläge, die zwischen Blitz und Donner nur Sekundenbruchteile ließen. Dazu Regenfluten, die über Stunden anhielten. In der plötzlichen Dunkelheit, die immer wieder von den elektrischen Entladungen unterbrochen wurde, flammte das Straßenbild mit seinen Panzern und Geschützen wie in einem richtigen Kriegsfilm auf.

Am Nachmittag war das Unwetter vorbei. Die Soldaten krochen aus ihren Fahrzeugen. Die Leute öffneten die Fenster. Das Flüßchen war ein reißender Strom, der noch nicht die Straße überflutete, aber dicht unter der Fußgängerbrücke hindurchschoß. Iki stand mit einigen Nachbarjungen auf der befestigten Uferseite und konnte sich nicht sattsehen an der tobenden Oberfläche des Wassers. Dann wurden Gläser angespült, Glühbirnen, silbrig blitzende Gleichrichter und gelegentlich ein bunt bemaltes böhmisches Glas. Die Jungen sammelten Steine auf und versuchten, die schnell vorübertreibenden Flaschen und Laborkolben zu treffen. Meist gelang es nur bei den größeren Objekten, wie Senderöhren, die mit einem Blaffen implodierten.

Ein Nachschublager flußaufwärts oder eine Fabrik sorgte für den Strom aller möglichen keramischen und gläsernen Gefäße, die nun vorbeiwirbelten. Vielleicht erreichten sie sogar die Eger. Iki traf eine Radioröhre. Sie barst fast lautlos, sank aber nicht sofort. Die verspiegelten Glasfragmente folgten wie ein Kometenschweif dem Sockel aus Bakelit.

Wenzel Heindl
Wie vierzehn der Krieg ausbrochen ist

Dann sind wir ja fort von heraussen. War ich in Elbogen in der Burg. Bin ich in der Burg gelegen, wie der Krieg ausgebrochen ist. Wie die Soldaten eingerückt sind. Weil sie geschrien haben grad an. Sind durch die Stadt gezogen. Haben sie gesagt, Die kommen, stechen uns die Augen ausher. Alles mögliche. Haben wir Angst gehabt grad an. Wenn ich was gehört hab, hab ich das Schreien angefangen. Ich hab mich auf den Teppich hingelegt. Die andern sind auf den Tischen oder wo gesessen. Ich bin auf dem Teppich gelegen, hab mich gefürchtet. Aber ich hab halt geschlafen. Hab eingeschlafen vor Angst.

Jetzt ist es die russische Grenze worden. Sind lauter Russen drüben. Die russischen Amerikaner. Man kanns nicht sagen.

Thomas Kling
serner, karlsbad

..wo in angesagter umgebun'
di zensur ihr sprudeln begann.

zentralgranitmassn.
geselchter schnee. nichts

wußte ich, zweiundsiebzig,
von einem haus edelweiß wo

mattkaiserschrunde oder ocker-
gestimmte, oder sonstwi-erinnerun':

»sprich deutlicher«
in karlovy vary

..di (mittags?)sonne, geschwächt,
in Spiegeln mitgeteilt wurd; wo

der becherovka in geschliffenen
gläsern und rede auf di marmor-

helligkeit knallte. karlsbad-sounds:
»o sprich deutlicher« in geselchtm

schnee, und »jedes hauptwort ein
rundreisebillet«.   SERNER

der ging von prag aus
gemeinsam ins gas.

Jorge Semprun
Libušes Blick

Die Musik, die war in seinem Kopf, falls dieser wirklich der
Sitz des Gedächtnisses ist. Die Musik begann hervorzuquel-
len, entfernt, doch deutlich. Es war damals, vor vierzehn
Jahren, im Speisesaal des Hotels *Moskva-Pupp*.

Juan Larrea lächelte. Er erinnerte sich an Libuše. Sie
spielte die erste Geige in der Damenkapelle, die die Abende
im *Pupp* verschönte. Denn die Abende mußten schon damals so gewesen sein, mit Tanz, bevor man dem Namen des
Hotels *Moskva* hinzufügte, um den Sieg des slawischen und
sowjetischen Großen Bruders zu ehren.

Genauer gesagt, diese Kapelle bestand nur dann aus-
schließlich aus Personen des weiblichen Geschlechts, wenn
sie Walzer spielte oder Stücke von Smetana, was sie mit Vor-
liebe tat. Aber wenn sie irgendeine Jazzmusik anstimmte,
trat unter all diesen Damen ein Mann in Erscheinung und
übernahm das Schlagzeug.

Er schob den pflaumenblauen schweren Samtvorhang
hinter dem Podium der Kapelle beiseite und nahm seinen
Platz hinter den Damen mit dem Streichbogen ein. Das
heißt, nicht alle waren mit diesem Requisit ausgerüstet. Es
gab in dem Orchester ein Klavier, zwei Gitarren und verschiedene Blasinstrumente. Aber nur das Schlagzeug wurde
von einem Mann bedient.

Im gegebenen Augenblick, also, erschien er.

Er war eine Person von weniger als vierzig Jahren, dem Ausdruck seines Gesichts nach zu urteilen. Aber sein Haar war grau. Er lächelte nicht, blickte nur selten auf die Tischgäste. In diesem Fall trat aus seinen hellgrauen, eisigen Augen eine hochmütige, schlankweg herablassende Ironie. Jedenfalls war er ein unvergleichlicher Musiker, und man konnte sich fragen, welche biographische Katastrophe ihn zu diesem mittelmäßigen Badeexil verdammt haben mochte.

Doch kaum war die Reihe der im Programm vorgesehenen Jazz-Stücke beendet, stand er auf und verschwand hinter dem Vorhang, wie ein Schatten, bis zur Tanzgesellschaft am nächsten Abend. Tagsüber war er unauffindbar. Larreas Bemühungen, ihn zu treffen, waren an einer dumpfen Schranke bürokratischen Unverständnisses gescheitert. Höflich, aber undurchdringlich.

Libuše dagegen war leicht aufzufinden. Er hatte sie die ganze Zeit zwischen den Beinen gehabt, wie man hier durchaus sagen könnte.

Am ersten Abend im *Moskva-Pupp* hatte man Larrea an einen Tisch am Fuß des Podiums gesetzt. Fast wäre er wieder gegangen, hätte gebeten, daß man ihm einen anderen Platz gebe, so schwer erträglich erschien ihm die Nachbarschaft der Kapelle. Da bemerkte er die junge Frau, die die erste Geige spielte.

Libuše, deren Vornamen er noch nicht kannte, befand sich einige Schritte von ihm entfernt, ihn überragend. Sie trug ein eng anliegendes schwarzes Samtkostüm, das ihre Silhouette zur Geltung brachte. Aber es war der Anblick des Knöchels der jungen Frau, der ihn bewog, an diesem Platz zu bleiben. Dieses fragile und dünne, mit seidiger Transparenz umspannte Gelenk brachte sein Blut in Wallung.

Er setzte sich an den Tisch und suchte Libušes Blick.

Bernhard Setzwein
Klíma in Domažlice

»Sie mögen diese Stadt nicht sonderlich, hab' ich recht?«

»Man sollte den Stadtturm nehmen und sie auseinander-walken. Den walzenförmigen Stadtturm! In allen Fremden-führern heißt er immer nur: der walzenförmige Stadtturm, das Wahrzeichen von Domažlice. Also bitte? Wozu hat man dieses Nudelholz, wenn nicht dazu, diesen Menschenteig hier auseinanderzuwalken. Könnte ich Domažlice auf einen Schlag vernichten – heiter, ohne Zorn, nur aus Übermut –, ich würde keine Sekunde lang zögern!«

Das erstaunte mich nun doch. Zwar kannte ich das nette Städtchen, von dem man sagte, es sei das Zentrum des histo-rischen Chodenlandes, nur von ein paar wenigen Ausflügen über die Grenze, aber daß man es gleich ausradieren müsse, dazu sah ich eigentlich keine Veranlassung. Im Gegenteil: So ungefähr hatte ich mir immer einen liebenswürdigen böhmi-schen Marktflecken vorgestellt: einen arkadenumsäumten Stadtplatz, im Zentrum natürlich eine Dientzenhoferkirche, holzgetäfelte Gasthäuser und dann den mächtigen Stadt-turm, meinetwegen auch walzenförmig.

»Mit siebzehn hat man mich in dieser Stadt von der Schule geschmissen«, fing mein Gegenüber nun wieder an. Jetzt fiel's mir auf: Er erinnerte an eine Porträtbüste von Nietz-sche, nur hing sein Bart nicht dermaßen seehundmäßig über die Lippen. Der Blick aber war ähnlich bohrend. »Nur weil ich die Habsburger eine Schweinedynastie genannt habe. – Waren sie vielleicht keine Schweinedynastie? Sagen Sie selbst!«

Woran lag es nur, daß mir dieser Mann irgendwie unzeit-gemäß vorkam, um es einmal vorsichtig auszudrücken.

»Es ist ja gar nicht so, daß ich die Domažlicer nicht mag.

Im Gegenteil: Ich habe diese Menschen auf eine besondere Art gern – ähnlich wie Läuse. Schon als Kind bin ich nachts an den Stadtrand geschlichen und habe ihnen die Fenster eingeworfen. Oder gestohlen. Einfach des Stehlens wegen. Auf die Eisenbahnschienen habe ich Steine gelegt und auf den Feldern die Getreidegarben angezündet. Ich habe die Kreuze in den Kirchen geschändet, auch das droben in Veselá Hora, in der Wallfahrtskirche. Waren Sie da schon? Schöner Ausblick auf diese Kloake hier. Und weil ich keine Bomben hatte, warf ich anarchistische Flugblätter. Nichts davon wurde bekannt, und niemand in Domažlice ahnte, wer ich wirklich war. – In Betragen hatte ich immer die beste Note! Ist das nicht gemein und niederträchtig?«

Ich sah ein, irgendwie das Thema wechseln zu müssen, um nicht in diesen Domažlicesumpf mit hineingezogen zu werden, in den mein Tischnachbar schon geraten war. Langsam begann mir dieses liebreizende Städtchen, das allenfalls in den Außenbezirken jene typische realsozialistische Plattenbautristesse aufwies, unheimlich zu werden. Was mußte hinter den gotischen Fassaden und in den mittelalterlichen Kellergewölben an menschlichen Perversitäten schlummern, wenn diese Stadt solch ein misanthropisches Scheusal hervorgebracht hatte und, was noch schlimmer war, in einem seiner eher einladend wirkenden Gasthäusern duldete. Sollte mir das »U Schneidrů« zur Falle werden?

Ota Pavel
Der schwarze Hecht

Ich war etwa sechs Jahre alt. Meine Brüder nahmen mich nicht allzuoft mit. Ich war ihrer noch nicht wert. Ihren Vergnügungen sah ich nur von fern zu. Meistens lutschte ich an der Berounka am Finger. Am liebsten gingen Hugo und Jirka auf die kleine Insel, wo sie in den grünen Algen Fische mit der Hand fingen. Hugo war hübsch und zart. Jirka war durchtrieben und ein Lump und prügelte sich mit jedermann.

Bei der kleinen Insel wuchsen lange, zauberhafte grüne Algen, die den verfilzten Haaren des Flußwassermannes Oskar glichen. Diese Haare wallten mit der Strömung um die Insel, als läge sie ertrunken im gelben Sand. Hin und wieder wuchsen Blüten an den Algen, ich weiß nicht mehr, was für eine Farbe sie hatten, vielleicht rosaweiß wie Bräute. Hier war es seicht, und Schalentiere und Wasserasseln weideten wie auf einer Wiese. Barben und andere Fische schwammen hierher und fingen die Käfer, wobei sie wie Ferkel schmatzten. Zu dieser Zeit liefen die Brüder nur in Turnhosen herum und griffen in die Algen, bis sie den kalten Fischkörper berührten. Der Fisch erstarrte, schoß dann los, das Brüderlein kam wieder zu sich und schoß hinterdrein, verfehlte den Fisch, das Wasser spritzte, das Brüderlein schrie. Wie beim Rodeo.

Einmal entdeckten sie in den Algen einen riesengroßen Fisch und glaubten zunächst, es wäre ein angeschwemmter Baumstamm. Aber es war ein schwarzer Hecht, der kleineren Fischen bis hierher nachgeschwommen war und nicht wieder hinausfand. Als er losschwamm, glich er einem Torpedo. Das Wasser spritzte nach allen Seiten. Hugo rief schallend: »Glotz nicht so blöd, komm uns lieber helfen!«

Auf einmal war ich ihnen grad recht. Aber ich wollte nicht dorthin. Langsam stapfte ich durch die Algen heran. Der Hecht kreuzte, kam mir ganz nahe und hielt an. Ich sah ihn Atem holen.

Er musterte mich mit grausamen Blicken, und sein halboffenes Maul war voller Zähne. Er wollte mich auffressen.

Schon verzog ich das Gesicht. Da schwamm er weiter. Er schoß über die seichte Stelle und verschwand in der Tiefe. Jirka sagte zu mir: »Blödian! Hättest bloß nach ihm greifen brauchen und hinterm Hals zusammendrücken!«

In Wirklichkeit atmeten wir alle drei auf, daß er abgehauen war. Meine Brüderlein hatten auch nicht nach ihm gegriffen. Dieses Ereignis schien eine Vorbestimmung zu sein, als wäre der riesengroße Hecht unsere Parze gewesen. Ob einer von uns im Leben einen wirklich großen Fisch fangen wird? Möglich, daß es uns nicht vergönnt sein wird, weil wir damals nicht tapfer waren.

Ota Pavel
Weiße Pilze

Wir gingen Reisig sammeln. Die Wälder von Křivoklát sind tief, und manche Leute haben dort Angst. Jeden Augenblick könnten die Raubritter von Týřov auf ihren Pferden mit Armbrüsten erscheinen. Oder wir könnten hier den tapferen tschechischen Königen mit ihrem Gefolge begegnen. Meine Verbeugung, Herr König, ich bin aus der Aue bei Bránov. Man nennt mich Ärschlein.

Jeden Augenblick kann der Mensch hier menschliches Weinen hören oder das Jammern von weidgeschossenem Wild. Es kann eine Herde von wilden Ebern erscheinen oder der berüchtigte Hirsch mit dem Kreuz zwischen dem Geweih.

Leise ging ich am Ende des Familienzuges, um alles zu sehen und ja nichts zu versäumen. An der Hand führte mich die Gevatterin aus der wunderbaren Stadt Phantasie. Die Blätter wurden schon gelb, der Herbst brach an. Die Bäume waren kräftig, und oben befanden sich die Nester, wo die

Überfallabteilungen der Vögel lauerten. Dort irgendwo thronte der Vogel Greif. Wenn ich zu lange säume, stößt er herab und trägt mich davon.

Im Tal sammelten wir uns wieder. Jirka fing mit seiner tönenden Stimme zu singen an:

> »Kommen Jäger mir entgegen.
> führen mit sich ihre Hunde, Hunde, Hunde,
> macht der eine hau, hau, hau,
> macht der zweite wau, wau, wau!«

Bei hau, hau, hau und insbesondere bei wau, wau, wau schüttelte er sich schrecklich und schnitt Fratzen. Wir fielen ein und waren bereits am Waldrand angelangt.

> »Wenn ich von hier wandern muß,
> mach ich einen Knoten und 'nen zweiten:
> Weil ich dich, mein Jüngferlein,
> gar zu schnell verdrießen muß.«

Da rief Hugo: »Halt!«

»Was ist denn?« fragte Mama vorn an der Spitze.

»Schaut euch mal den weißen Hang an!«

»Sind doch Steine«, meinte die Mama. »Ein Hang voll weißer Steine.«

»Das sind keine Steine«, entgegnete Hugo und lief hin. Dann rief er: »Pilze sind es!«

Rasch stiegen wir den Eichenhang hinauf. Es war tatsächlich ein Abhang voller Steine, zwischen denen Hunderte von weißen Pilzen wuchsen. Wir faßten sie an, manche waren besonders groß und hatten bräunliche, aufgeplatzte Köpfe. Als wüchsen sie hier schon hundert Jahre und vielleicht noch länger. Jeder war anders, wie von einem Maler gemalt. Schlanke und rundliche. Reizende Hampelmänner. Mamas Lieblinge und schöne Greise. Manch einer bekam von uns ein Küßchen auf den Hut. Dann warfen wir das Reisig aus den Körben, füllten sie mit Pilzen, und immer stand noch alles voll. Meine Brüder rannten auf das kleine Feld zu Tante Karolina und holten neue Körbe, die auch noch alle voll wurden. – In der Aue schütteten wir die Pilze in der Scheune auf eine Plane. Dann gingen alle fort, bis auf die Mama, die sich offenbar daran erfreuen wollte. Sie würde eine Pilzmahlzeit wie für Kaiser Nero zubereiten, der Pilze jeder Art sehr gern aß.

Ich kam zurück und fand die Mama noch immer bei den Pilzen. Ihre Hände waren in den Pilzhaufen vergraben, und Tränen rannten ihr über die Wangen.

»Warum weinst du, Mama?«

»Wenn es viele Pilze gibt, kommt Krieg!«

»Das ist doch Aberglaube, Mama.«

»Tante Karolina hat es gesagt. Vor dem ersten Weltkrieg soll es auch so viele gegeben haben. Dann kamen bald Elend und Not.«

Ein Jahr später nahmen uns die Deutschen ein.

Nicht lange darauf saßen wir auf der kleinen Bank in der Aue und hörten im Radio, wie Warschau bombardiert wurde. Wir hörten die schweren deutschen Junkers- und Heinkelmaschinen über der Stadt dröhnen. Dann krachten die ersten Bomben.

Ich hielt mir die Ohren zu und lief die Aue hinab. Ich glaubte, auch hier die Bomben zu hören. Schon sah ich sie fallen. Der erste Treffer ging in den Keller, wo die Fäßchen mit den eingelegten Fischen standen. Die Fäßchen platzten auseinander, und die Fische fielen in den Schlamm. Ein Knall! Die zweite Bombe traf den leichten Kahn des Fährmanns, die Bretter flogen durch die Luft wie kleine Scheite. Noch ein Knall! Das Haus am Fluß stürzte ein und brannte. Über den Fluß brauste eine große graue Heinkelmaschine, drinnen saß ein lachender Pilot mit weißem Schädel und fletschenden Zähnen. Das Flugzeug hatte schwarze Kreuze auf den Flügeln. Es warf Bomben auf meine Fische im Fluß. Ihre toten Leiber schwammen an der Oberfläche. Sie waren weiß wie die Traueranzeigen in den Schaukästen und glichen auch den großen weißen Pilzen mit den aufgeplatzten Köpfen.

Auf den Anzeigen stand:

> Niemals kommen wir hierher zurück,
> zu Ende ist der Kinderkarneval.

Das nördliche Böhmen

Franz Kafka
Aus Zürau. Briefe

An Felix Welsch

Zürau, Mitte/Ende Oktober 1917

Das Dorfleben ist schön und bleibt es. Ottlas Haus steht auf dem Ringplatz, schaue ich aus dem Fenster, sehe ich auf der andern Platzseite wieder ein Häuschen, aber schon dahinter ist das freie Feld. Was kann, in jedem Sinn, für das Atemholen besser sein; was mich betrifft, so schnaufe ich zwar in jedem Sinne, körperlich am wenigsten, aber anderswo wäre ich dem Ersticken nahe, was allerdings, wie ich aus aktiver und passiver Erfahrung weiß, jahrelang ausgehalten werden kann.

Meine Beziehungen zu den Menschen hier sind so locker; das ist schon gar kein Erdenleben mehr. Ich begegne z.B. heute abend auf der finstern Landstraße zwei Menschen; Männern, Frauen, Kindern, ich weiß nicht; sie grüßen, ich danke; mich haben sie vielleicht an meinem Mantelumriß erkannt, ich wüßte wahrscheinlich auch bei Licht nicht, wer sie sind, jedenfalls erkenne ich sie an der Stimme nicht, das scheint bei dialektsprechenden Menschen überhaupt unmöglich zu sein. Nachdem sie mich passiert haben, dreht sich einer um und ruft: »Herr Hermann (so heißt mein Schwager, ich habe also den Namen übernommen), habens ka Zigaretten?« Ich: »Leider nein.« Damit ist es vorüber; Worte und Irrtümer der Abgeschiedenen. Ich wünsche mir, so wie ich jetzt bin, nichts Besseres.

An Felix Weltsch

Zürau, Mitte November 1917

Lieber Felix, der erste große Fehler von Zürau: eine Mäusenacht, ein schreckliches Erlebnis. Ich selbst bin ja unangeta-

77

stet und mein Haar ist nicht weißer als gestern, aber es war doch das Grauen der Welt. Schon früher hatte ich es hie und da (ich muß jeden Augenblick das Schreiben unterbrechen, Du wirst den Grund noch erfahren), hie und da in der Nacht zart knabbern gehört, einmal war ich sogar zitternd aufgestanden und habe nachgesehn, es hörte dann gleich auf – diesmal aber war es ein Aufruhr. Was für ein schreckliches stummes lärmendes Volk das ist. Um zwei Uhr wurde ich durch ein Rascheln bei meinem Bett geweckt und von da an hörte es nicht auf bis zum Morgen. Auf die Kohlenkiste hinauf, von der Kohlenkiste hinunter, die Diagonale des Zimmers abgelaufen, Kreise gezogen, am Holz genagt, im Ruhen leise gepfiffen und dabei immer das Gefühl der Stille, der heimlichen Arbeit eines gedrückten proletarischen Volkes, dem die Nacht gehört. Um mich gedanklich zu retten, lokalisierte ich den Hauptlärm beim Ofen, den die Länge des Zimmers von mir trennt, aber es war überall, am schlimmsten, wenn einmal ein ganzer Haufen irgendwo gemeinsam hinuntersprang. Ich war gänzlich hilflos, nirgends in meinem ganzen Wesen ein Halt, aufstehn, anzünden wagte ich nicht, das Einzige waren einige Schreie, mit denen ich sie einzuschüchtern versuchte. So verging die Nacht, am Morgen konnte ich vor Ekel und Traurigkeit nicht aufstehn, blieb bis 1 Uhr im Bett und spannte das Gehör, um zu hören, was eine Unermüdliche den ganzen Vormittag über im Kasten zum Abschluß dieser Nacht oder zur Vorbereitung der nächsten arbeitete. Jetzt habe ich die Katze, die ich im Geheimen seit je her hasse, in mein Zimmer genommen, oft muß ich sie verjagen, wenn sie auf meinen Schoß springen will (Schreibunterbrechung); verunreinigt sie sich, muß ich das Mädchen aus dem Erdgeschoß holen; ist sie brav (die Katze), liegt sie beim Ofen, und beim Fenster kratzt unzweideutig eine vorzeitig erwachte Maus. Alles ist mir heute verdorben, selbst der gute dumpfe Geruch und Geschmack des Hausbrotes ist mäusig.

An Max Brod

Seit ein paar Tagen habe ich einen recht guten, wenn auch nur provisorischen Ausweg gefunden. Ich lasse die Katze während der Nacht im leeren Nebenzimmer, verhüte dadurch die Verunreinigung meines Zimmers (schwer ist, sich in dieser Hinsicht mit einem Tier zu verständigen. Es scheinen lediglich Mißverständnisse zu sein, denn die Katze weiß infolge von Schlägen und verschiedenen sonstigen Aufklärungen, daß die Verrichtung der Notdurft etwas Unbeliebtes ist und der Ort dafür sorgfältig ausgesucht werden muß. Wie macht sie es also? Sie wählt z. B. einen Ort, der dunkel ist, der mir ferner ihre Anhänglichkeit beweist und außerdem natürlich auch für sie Annehmlichkeiten hat. Von der Menschenseite aus gesehn ist dieser Ort zufällig das Innere meines Pantoffels. Also ein Mißverständnis und solcher gibt es so viele als Nächte und Bedürfnisse) und die Möglichkeit des Bettsprungs, habe aber doch die Beruhigung, wenn es schlimm werden sollte, die Katze einlassen zu können. Diese letzten Nächte waren auch ruhig, wenigstens gab es keine ganz eindeutigen Mäuseanzeichen. Dem Schlaf nützt es allerdings nicht, wenn man einen Teil der Katzenaufgabe selbst übernimmt, mit gespitzten Ohren und Feueraugen aufrecht oder vorgebeugt im Bett horcht, aber so war es nur in der ersten Nacht, es wird schon besser.

Ich erinnere mich an die besonderen Fallen, von denen Du mir schon öfter erzählt hast, die sind aber wohl jetzt nicht zu haben, auch will ich sie eigentlich nicht. Fallen locken ja sogar noch an und rotten nur die Mäuse aus, die sie totschlagen. Katzen dagegen vertreiben die Mäuse schon durch die bloße Anwesenheit, vielleicht sogar schon durch die bloßen Ablagerungen, weshalb auch diese nicht ganz zu verachten sind. Auffallend war es besonders in der ersten Katzennacht, welche auf die große Mäusenacht folgte. Es war zwar noch nicht ganz »mäuschenstill«, aber keine lief mehr herum, die Katze saß, verdüstert wegen des ihr aufgezwungenen Lokalwechsels, im Winkel beim Ofen und rührte sich nicht, aber es genügte, es war wie die Anwesenheit des Lehrers, nur noch geschwätzt wurde hie und da in den Löchern.

An Max Brod

Zürau, Anfang Februar 1918

Was Du über Zürau nach der Ansichtskarte bemerkst, ist richtig. Ordnung ist hier in Tag- und Jahreszeiten, und kann man sich ihr einfügen, ist es gut. Auch die Kirche hat einige Bedeutung. Letzthin war ich bei der Predigt, sie war geschäftsmäßig-einfältig, aus der besprochenen Bibelstelle Lukas 2,41-52, wurden drei Lehren gezogen: 1. die Eltern sollen ihre Kinder nicht draußen im Schnee spielen lassen, sondern in die Kirche mitnehmen (seht, die leeren Bänke!); 2. die Eltern sollen um ihre Kinder so besorgt sein, wie das heilige Paar um seines (und dabei war es doch das Jesuskind, um das man eigentlich keine Sorge haben mußte); 3. die Kinder sollen so fromm mit ihren Eltern sprechen, wie Jesus mit seinen. Das war alles, denn es war sehr kalt, aber irgendeine letzte Kraft war doch noch im Ganzen. Und gestern z. B. war Begräbnis, es handelte sich um einen armen Mann aus einem Nachbardorf, das noch ärmer als Zürau ist, aber es war sehr feierlich, wie es auf dem großen Marktplatz im Schnee nicht anders sein kann. Der Wagen kann wegen eines den halben Platz durchziehenden Grabens nicht gleich zur Kirche fahren, sondern muß einen großen Kreis um den Gänseteich fahren. Die Trauergäste, eben das ganze Nachbardorf, standen schon längst an der Kirchentür und noch immer fuhr der Wagen seinen Kreis langsam weiter, eine kleine zusammengefrorene, förmlich von einem Blasinstrument umschlungene Musikkapelle vor sich und hinter sich die Feuerwehr (auch unser Schaffer darunter) im ruhigen

Ackerpferdeschritt. Und ich lag an meinem Fenster im Liege-stuhl und sah das zu meiner Belehrung an, eben als Anwoh-ner der Kirche.

Herzliche Grüße, viel Glück für die Vorträge   Franz

Johannes von Tepl
Der Ackermann aus Böhmen

Der Ackermann · Ich werde ein Ackermann genannt; mein Pflug ist die Feder, und ich wohne im Böhmerlande. Gehäs-sig, widerwärtig und widerstrebend werde ich Euch immer sein; denn Ihr habt mir den zwölften Buchstaben, meiner Freuden Hort, aus dem Alphabet gar furchtbar herausgeris-sen. Ihr habt mir meiner Wonne lichte Sommerblume aus meines Herzens Anger jammervoll ausgejätet; Ihr habt mir meines Glückes Halt, meine auserwählte Turteltaube arglis-tig entwendet; Ihr habt unersetzlichen Raub an mir began-gen! Wäget es selber, ob ich nicht billig zürne, wüte und klage: durch Euch bin ich des freudenreichen Daseins be-raubt, Tag für Tag des guten Lebens entäußert und aller wonnebringenden Rente verlustig gegangen. Heiter und froh war ich vormals zu jeder Stunde; kurz und lustvoll wa-ren mir allzeit Tag und Nacht, in gleichem Maße freuden-reich, wonnenreich sie beide; ein jedes Jahr war für mich ein gnadenreiches Jahr. Nun wird zu mir gesprochen: hau ab! Bei trübem Trank, auf dürrem Ast, betrübt, schwermütig und weinend bleibe ich und klage ohne Unterlaß. Also treibt mich der Wind; ich schwimme dahin durch des wilden Mee-res Flut, die Wogen haben überhand genommen, mein An-ker haftet nirgends. Darum will ich ohne Ende schreien: Tod, Euch sei geflucht!

Der Tod · Wunder nimmt Uns solch unerhörter Angriff, der Uns noch nie begegnet ist. Bist du ein Ackermann, der im Böhmerlande wohnt, so dünkt Uns, du tust Uns schwer Unrecht; denn seit langer Zeit haben Wir in Böhmen nichts Wesentliches ausgerichtet, außer jetzt kürzlich in einer festen schönen Stadt, auf einem Berge wehrhaft gelegen; der haben vier Buchstaben, der achtzehnte, der erste, der dritte und der fünfundzwanzigste im Alphabet, den Namen geflochten. Dort haben Wir an einer ehrbaren glücklichen Frau Unsere Gnade geübt; ihr Buchstabe war der zwölfte. Sie war ganz tugendsam und makellos; Wir dürfen wohl ›makellos‹ sagen, denn Wir waren gegenwärtig, als sie geboren wurde. Damals sandte ihr Frau Ehre einen Ehrenmantel und einen Ehrenkranz; die brachte ihr Frau Glück. Unzerrissen und unbefleckt nahm sie den Mantel, unversehrt den Ehrenkranz mit sich in die Grube. Unser und ihr Zeuge ist der Erkenner aller Herzen. Guten Gewissens, freundlich, getreu, wahrhaftig und besonders gütig war sie gegen alle Leute. Wahrlich, eine so rechtschaffene und so treffliche Frau kam Uns selten zuhanden. Es sei denn diese, die du meinst, sonst kennen Wir keine.

Der Ackermann · Ja, Herr, ich war ihr Gatte, sie meine Frau. Ihr habt sie genommen, meine lustvolle Augenweide; sie ist dahin, mein Friedensschild vor Ungemach; hinweg ist meine wahrsagende Wünschelrute. Hin ist hin! Da stehe ich armer Ackermann allein; verschwunden ist mein lichter Leitstern am Himmel; zur Rüste gegangen ist meines Heiles Sonne, auf geht sie mir nimmermehr! Nicht mehr geht auf mein strahlender Morgenstern, erloschen ist sein Schein; keinen Leidvertreib habe ich mehr, die finstere Nacht ist allenthalben vor meinen Augen.

Emil Juliš
Spiel um Bedeutung

und dann erkannte er, daß diese
unglückliche Landschaft; die Schrammen sind tief
und die Dürre der Waldskelette
schlägt in die Augen; Wolf und Lamm
haben hier weder Jagdgrund noch Weide; Herrscher sind
Staub, Rauch, und die Fremdheit; irgendein irrer Phönix
hat hier sein Nest, seine übelberüchtigte
Brandstatt

Und doch erinnern tausend Rosen an
Schwingen der Engel. Sind das vielleicht
gefallene Engel? Törichter Flitter? Der Smog
öffnet den Weg in Paradiese der Zukunft, auch
die künstlichen: alle Wolken sind
von ihnen gesäumt: wie mit Tresen und Baldachinen –
wir können der Hoffnung nicht entraten, auch nicht der
                                        verzweifelnden,
auch nicht der rasenden, sonst

verlieren wir alles, aber auch alles, das Staunen
geht verloren, die Wahrheit, die uns,
und sei's für einen Augenblick, zu Salzsäulen wandeln –
                    – Mein reines Lieb, komm –

Federico Fellini
Schloß Dux. Salon. Innen. Tag.

Graf Waldstein, jung, spritzig, geistvoll, ist endlich, in Begleitung seiner Freunde, zurückgekommen.

Sie sind alle jung, voller Leben; sie sind einfach gekleidet; das Jahrhundert geht zu Ende, die Französische Revolution hat stattgefunden, der Neoklassizismus steht vor der Tür.

Sie setzen sich zu Tisch und essen ohne große Umstände; sie reden und lachen.

Graf Waldstein (deutsch): Ich werde euch mit Giacomo Casanova, einem Abenteurer, von dem viel gesprochen wurde, bekannt machen. Er ist jetzt hier als mein Bibliothekar.

Gäste (deutsch):
– Casanova? Der mit der Flucht aus den Bleikammern?
– Man sagt, er sei ein großer Weiberheld gewesen.
– Ich habe gedacht, er sei schon tot.
– Er hat das Lottospiel erfunden.
– Das muß ein amüsanter Typ sein.
– Aber ja, schauen wir ihn uns an.
– Man sagt, er sei verrückt.

Graf (ruft): Auf, Giacomo! Kommt! Man erwartet Euch!
Es herrscht neugieriges Schweigen.

Langsam kommt Casanova herein. Er hat sich in Gala geworfen: Er trägt eine Perücke, ist stark gepudert und hat auffällige Kleider an, die aus der Mode sind; er erinnert an einen Pfau, eine Maske, einen bejammernswerten Clown. Mit Schminke versucht er vergeblich den Verfall des siebzigjährigen Gesichts zu verdecken.

Kurz vor dem Tisch bleibt er stehen und macht eine Verbeugung, die eines Balletttänzers würdig gewesen wäre. Man hört ein weibliches Lachen.

84

Casanova kommt mit anmutigen Schrittchen näher, ein Triumph von Samt, Federn, Strümpfen, Straß. Der Gegensatz zum modernen, einheitlichen Stil der Anwesenden ist deutlich.

Die Gäste verharren in Schweigen; aus Mitleid geben sie ihrem Verlangen, laut loszulachen, nicht nach.

Dann beginnen alle aufs Mal zu reden.

Gäste (deutsch; überlappend): – Was macht er? – Er trägt etwas vor ... Etwas, das er geschrieben hat? – Die Herzogin sagte mir, er sei Romancier, er schreibt den ganzen Tag. Aber er läßt niemand etwas davon sehen.

Graf (deutsch; off): Pst! Nein, von Ariosto, einem italienischen Dichter, den er sehr bewundert ...

Casanova beginnt, mit großen Gesten und antiquierter Mimik zu deklamieren ...

Stefan Zweig
Hinter dieser totenschädeligen Stirn

Denn hinter dieser totenschädeligen Stirn, hinter dieser mumiendürren Haut lebt frisch und blühend wie weißes Nußfleisch hinter beinerner Schale ein geniales Gedächtnis. In diesem kleinen Knochenraum zwischen Stirn und Hinterhaupt ist noch alles intakt und sauber aufgestapelt, was dieses funkelnde Auge, diese breiten, atmenden Nüstern, diese harten, gierigen Hände in tausend Abenteuern gierig an sich gerafft, und die gichtknolligen Finger, die dreizehn Stunden im Tage den Gänsekiel rennen lassen (›dreizehn Stunden, und sie vergehen mir wie dreizehn Minuten‹), entsinnen sich noch all der glatten Frauenleiber, die sie jemals genießerisch überstreift. Auf dem Tisch liegen, bunt durcheinander, die halb vergilbten Briefe seiner einstigen Geliebten, Notizen, Haarlocken, Rechnungen und Angedenken, und wie über erloschener Flamme noch silbern der Rauch, so schwebt hier unsichtbare Wolke zärtlichen Dufts von den verblaßten Erinnerungen. Jede Umarmung, jeder Kuß, jede Hingabe entschwingt dieser farbigen Phantasmagorie – nein, solche Beschwörung des Vergangenen ist keine Arbeit, das ist Lust – *le plaisir de se souvenir ses plaisirs*. [...]

Er haust, der alte zornige Habicht, da droben in seinem Turm von Dux wie auf der Spitze eines Eisberges, ungeahnt und ungekannt; und als endlich Ende Juni 1798 das alte zermürbte Herz kracht und man den elenden, von tausend Frauen einst glühend umarmten Leib einscharrt in die Erde, weiß das Kirchenbuch nicht einmal mehr seinen rechten Namen. ›Casaneus, ein Venezianer‹ schreiben sie ein, einen falschen Namen, und ›Vierundachtzig Jahre alt‹, eine falsche Lebenszahl, so unbekannt ist er den Nächsten geworden. Niemand kümmert sich um sein Grabmal, niemand um seine Schriften, vergessen modert der Leib, vergessen modern die Briefe, vergessen wandern irgendwo die Bände seines Werkes in diebischen und doch gleichgültigen Händen herum; und von 1798 bis 1822, ein Vierteljahrhundert scheint niemand so tot wie dieser Lebendigste aller Lebendigen.

Hans Christian Andersen
Wanderung nach Böhmen hinein

Endlich kamen wir in das kleine böhmische Grenzdorf Herrnskretschen.

Alles um mich herum hatte einen ganz neuen Charakter! Das Ganze trug ein fremdartiges, eigentümliches Gepräge; noch ganz lebhaft sehe ich vor mir, unter den gelbgrauen Felsen mit dem grünen Gestrüpp, die netten, rotbemalten

Häuser mit ihren hölzernen Altanen, hohen Treppen und Staketen, ein Christus- oder Muttergottesbild über die Tür, das, wie schlecht es auch gemalt sein mochte, doch für mich dem Ganzen einen interessanten Anstrich gab. Ich sehe noch die vielen Weiber, die muntern Mädchen und Burschen, die mit bloßen Füßen an dem Ufer des Flusses standen und die großen Stücke Holz, die auf dem Wasser dahertrieben, ans Land zogen. Ich sehe das alte braungelbe Bauernweib an dem offenen Fenster, das uns in Josephs und Marias Namen grüßte. Ich sehe das wunderlich bunte Bild mit den frischen Blumenkränzen auf dem Marktplatz, wo ein alter Bauer kniend sein Gebet hersagte und ein hübsches junges Mädchen im Vorbeigehen das Zeichen des Kreuzes machte.

Es war das Bild des heiligen Nepomuk, Böhmens Schutzpatron, das ich hier sah. Übrigens war mir ganz eigen zumute, wenn ich daran dachte, daß ich mich jetzt in einem Lande befand, wo ich für einen Ketzer galt. Die katholische Kirche in Dresden mit ihren Zeremonien und ihrer Kirchenmusik versetzte mich nicht so nahe an den Päpstlichen Stuhl als dieses Heiligenbild unter freiem Himmel und der katholische Gruß des alten Weibes.

Johann Wolfgang Goethe
Aus Teplitz

Die Umgebung von Teplitz ist in diesem Augenblicke sehr reizend. Die Wiesen, meist gewässert, blühen durchaus, die Felder stehen schmuck; Sommer- und Wintersaat, Klee, Erbsen und was sonst keimen mag, wetteifern mit einander, die Höhen und Flächen, die Tiefen und Berge herauszuputzen, und alles verspricht das fruchtbarste Jahr. Die Blüten, besonders der Birnbäume, waren höchst reich, die Kirschen blieben nicht zurück, und so hatte die ganze Gegend das munterste Ansehn. Jetzo noch haben die Kastanien ihre Kronleuchter im Park und an der Seite aller Alleen aufgesteckt, und man kann nichts Reichlicheres noch Vergnüglicheres erblicken.

Im Orte dagegen sieht es ganz anders aus. Schon seit der Hälfte des Februar befinden sich Dresdner und andere Sachsen hier, um einige Ruhe zu genießen; beunruhigen sich aber unter einander selbst täglich und stündlich. Aus Leipzig kamen später mehrere, die sich aber meistens wieder nach Hause begeben haben. Dagegen fanden sich ein viel russische und preußische Verwundete, die sowohl durch eigne als auch durch hiesige Ärzte und Chirurgen sorgfältig behandelt werden. Ferner hat Besorgnis und Beängstigung noch mehrere Dresdner hierhergetrieben, deren sich auch manche in Gießhübel und Peterswalde befinden. Eine Anzahl Polen hielt sich hier in der Stille, nun sind die mehrsten abgereist.

Mit so vielen und verschieden denkenden Menschen, zu einer so bedeutenden Zeit, an einem kleinen Ort zusammenzuwohnen, ist schon eine eigne Aufgabe, die noch schwerer wird, weil man dem Schauplatz so großer Begebenheiten nahe steht. Öfters wollen einige den Kanonendonner gehört haben, andere zweifeln daran, und wenn nachts die Feuerzeichen in den Wolken vor jedermanns Augen stehn, so entspringt abermals ein Streit, welches denn eigentlich der unglückliche Ort sei, der zu Grunde gerichtet wird?

Heinrich von Kleist
Als hätten die Engel im Sande gespielt

Von Dresden aus machten wir auch noch eine große Streiferei nach Teplitz, 8 Meilen, eine herrliche Gegend, besonders von dem nahegelegenen Schloßberge aus, wo das ganze Land aussieht wie ein bewegtes Meer von Erde, die Berge wie kolossalische Pyramiden, in den schönsten Linien geformt, als hätten die Engel im Sande gespielt –. Von Teplitz fuhren wir tiefer in Böhmen nach Lobositz, das am südlichen Fuße des Erzgebirges liegt, da, wo die Elbe hineintritt. Wie eine Jungfrau unter Männern erscheint, so tritt sie schlank und klar unter die Felsen –. Leise mit schüchternem Wanken naht sie sich – das rohe Geschlecht drängt sich, den Weg ihr versperrend, um sie herum, der Glänzend-Reinen ins Antlitz zu schauen – sie aber, ohne zu harren, windet sich, flüchtig, errötend, hindurch. – In Aussig ließen wir den Wagen zu Lande fahren, und fuhren nach 10 Meilen auf der Elbe nach Dresden. Ach, Wilhelmine, es war einer von jenen lauen, süßen, halb dämmernden Tagen, die jede Sehnsucht und alle Wünsche des Herzens ins Leben rufen – Es war so still auf der Fläche des Wassers, so ernst zwischen den hohen, dunkeln Felsenufern, die der Strom durchschnitt. Einzelne Häuser waren hie und da an den Felsen gelehnt, wo ein Fischer oder ein Weinbauer sich angesiedelt hatte. Mir schien ihr Los unbeschreiblich rührend und reizend – das kleine einsame Hüttchen unter dem schützenden Felsen, der Strom, der Kühlung und Nahrung zugleich herbeiführt, Freuden, die keine Idylle malen kann, Wünsche, die nicht über die Gipfel der umschließenden Berge fliegen – ach, liebe Wilhelmine, ist Dir das nicht auch alles so rührend und reizend wie mir? Könntest Du bei *diesem* Glück nicht auch alles aufgeben, was jenseits der Berge liegt? Ich könnte es –

ach, ich sehne mich unaussprechlich nach Ruhe. Für die Zukunft leben zu wollen – ach, es ist ein Knabentraum, und nur wer für den Augenblick lebt, lebt für die Zukunft.

Ulrich Bräker
Da Lowositz schon im Feuer stand

Auf der Ebene am Wasser vor dem Städtchen Lowositz postierten sich die Panduren wieder und pülverten tapfer in die Weinberge hinauf, daß noch mancher vor und neben mir ins Gras biß. Preußen und Panduren lagen überall durcheinander; und wo sich einer von diesen letztern noch regte, wurde er mit der Kolbe vor den Kopf geschlagen oder ihm ein Bajonett durch den Leib gestoßen. Und nun ging in der Ebene das Gefecht von neuem an. Aber wer wird das beschreiben wollen, wo jetzt Rauch und Dampf von Lowositz ausging; wo es krachte und donnerte, als ob Himmel und Erde hätten zergehen wollen; wo das unaufhörliche Rumpeln vieler hundert Trommeln, das herzzerschneidende und herzerhebende Ertönen aller Art Feldmusik, das Rufen so vieler Kommandeurs und das Brüllen ihrer Adjutanten, das Zeter- und Mordiogeheul so vieler tausend elenden, zerquetschten, halbtoten Opfer dieses Tages alle Sinne betäubte! Um diese Zeit – es mochte etwa 3 Uhr sein – da Lowositz schon im Feuer stand, viele hundert Panduren, auf welche unsre Vordertruppen wieder wie wilde Löwen einbrachen, ins Wasser sprangen, wo es dann auf das Städtchen selber losging – um diese Zeit war ich freilich nicht der Vorderste, sondern unter dem Nachtrapp noch etwas im Weinberg droben, von denen indessen mancher, wie gesagt, weit behender als ich von einer Mauer über die andere hinuntersprang, um seinen Brüdern zu Hülf zu eilen. Da ich also noch ein wenig erhöht stand und auf die Ebene wie in ein finsteres Donner- und Hagelwetter hineinsah – in diesem Augenblick deucht es mich Zeit, oder vielmehr mahnte mich mein Schutzengel, mich mit der Flucht zu retten. Ich sah mich deswegen nach allen Seiten um. Vor mir war alles Feuer, Rauch und Dampf; hinter mir noch viele nachkommende, auf die Feinde loseilende Truppen, zur Rechten zwei Hauptarmeen in voller Schlachtordnung. Zur Linken endlich sah ich Weinberge, Büsche, Wäldchen, nur hie und da einzelne Menschen, Preußen, Panduren, Husaren, und von diesen mehr Tote und Verwundete als Lebende. Da, da, auf diese Seite, dacht ich; sonst ist's pur lautere Unmöglichkeit!

Dagmar Hilarová
Brot

Für meine letzten Schuhe
Hab ich das Brot gekauft.
Mein Magen friert
Vor Unruhe.

Die Kommandantur feiert
Lärmend einen Sieg.
Auch in uns dröhnt's und
Schläft's verschleiert.

Elsas auf Tischen
Tanzen Swing
Und noch ein Ding.
Lilli Marleen nickt ein,
Aus ihrem Schuh fließt Wein.

Doch ich aß meinen zum Nachtmahl,
Der zweite wird
Mein Frühstück sein.

Ivan Klíma
Was empfindet ein Mensch an Orten, wo ihn der Tod häufiger umkreist als Vögel?

In der Festung von Theresienstadt lebten viele Mädchen, ich unterhielt mich mit ihnen, ich ging an ihnen vorbei, ich war keine zwölf Jahre alt. Wie hätte ich inmitten dieser Greuel ahnen können, daß etwas geschehen sollte, was diese Greuel bannen würde, obwohl auch dann noch bewaffnete Wachen aufpassen, Hunger herrschen und Transporte fahren würden? Sie wurde erst Anfang 1943 hergebracht, ich traf sie, ganz verstört, im Quergang unserer Kaserne – sie hatte sich verirrt. Sie fragte mich nach dem Weg, und ich, der Alteingesessene, führte sie mühelos zurück bis vor den Raum, den man ihr zugewiesen hatte.

Unterwegs sagte sie mir, woher sie kam, daß sie keinen Vater habe und sich hier fürchte.

Ich tröstete sie, sie brauche keine Angst zu haben, hier lasse sich leben – außerdem könne ich sie, falls sie es wünsche, beschützen.

Sie sagte, das werde sie mir nie vergessen.

Tags darauf holte ich sie ab und brachte sie zu meinen Freunden. Keiner von ihnen wollte ihr Böses, vor ihnen brauchte ich sie nicht zu schützen, aber mir schien, daß sie es anders empfand, daß sie meine Anwesenheit brauchte und sich bei mir sicherer fühlte. Sie war genauso alt wie ich. Von allen anderen Mädchen hier unterschied sie sich darin, daß sie ganz helles Haar hatte, roggen- oder weizenblond. Wir waren nie miteinander allein, waren immer in Gesellschaft unserer Freunde, aber ich bemühte mich, ihr trotzdem so nah wie möglich zu bleiben, außerdem liehen wir einander die wenigen Bücher, die wir noch besaßen, mehr wagten wir nicht, mehr wagte ich nicht. Und dennoch war plötzlich alles anders geworden, das Leben bewegte sich zwischen anderen Markierungen: nicht von morgens bis abends, von einem Essen zum anderen, sondern von einem Wiedersehen zum anderen. In der Festung ging das Salz aus, die Kartoffeln waren schwarz und verfault, das Brot war verschimmelt, es tangierte mich kaum; Großvater wurde ins Lagerkrankenhaus geschafft, von wo er wohl nicht mehr zurückkommen würde, aber ich nahm es kaum wahr. Die stets überfüllten Kasernengänge leerten sich, wenn sie neben mir ging, und der winzige Raum, der uns zugestanden wurde, weitete sich, nein, er hob sich selbst auf und wurde unendlich.

Ich besaß ein paar Farbstifte und ein paar Blatt sauberes Papier, abends versuchte ich, aus dem Gedächtnis ihr Gesicht zu zeichnen – erfolglos. Dann kam ich auf die Idee, ein Gedicht für sie zu schreiben, und ich verfaßte tatsächlich einige Verse, die eher Witterungsvorgänge als Gefühle besangen, aber ich brachte sie ihr. Sie gefielen ihr, wie sie sagte, und sie schnitzte mir aus einer Kastanie ein lächelndes Männchen. Ich hängte es an den Pritschenpfosten gleich neben meinem Kopf, um es betrachten zu können, ehe ich einschlief. Und dann widmete ich ihr viel Zeit, ich mußte sie doch aus jeder Gefahr retten. Auf den Armen trug ich sie aus der Zelle, wo man sie nackt hineingetrieben hatte und foltern wollte und wo ich verkleidet eingedrungen war. Abend für Abend wiederholte ich getreulich meine ritterlichen, kühnen Taten, bis ich einschlief.

Von zu Hause hatte sie eine Porzellantasse mitgebracht, das Porzellan war nahezu durchsichtig und mit chinesischen Drachen und Blumen bemalt. Sie ließ mich ein paarmal Kräutertee daraus trinken, wir tranken gemeinsam aus der

Tasse, und sie machte dabei ein feierliches Gesicht. Eines Tages wurde das Täßchen, wie es in all dem Trubel und Geschiebe unvermeidlich war, von jemandem zu Boden gestoßen. Als sie es beweint hatte, erbat ich mir die Scherben, warf sie vorsichtig in den angeheizten Ofen und beobachtete, was damit geschah. Sie schienen vom Feuer verzehrt zu werden, durch ihre eigene Hitze zu verglühen, doch dann, als ich die Asche herausgeholt hatte, waren sie unverändert, ein bißchen verrußt zwar, aber sonst unversehrt. Ich nahm sie aus der Asche, wischte sie behutsam ab und behielt eine davon, die restlichen gab ich ihr zurück. Sie weckten Zuneigung und Bewunderung in mir, weil sie den Wurf ins Feuer und dessen Glut unbeschadet überstanden hatten.

In meiner Phantasie bewahrte ich das Mädchen vor allem Bösen, in der Realität freilich gelang es mir nicht. Sie wurde zum Transport eingeteilt wie fast alle Bewohner unserer Kaserne.

Sie kam damals verwirrt und jammernd aus dem Raum gelaufen, wo in hoffnungsloser Eile die kläglichen Reste der Häftlingshabseligkeiten herumgerückt und verpackt wurden, sie hatte nur wenig Zeit und wollte bei ihrer Mutter bleiben, die verzagt und verzweifelt war. Wir kannten ein Plätzchen an der Biegung der Schanze, der Abhang war grasbewachsen und von alten Linden beschattet, dort war es ruhiger als überall sonst in der Festung, und dort hatten wir uns mit den anderen am häufigsten aufgehalten. Aber jetzt war keiner von ihnen da. Wir nannten uns die Namen unserer Freunde, die auch wegmußten, und versicherten einander, daß der Krieg demnächst zu Ende und die Befreiung so nah sei, daß wir eigentlich nichts mehr zu fürchten brauchten, danach würden wir uns wiedersehen, alle würden sie wieder zusammenkommen, einen Treffpunkt machten wir einstweilen nicht aus, wir hielten das für nebensächlich. Dann schwiegen wir, worüber hätten wir in einem solchen

Moment noch sprechen sollen? Wir schritten das Plätzchen ab, sie sagte, sie müsse jetzt gehen. Sie blieb noch einmal stehen, trat plötzlich auf mich zu, und ich spürte ihren Mund meine Lippen berühren. Ihr Atem streifte mich, und ich erstarrte. Dann drehte sie sich um und lief davon. Als ich sie eingeholt hatte, bat sie mich, sie nicht weiter zu begleiten, wir hätten ja schon Abschied genommen.

Am Nachmittag mußte sie also fort. Ich stand am Fenster, hinaus durfte ich nicht. Ich suchte sie in der Menge, die durch die Straße zog, konnte sie aber nirgends entdecken. Da glaubte ich schon, sie sei gar nicht fort, es sei ganz ausgeschlossen, daß sie verschwunden sei, daß es sie nicht mehr geben sollte.

Ich riß mich vom Fenster los und klopfte an die Tür des benachbarten Raums. Als sich niemand meldete, öffnete ich. Der Raum, eben noch mit Menschen, Stimmen und Dingen angefüllt, war gähnend leer.

Ich floh sofort, legte mich auf meine Pritsche und schloß die Augen. Und da ging wie ein Mond ihr Gesicht über mir auf und blickte vom Nachthimmel auf mich herab, so hell und fern und unerreichbar, daß mich Glückseligkeit, Angst und Verzweiflung überkamen.

Johann Gottfried Seume
In Budin

In Budin, einem Orte wo allgemeine Verlassenheit zu sein scheint, traf ich bei dem Juden Lasar Tausig eine kleine Sammlung guter Bücher an, und ließ mir von ihm, da er Lessings Nathan einem Freunde geliehen hatte, auf den Abend Kants Beweisgrund zur einzig möglichen Demonstration über das Dasein Gottes geben.

Von Budin bis hierher stehen im Kalender sieben Meilen, und diese tornisterten wir von halb acht Uhr früh bis halb sechs Uhr Abends sehr bequem ab, und saßen doch noch über eine Stunde zu Mittage in einem Wirtshause, wo wir bei einem Eierkuchen durchaus mit fasten und dafür funfzig Kreuzer bezahlen mußten; welches ich für einen Eierkuchen in Böhmen eine stattliche Handvoll Geld finde. Da war es in Peterswalde verhältnismäßig billiger und besser. Der Wirt zur goldenen Rose in Budin hatte ein gutes Haus von außen und ein schlechtes von innen. Eine Suppe von Kaldaunen, altes dürres Rindfleisch und ein sehr zäher, lederner Braten von einer Gans, die noch eine Retterin des Kapitols gewesen sein mochte; noch schlechter waren die Betten: aber am schlechtesten war der Preis. Die schlechten Sachen waren ungeheuer teuer, wovon ich schon vorher unterrichtet war. Aber Muß ist ein Brettnagel, heißt das Sprichwort: er ist der Einzige in Budin, und mich deucht, schon Küttner hat gehörig sein Lob gesungen. Übrigens lasse ich die Qualität der Wirtshäuser mich wenig anfechten. Das beste ist mir nicht zu gut, und mit dem schlechtesten weiß ich noch fertig zu werden. Ich denke, es ist noch lange nicht so schlimm als auf einem englischen Transportschiffe, wo man uns wie die schwedischen Heringe einpökelte, oder im Zelte, oder auf der Brandwache, wo ich einen Stein zum Kopfkissen nahm, sanft schlief und das Donnerwetter ruhig über mir wegziehen ließ.

In der Budiner Wirtsstube war ein Quodlibet von Menschen, die einander ihre Schicksale erzählten und hier und da zur Verschönerung wahrscheinlich etwas dazu logen. Einige Östreichische Soldaten, Stalleute und ehemalige Stückknechte, die alle in der französischen Gefangenschaft gewesen waren, und einige Sachsen von dem Kontingent machten eine erbauliche Gruppe, und unterhielten die Nachbarn lang und breit von ihren ausgestandenen Leiden.

1. Altes Bürgerhaus in Eger (Cheb, Westböhmen)

2. Die neuen Kolonnaden in Marienbad

3. Die Mariensäule auf dem Marktplatz von Dux

4. *Ausflugslokal in Hrensko,*
Prebischtor in der Böhmischen Schweiz

Besonders machte einer der Soldaten eine so greuliche Beschreibung von den Läusen im Felde und in der Gefangenschaft, daß wir andern fast die Phthiriase davon hätten bekommen mögen. Mir war es nunmehr nur eine drollige Reminiszenz meiner ersten Seefahrt nach Amerika, wo die Engländer uns gar erbärmlich säuberlich hielten, und wo wir, vom Kapitän bis zum Trommelschläger, der Tierchen auch eine solche Menge bekamen, daß sie das Tauwerk zu zerfressen drohten. Ein Fuhrknecht erzählte dann unter andern toll genug, wie er und seine Kameraden in Iglau neulich einige Soldaten, in einem Streit wegen der Mädchen, gar furchtbar zusammen geprügelt hätten. *Where there is a quarrel, there is always a lady in the case*, dachte ich, gilt auch bei der Östreichischen Bagage. Ein Soldat meinte, daß die Fuhrknechte denn doch etwas sehr mißliches und ungebührliches unternommen hätten, sich an den Verteidigern des Vaterlandes zu vergreifen; die Geschichte würde ihnen am Ende bitter bekommen sein. Ei was, versetzte der Fuhrknecht, es waren ja nur Legioner. Das ist etwas anderes, erwiderte der Soldat beruhigt; das waren also nur Studenten und Kaufmannsjungen, die den dritten Marsch um das Butterbrot weinten wie die Hellerhuren; die kann man schon mit einer tüchtigen Tracht Schläge einweihen, um ihnen den Kitzel zu vertreiben.

Bohumil Hrabal
Die schöne Poldi

Jetzt sehe ich oftmals einen großen Stern, ich glaube, es ist der Abendstern. Aber es ist das Zünglein des Schneidbrenners, ein blaues und banges Flämmchen, die Ausgießung des heiligen Geistes, die bei Berührung mit dem Eisen rot aufleuchtet. Ich mache das Fensterchen im Knüppellager auf und sehe zu dem Mann hinüber, der auf dem Haufen Kriegsschrott steht, den Morgenstern in den Fingern hält und die Schläuche hinter sich herzieht, während kleine Weihnachtsbäume aus dem Brenner sprühen. In der Poldi-Hütte heben hoffnungslose Menschen die besudelte Hoffnung hoch. Erstaunlicherweise wird das Leben immerfort erfunden und geliebt, mag das Stanniolgehirn auch blasige Bilder gebären und der zertretene Brustkasten Unglück speien. Es ist immer noch schön, wenn der Mensch die Speisekarte und das Addiergerät und die Familie verläßt und einem schönen Stern folgt. Noch immer ist das Leben herrlich, wenn der Mensch die Illusion hat, er könne aus einem Quadratmeter eine ganze Welt stampfen. Sind es noch hundert Tage bis zum Ende des Brigadeeinsatzes, dann kauft er sich ein gelbes Metermaß und schneidet jeden Tag einen Zentimeter ab, und fällt ihm der letzte Zentimeter aus der Hand, dann geht der Mensch durch den Flaschenhals anderswohin, neuen Abenteuern entgegen.

Aber die schöne Poldi ist auch der Aufschrei, mit dem der Brigademann Aufschriften und Losungen zerfetzt, fünfzighundert Deka zu drei Kronen, weil der Mensch in das Röhrengeflecht seines Gehirns zurückkehrt und die Rechnung prüft, was wofür bezahlt wird und warum soviel bezahlt wurde, weil für alle Zeit gerettet ist, wer seine Finger in produktive Arbeit steckt, denn das Leben ist die Treue zu den grimmigkalten Schönheiten, manchmal sogar um den Preis des eigenen Lebens. Und die Zeitungen schildern unterdessen mit schönen Worten, wie der Brigademensch, wenn er von der Arbeit heimgeht, einen Kasatschok tanzt und im Geiste ein Danktelegramm schickt, obwohl er Teer qualstert und sich aufs Bett schmeißt. Einem anderen rinnt der dürstende Stahl durchs Auge, und das Bild der Ehefrau ist hin, und der Walzwerker tut sein Bestes, um mit lächerlichen Tänzelschritten seinem Unglück zu entfliehen. Manchmal schluckt der Fortschritt gebratene Jünglinge, und der silberne Krankenwagen schafft einen Menschen fort, die Sohlen an der Türverglasung, die zerschmetterte Hand möchte so gern die Gestalt wiederhaben, die sie einmal hatte, und an dem abgefahrenen Fuß schmerzt vor allem der Zeh, der samt dem Fuß dahin ist.

Der Doktor im weißen Kittel wäscht sich die Hände.

»Gute Frau, sind sie gläubig?«

»Ja, aber Herr Doktor...!«

»Dann, gute Frau, glauben Sie, konzentrieren Sie sich, beten Sie, glauben Sie tüchtig, denn meine Wissenschaft ist gerade mit ihrem Latein am Ende.«

Und er wäscht sich die Hände und schaut nicht hin, was soll er sich aufregen? Der Herr Doktor weiß, daß gerade jetzt oder in einem Stündchen, spätestens jedoch zum Abend irgendwo die Falle zuschnappt und der Krankenwagen sich seine Beute holt. Immer findet sich ein vertrauensseliges Brigademännlein, das den dürstenden Draht schlecht mit der Zange zu fassen kriegt oder dem sich ein Grat an der Schere verhakt oder der den glühenden Draht falsch überwirft, dann schießen sechzehn Meter roten Bandes hoch in die Luft, und die Walzwerker hüpfen und springen zur Seite und ducken sich hinter dem Walzgerüst, manchmal aber fällt die Schlinge einem Brigademann um den Hals und zwingt ihn, den Kameraden in der Fertigungsstraße einen Tanz vorzuführen und Variationen auf die Laokoongruppe, bei der maximaler Schmerz nach minimaler Berührung sucht, und die dürstende Rute, falls sie nicht das Kinn durchbrennt, verschmort das Jochbein, und falls sie das Schultergelenk nicht zerfrißt, versengt sie die Finger, die den Kelch von sich abwenden wollen, schließlich sinkt der Kopf herab, und die Lippen backen sich für die Ewigkeit zu einem stinkenden Kuß zusammen, und mit versengtem Schlüsselbein schließt die Seele sich die Folterkammer auf, und die schöne Poldi wird fett. Die jungen Männer im Feuerofen. Und dennoch setzen die Brigadeleute, wenn sie wieder wohlauf sind, alles auf das Leben.

›Hör zu, Anči, hätt ich so 'nen Kerl zu Haus wie du, dem würd ich die Treppe einseifen, daß der nur so runterschlittert, und ob der schlittern würde.‹

›Tja, meine Herren, es ist eben alles verfickt von Adam bis Eva.‹ […]

Die schöne Poldi, das sind dann auch ein Teersee und Halden und Baracken und Unterkünfte, ein Stacheldraht trennt die Fabrik von wohlriechendem Getreide und Gemüseschlägen. Aus den offenen Fenstern der Wohnbaracke wallt der Geruch von Urin, und die übereinandergestapelten Schläfer liegen so auf ihren Pritschen, wie sie nach der Nachtschicht eingeschlafen sind, die Handgelenke den Injektionsspritzen des Lichts hingestreckt, behaarte Kerle mit gebrochenem Genick und ausgerenkten Armen spielen Karten und verleihen ihren Rufen die Gültigkeit grimmiger Dinge. Das ganze Lager scheint gespannt darauf zu warten, daß plötzlich etwas Grundsätzliches passiert, daß plötzlich einer klopft oder daß ein Radio angeht und alle Menschen gleich darauf lieb und schön sind.

Ota Pavel
Menschenherzen

Ich schritt am Rand der Lidicer Felder entlang zum Schloß hinauf. Unten, wo Lidice gestanden hatte, trat der deutsche Arbeitsdienst zur Arbeit an und sang schallend und überzeugend seine Hymne:

> Wir sind die Jugend
> mit Hacke und Spaten.

Mit Hacke und Spaten wendeten sie dort die Erde um, damit nicht einmal der Schöpfer sie wiedererkenne. Den Teich, zu dem ich immer mit den Lidicer Jungen gegangen war, hatten sie mit Dynamit zerstört und das Wasser genauso in die Gegend verstreut wie die Kirche. Den kleinen Bach, der von Hřebeč herkam, hatten sie umgeleitet. Aus den weißen Marmorsteinen vom Friedhof hatten sie einen Weg gemacht. Sie trampelten auf den Vor- und Familiennamen von Menschen herum, die hier leise geschlafen hatten, und sangen dazu. Jetzt waren sie verstummt. Wahrscheinlich arbeiteten sie. Sie machten Dynamit fertig, weil sie das weiße Dorf mit Hacke und Spaten nicht aus der Welt schaffen konnten.

Ringsum lagen die Lidicer Felder.

Meine Mama kam hierher arbeiten, überall wuchsen hier Kartoffeln, und es blühten kleine, weiße Blumen. Kartoffeln wuchsen auch auf den Gräbern der hingerichteten Männer und Jungen, und als die Frauen diese Kartoffeln ausbuddelten, glichen sie Menschenherzen. Keiner nahm diese Kartoffeln nach Hause. Jeder fürchtete sich. Nur die habgierige Hanáčková nahm sich welche in der Tasche mit und war übers Jahr tot.

Bohumil Hrabal
So wanderten wir durch die Sternennacht

So wanderten wir durch die Sternennacht, die staubige Straße führte uns durch ein verdunkeltes Dorf und von dort in eine feuchte Landschaft, so blau wie Kopierpapier, mit einer schmalen Mondsichel, die orangefarben leuchtete und hinter oder vor uns oder über die Gräben seitlich einen dünnen, kaum erkennbaren Schatten warf... Wir gelangten auf einen kleinen Hügel, der so winzig war, als hätte die Erde nur Luft geholt, und er sagte, man könne jetzt und von hier schon seinen Geburtsort und sein Dörfchen sehen, doch als wir oben standen, war nicht ein einziges Gehöft zu erkennen...

Der Mörder zögerte und erschrak beinahe. »Das ist doch nicht möglich... Sollte ich mich geirrt haben? Wahrscheinlich hinter dem nächsten Hügel...«, doch als wir hundert Meter gegangen waren, befiel uns beide die Angst. Jetzt zitterte der Mörder noch mehr als in dem Augenblick, da er aus dem Tor des Zuchthauses Pankrác getreten war. Er setzte sich hin, rieb sich die Stirn, die so glänzte, als flösse Wasser über sie... »Was ist los?« fragte ich.

»Hier war das Dorf, es ist verschwunden – entweder sehe ich Gespenster, oder... Bin ich verrückt geworden, oder was?« stammelte der Mörder. Ich fragte nach dem Namen des Dorfes, und er sagte: »Lidice...« Ich bemerkte nur: »Na ja, das Dorf ist eben weg, die Deutschen haben es zerbombt und die Leute erschossen und den Rest ins KZ gebracht.« Der Mörder fragte weiter: »Und warum?« Ich sagte, weil der Reichsprotektor ermordet worden sei und die Spur der Mörder hierher geführt habe...

Der Mörder saß da, die Hände hingen ihm zwischen den gekrümmten Knien herunter wie zwei Schwimmflossen... Dann erhob er sich, ging wie betrunken durch die Mondlandschaft und blieb vor einem Pfahl stehen, vor dem er niederfiel und ihn umarmte, doch das war kein Pfahl, sondern der Stamm eines Baumes, ein einziger, abgehauener Ast ragte aus ihm heraus, als habe man an diesem Ast Menschen erhängt. »Hier also«, sagte der Mörder, »hier, das ist unser Nußbaum, hier ist unser Garten gewesen, und hier« – er ging langsam weiter –, »hier irgendwo...« Er kniete nieder und tastete mit den Händen nach den verschütteten

Grundmauern des Hauses und der Wirtschaftsgebäude. Gewiß folgte er einer von der Erinnerung verstärkten Blindenschrift, und nachdem er auf den Knien sein ganzes Elternhaus ertastet hatte, setzte er sich an den Baumstamm und schrie: »Ihr Mörder...!«

Er stand auf, ballte die Fäuste, und blaue Adern traten ihm am Hals hervor, und als er nicht mehr schreien konnte, setzte er sich auf die Erde, beugte sich nieder, legte seine Hand unter das Knie, wippte wie in einem Schaukelstuhl, schaute auf den Ast, der die Mondsichel durchstach, und sprach, als beichtete er: »Ich hatte einen schönen Papa, er war schöner, als ich jetzt bin, und er liebte die Frauen, und die Frauen liebten noch mehr meinen Papa... Er ist der Nachbarin nachgestiegen, und ich war eifersüchtig auf ihn, und Mama hat sich gequält, und ich hab gesehen, wie Papa... Sehen Sie das? Hier an diesem Ast hat er sich festgehalten, und wenn er schaukelte, dann hat er sich so geschickt losgelassen, daß er auf der anderen Seite des Zaunes landete, und dort lebte die schöne Nachbarin, und eines Tages habe ich Papa aufgelauert, und als er über den Zaun setzte, haben wir uns gezankt, und ich hab meinen Papa mit der Axt erschlagen... nein, erschlagen hab ich ihn nicht wollen, doch er sollte nur die Mama liebhaben, und Mama hat sich gequält... Und jetzt ist von alledem nur der Nußbaumstamm geblieben, und meine Mama, die ist sicherlich auch tot...«

Franz Joachim Behnisch
Böhmen 45

Masken sterbender Krieger wie von Schlüter.
Münder voll zerbrochener Worte.
Schöne Moldau führt Blut.
Schlagader mehrerer Völker.

Goldene Stadt der Kamera
Prag der Holunderblüte (des Flieders) bei
                             Wilhelm Raabe –
fliedergeschmückt fahren Konjews Panzer vorbei.

Dompteusen, die schäumend ihr Leder
in schon zersprungene Antlitze knallen.

Judenfriedhof Beth-Chaim –
wie oft auf den Rosten des Krieges
den Bruder des Schlafes beschworen –

Jupiterlampen im Masarykstadion,
Pfeifen von Kugeln und Smetanas Klänge,
»Böhmischen Volkes Weise« – schmerzlich geliebt
(und niemals erwiderte Liebe).

Ahasver von Auschwitz und Buchenwald kommend
setzt seinen Stab neben deutsche entstiefelte Strümpfe,
läßt seine alte Wanderflasche der Leidenden kreisen.

Ota Pavel
Die können dich auch töten

In Buštěhrad gab es zwei Fischteiche. Sie waren voneinander durch einen Damm und Pappeln und durch die Landstraße getrennt. Der Neue Teich lockte mich niemals. Er hatte so kalte Ufer, vorwiegend aus Steinen und Ziegeln. Der Alte Teich war anders. Ein Teil des Ufers war Gänseweide. Er duftete nach dem kleinen Bach, der an Oplts Gasthof vorbei sich in ihn ergoß, und roch auch stark nach der Jauche aus den Bauerngehöften. Er duftete nach den alten Weiden und dem Schlamm, in dem die Karpfen ihre Bäuche wälzten, und er duftete nach dem Bier, das in der nahe gelegenen Brauerei schäumte.

Durch all meine Gedanken schwammen die Karpfen, die hier frisch ausgesetzt waren. Ich konnte die Křivokláter Barsche und die kampfesmutigen Barben vergessen, die ich einst gefangen hatte. In meinem Blut schwammen Fische, und ich wollte sie wieder fangen. In Buštěhrad gab es solche Fische nicht. Nirgendwo floß dort ein ordentlicher Bach oder Fluß. Dort gab es nur die Fischteiche mit den Warntafeln, daß das Fischefangen verboten sei.

Ich sah die Karpfen arglos und unbekümmert durchs Wasser gleiten. Sie wanderten im Teich von einem Ort zum andern, immer in Rudeln, wie Soldaten. Sie reisten in Kreisen und weideten. Wenn sich die Schatten der Pappeln über meinen Teich neigten, kletterte ich auf eine Weide und erzählte den Karpfen leise etwas. Es kam mir so vor, als ob sie die Ohren spitzten und zuhörten. Sie waren schön, messinggelb, und wenn sie auf dem Kopf standen und Purzelbäume schlugen, konnte ich ihre vollgefressenen, gelben Bäuche sehen. Die Leute von der Brauerei fütterten sie zusätzlich mit Trester.

Damals brauchte ich gutes, fettes Karpfenfleisch für mich und zum Tauschen. Gegen Mehl, Brot und Zigaretten für meine Mama. Ich lebte nur noch mit der Mama, die anderen waren im KZ. Doch ich kannte die Karpfen noch nicht gut genug. Ich mußte wissen, wann sie gute und wann sie schlechte Laune, wann sie Hunger hatten und wann einen vollen Bauch und wann Lust zum Spielen. Ich mußte wissen, wo sie hinschwammen und wo es sinnlos war, auf sie zu warten. Ich hatte eine feste, kurze Angelrute, eine Angelschnur, einen Schwimmer und einen Haken. Ich konnte aber nicht anfangen, ohne meine Feinde genau zu kennen. Meine Feinde waren nicht die Karpfen, sondern vor allem die Menschen. Aus den Fenstern des Schlosses ertönte das süße deutsche Lied von Lili Marlen, und zu den Mahlzeiten wurden dort Karpfen gereicht. Ein paar Denunzianten lebten in der Stadt und hielten ihre Fenster weit offen, um nichts zu überhören und nichts zu versäumen. Auch Herr František Záruba wohnte in Buštěhrad, er bewachte die Karpfen. Er war der erste Fischmeister, mit dem ich in meinem Leben zu tun hatte. Ich mußte ihn genauso kennenlernen wie die Karpfen: Wann er gute Laune hatte und wann schlechte, wann er essen ging, wann er zu den Teichen ging und wann er seine Schritte nicht dorthin lenkte. Ich mußte ihn kennenlernen. Ich stülpte mir Opas alte Mütze auf den Kopf, zog seine schäbigen, alten Sachen an und humpelte los. Er durfte sich meine Gestalt nicht einprägen. Als ich ihn das erstemal erblickte, erstarrte ich. Er war krumm und hatte vielleicht so einen Buckel wie der Glöckner von Notre-Dame in Paris, dieser unglückliche Quasimodo. Und klein war er auch. Er konnte weder lange Schritte noch Sprünge machen, konnte nicht einmal schnell laufen. Nie würde er mich einholen. Doch ich wußte von meiner Mama, daß solche Leute manchmal sehr böse sein können. Sie rächen sich an den Menschen, weil Gott sie so gezeichnet hat.

Im Wäldchen übte ich laufen, um im Notfall flüchten zu können.

Abends ging ich nach den Karpfen sehen, ob sie nicht in der Zwischenzeit ihre Gewohnheiten geändert hatten. Zur bestimmten Zeit erschien dann immer ein dunkler Schatten unter der Weide.

Tags darauf nahm ich bereits die kurze Angelrute unter der Jacke mit.

Auf dem Damm stand der Gastwirt Josef Oplt und beobachtete mich mit einem Auge, das andere war ein totes Glasauge. Ich grüßte ihn höflich und begann im Geist vor Angst zu beten: »Lieber Gott im Himmel, verrat mich nicht. Herr Oplt, Sie verraten mich doch auch nicht. Unser Opa Ferdinand ging immer zu Ihnen Mariage spielen und ließ einen Haufen Geld bei Ihnen. Wenigstens behauptete es Oma Malvina. Amen.«

Dann kletterte ich auf die Weide und holte die Angelrute unter der Jacke hervor.

Ich befestigte den Teig und knetete daraus eine verlokkende kleine Kugel. Am Teich herrschte Ruhe, und die Sicht zu mir war schlecht. Aus der Brauerei stieg Rauch auf, in den Kesseln kochte Bier. Der kleine Bach duftete, und die Weiden rauschten. Die Deutschen hatten die Schloßfenster zugemacht, weil es schon kühl war. Die Spitzel hatten sich in ihre Häuser verkrochen. František Záruba aß sein Nachtmahl. Und da biß der erste Karpfen. Zuerst schüttelte sich der Schwimmer wie eine Ballettänzerin, dann hopste er unter Wasser und danach unter die Weide. Ich zuckte und spürte ein scharfes Ziehen. Es war ein stattlicher Karpfen. Er zerrte an meiner kurzen Angelrute, schließlich schnappte er nach Luft und ergab sich. Ein wunderschönes Exemplar. Messinggelb, mit einem gelben Brauereibauch, den er sich mit Trester angefressen hatte. Ich angelte noch einen und machte mich aus dem Staub wie eine Katze mit einem gemausten Fisch. Am Teich durfte ich nur so kurz wie möglich bleiben, weil die Gefahr mit jeder Minute wuchs. Ich kam an Herrn Oplt vorbei, er rauchte eine Zigarette und schwieg.

Zu Hause gab mir die Mama einen Kuß für die Karpfen, es war schließlich im vierten Kriegsjahr, und mit dem Essen wurde es immer schlechter. Die Ärmste ahnte nicht, daß dieser Reichtum mit einem großen Malheur enden konnte.

Nicht lange, und sie wußten von mir. Irgendwer hatte es gesagt. Jemand aus den Denunziantenfenstern hatte mich bei Záruba angezeigt. Ich spürte, wie sich das Gespinst um mich zusammenzog, ich sah die Wolken über dem Alten Fischteich. Er kam mir in letzter Zeit böse vor, der Wind peitschte ihn, und Wellen klatschten drohend an das Grasufer. Auch die Brauerei kam mir feindlich vor, und das Bier stank aus der Ferne.

Ich fing noch ein paar Karpfen, dann packte mich Angst. Alle aus unserer Familie waren entweder im KZ oder tot. Es hieß, daß die Großmutter Malvina, die dem Großvater Ferdinand vorgehalten hatte, daß er Mariage spielen ging, in Auschwitz vergast worden sei. Als ich in meinem kalten Bett lag, schloß ich die Augen und sah ein graues Heinkelflugzeug mit schwarzen Kreuzen an den Flügeln, das Bomben abwarf. Dann zog ich meine Turnschuhe an und ging leise durch das schrecklich große, verdammt tote Haus. Ich schlich zu meiner kleinen, schlafenden Mama, die viel zu leiden hatte, weil sie einmal vor Gott einen Juden geheiratet hatte und sich nicht vor den Menschen von ihm trennen wollte. Ich schaute sie sehr genau an, sie hatte schon Falten auf der Stirn und tat die schwerste Arbeit auf den Feldern. Vielleicht hatte sie heute gar nichts zu Abend gegessen. Sie sah aus wie ein kleines Kind, und ich kam mir vor wie ein Erwachsener, denn ich war als einziger und letzter Mann im Haus zurückgeblieben. Dann stieg ich die steinernen Stufen ins Erdgeschoß hinab und kam zu den Türen, hinter denen keiner mehr wohnte, außer den Seelen der Toten. Einst wohnte hier Fräulein Hassoldová von der Post, inzwischen ruhte sie auf dem Buštěhrader Friedhof. Überall Spinnen mit einem Kreuz auf dem Buckel und Spinnweben. Dann trat ich ins Gewölbe. In der Steingutschüssel schwamm der letzte Karpfen, den ich gefangen hatte. Er schwamm hin und her, und jedesmal, wenn er mit dem stumpfen Maul an die Steingutwand stieß, machte er kehrt. Mich beachtete er gar nicht, als wisse er, daß ich ihm Märchen erzählt hatte vom Paradies auf Erden und ihn dann genauso betrog wie andere Leute, die das Paradies versprechen.

Petr Borkovec

Ocker die Kirche. Thujenspitzen.
Pappeln, so meines Alters.
Die gelbe Flanke des Waldes. Weg ohne Umkehr.
Zwei Raubvögelkreuzchen im Azur.

Zu den weißen Blüten der Wildkirsche
schiebt sich ein viereckiger Schatten.
Das Herz ist ein Auge. Veilchenblau
in den schwächer werdenden, späten Strahlen.

(Tursko., 27. IV.)

Reiner Kunze
Nach einem regen in Mělník

Bei Mělník lädt die Moldau
ihr stück himmel in die Elbe ab,
die es in schnellem bogen auffängt
(hin und wieder nur bricht eine ecke blau
am weinberg aus,
der die splitter den weinstöcken gibt)
Die Elbe, erdbraun von den bergen kommend,
klärt sich in der scherbe himmel,
die in ihr versinkt

Dann sind die flüsse einen augenblick lang
nichts als strömende wasser
und tragen das blau,
wie es sich auf ihrer tiefe spiegelt
und ihr spiegel es faßt

Du weißt nun, was ich denke,
während wir roten *Ludmila* trinken

Karel Hynek Mácha
Abend auf Bezděz

… ein klarer, angenehmer Abend, wie er auf ein Nachmit-
tagsgewitter folgt, fand mich in den Ruinen der Burg Bezděz
vor. Über mir schwammen graue Wölkchen wie Herden von
Schäfchen, hinter den Bergen jedoch ließen sich dichte
schwarze Wolken herab, finsterer als die dunklen Bergschat-
ten, in denen die untergehende Sonne versank. Vom Osten
her ging der neue Mond auf, und der Hirschberger Groß-

teich glänzte halb im Sonnenschein, halb im fahlen Licht des Mondes. Über Doksy wallte dichter Nebel, der, als er plötzlich aufriß, aussah wie die finstere Umrahmung eines hellschönen Bildes; denn in dem Leck darin stand – einem Meeresschiff gleich – die eingestürzte Burg Jestřabí in den bunten Farben eines gerundeten Regenbogens wie hinter einem farbigen Schleier. Jetzt kam hinter den Bergen die Sonne ferner Welten hervor – unsere war schon untergegangen, und einer erhabenen Nacht stilles Grauen legte sich auf meine Brust in den großen Ruinen.

Stiller und feierlicher wurde es ringsherum, dunkel rauschten die Wälder, von weit her war das laute Heulen und Kläffen eines Hundes zu hören; unmittelbar am Fuß des Berges schellten die Glocken heimkehrender Kühe.

Um den Berg spielte ein kalter Wind und trug gelb gewordenes Laub hin und her. Manches Blatt flog den Berg hinunter; einsam, traurig, öde war ihm hier in diesen Ruinen; es flog aus der kalten Höhe von hier weg, um unten zwischen Feldblumen, näher einem Menschenherz zu sterben; so steigen Könige in grauem Alter von goldfunkelnden Thronen hinab, um, kaum dem Leben zurückgegeben, in den Armen der Liebe unter den Ihren zu sterben.

Auch mir war hier einsam und traurig zumute. Noch einmal ging ich durch die denkwürdigen Ruinen, noch einmal warf ich einen Blick in die zerstörte Kapelle und schritt dann über glatte, große Steine einen ungefähr hundert Schritt langen Weg zum innersten Tor. Über mir badete der große runde Turm im reinen Strahl des frischen Mondes; die Fenster der Klosterruine schimmerten im Halbdunkel unter ihm; und immer schien mir, als schauten graue Köpfe verstorbener Mönche aus ihrer eingestürzten Zelle in die stille Nacht hinaus. Weiter unten standen das einstige Gefängnis des jungen Königs Václav, das sich vom Kloster durch den alten, schwarzen Bau abhob, und dem Tor am nächsten befand sich ein kleinerer Turm. Ich war jetzt angelangt bei der Pforte; dichtes Gestrüpp behinderte den Ausgang, und ein schlankes Bäumchen baumelte aus ihr herunter, als würde es den Scheidenden grüßen. Zu linker Hand immer bergab standen vierzehn neu geweißte kleine Kapellen, bei denen die Pilger auf dem Kreuzweg ihre Andacht verrichten.

Vladimír Holan
Der Sand beharrt auf seinem Recht...

(November 1964)

Es waren Waldsteinsche Wälder, in denen die Kiefern die Kiefern beim Wort nahmen, in denen der Sand auf seinem Recht beharrte. Ich ging öfter zu Fuß durch diese traurige Landschaft und botanisierte. Ich werde nie den umwerfenden Duft vergessen, der einem dort entgegenschlug – von wo eigentlich? Erst nach langem Suchen fand ich die weißblütige Kuckucksblume. Ob ich sie ausriß? Leider, rücksichtslos, für mein Herbarium!... Ich erinnere mich, wie der Wald jählings verblaßte und meine Botanisiertrommel mir schwer wurde. Ein solcher Stengel, und fast nicht zu tragen...

Und außerdem gab es hier das berühmte Gasthaus am Fuß von Bezděz, ein mächtiges, großbrüstiges Gasthaus, das aus Steinen erbaut war, die für das Kloster auf der Burg Bezděz bestimmt gewesen waren. Dort, direkt auf der Spitze des Bergkegels, bin ich einige Male gewesen, entweder mit anderen, oder allein. Und es ist mir unvergeßlich geblieben, wenn ich allein dort war. Zu der Zeit fand schon der Erste Weltkrieg statt, ich war ungefähr zehn Jahre alt, die an der Burgrenovierung arbeitenden italienischen Steinmetze hatte man abberufen, und sie kämpften vielleicht irgendwo an der Piave, die Burg war von einer Holzeinfriedung umgeben, der Wind sauste, Dohlen, die ich so gern habe, schüttelten eine Art Wehklagen herunter, aber was wußte ich damals von Mácha, nichts... Ich erinnere mich an die Drahtseilbahn, mit der einst die welschen Steinmetze Mörtel, Wasser, Proviant aus dem Marktflecken Podběl v Podbezdězí hertransportierten. Alles war verlassen. Was wohl in der kleinen Seele dieses Jungen vorging? Heim brauchte ich per pedes apostolorum gut drei Stunden. Die Dunkelheit fiel ein. Hatte ich Angst? Ja. Wo den kürzesten Rückweg nehmen? Na, längs der Eisenbahn. Den Schienen entlang, an die ich unter anderen Umständen nicht nur einmal gerne mein Ohr gepreßt hatte, ob sich ein Zug näherte oder entfernte, vorbei an den Geleisen, auf die ich gerne einen Kupferkreuzer gelegt hatte, und ihn, wenn der Zug vorübergerast war, wiederfand, platt gedrückt zu einer Medaille von niemandem, von nichts – und sozusagen als Passepartout.

Diese Spaziergänge, wenn man sie so nennen kann, diese Abenteuer wiederholte ich ein anderes Mal mit dem brillanten Lehrer Holveg, der mich einmal weit hinter Bělá in ein Sumpfgebiet brachte, wo im Herbst die bei uns sehr seltene Moosbeere wuchs und reifte. Einmal waren wir auch in Malý Bezděz, wo er mich auf die überaus kostbaren Bockkäfer aufmerksam machte, die nur irgendwo in den Alpen vorkommen, und darüber hinaus eben auf Malý Bezděz in den Wurzelstämmen vermoderter Eichenstümpfe, wo ein gleichfalls sehr wertvolles botanisches Exemplar wächst, ein Pflänzchen, an dessen Name ich mich nicht erinnern kann.

Wenn mich außer der Burg Bezděz noch etwas stark faszinierte, dann war es das uralte Augustinerkloster in der Stadt Bělá pod Bezdězem, sein Kreuzgang, in dem die Porträts aller Äbte und Prioren aufgehängt waren, seine – vielleicht übertreibe ich – ungefähr zweihundert Mönchszellen, damals leerstehend, denn im ganzen Kloster lebten zur Zeit meiner Jugend nur der Prior P. Ambroz Polák und der Katechet P. Otto Rájek. Diese Zellen mit den handgeschmiedeten Klinken, die ich, wenn ich zu P. Otto Rájek in die Lateinstunde ging, leise öffnete, diese Zellen – o weh, welches Knirschen, welches Knirschen, wenn auch ein Schloß Zähne hat, wenn dieses Schloß diese Zähne auftut und dich in die hundertfünfzigste Zelle einläßt, wo eine Spinne webt und keine Fliege summt. Die beklemmende Atmosphäre der Klosterzellen schlug mich in Bann; ich wollte Mönch werden, allerdings ein mittelalterlicher Mönch, der ein strenges Lager hätte, in einem Winkel eine Bibliothek und im Hinterkopf JENEN, der auf ewig gekreuzigt war... Leider, es kam umgekehrt. Schon als junger Bursche, sowie ich nur ein Röckchen rascheln hörte, vergaß ich auf die Zellen, das Kloster, das Mönchtum.

Peter Weiss
Kafka und Brueghel in Warnsdorf

Immer war die Empfindung des Hasses in unmittelbarer Nähe, denn die Offenheit, die uns zu eigen war und die unsre Selbständigkeit begründete, sollte aufgerieben werden, und wie viele schon auf der Strecke geblieben waren, so zerstört, daß sie die Verunstaltungen, denen sie anheimfielen, nicht einmal mehr erkannten, das hatte mit großer Detailschärfe einer beschrieben, dessen Werk, Das Schloß, ich in der Buchhandlung am Marktplatz fand. Doch ehe ich es aufschlug, zu lesen begann, erstand und mitnahm, studierte ich einen andern Band, den der Buchhändler herangetragen hatte, er enthielt farbige Reproduktionen der Gemälde Brueghels, ein Band für Ansässige, Geborgne, nicht für Reisende mit leichtem Gepäck. Auf ein Stehpult legte er das breitformatige Buch aus dem Verlag Schroll, und die Kleinstadt Warnsdorf im herbstlichen Böhmen verschmolz mit den flämischen Landschaften des sechzehnten Jahrhunderts, wie auch während der folgenden Tage, beim Lesen Kafkas, das dort geschilderte Dorf und Schloß in die trübe, kleinbürgerlich bäuerliche Abgeschiedenheit der hiesigen Umgebung gehörten. Brueghel und Kafka hatten Weltlandschaften gemalt, dünn, transparent, doch in Erdtönen, ihre Bilder waren gleichzeitig leuchtend und dunkel, sie wirkten massiv, schwer im Ganzen, glühend, überdeutlich waren sie in ihren Einzelheiten. Ihr Realismus war hineinversetzt in Ortschaften und Gegenden, die sofort erkennbar waren und sich doch wieder allem bisher Gesehnen entzogen, alles war voll vom Gespür, von den Gesten, Regungen, Handhabungen des Alltäglichen, alles war typisch, zeigte Wichtiges, Zentrales auf, nur um im gleichen Augenblick schon fremdartig, absonderlich zu wirken. Durchs Fenster der Buchhandlung waren die Stände der Gemüseverkäufer und Geflügelhändler zu sehn, das Rollen der Wagenräder auf dem Kopfsteinpflaster war zu hören, hart konturiert standen die Menschen einzeln, in Gruppen auf dem bläulich grauen Grund des Platzes oder vor den bräunlichen, rötlichen Fassaden der Häuser, sie bewegten sich umeinander, dunkel gekleidet, die Frauen mit viel Schwarz und Umbra, die Männer lehmig, ledern, dazwischen Helligkeiten, das Grün, das Weiß eines Kopftuchs, das Rot und Gelb im Kleid eines Kinds, und die Wege, die sie zurücklegten, glichen einem Zeremoniell, einem feierlich bemeßnen Huldigungsgang. Ich nahm dieses Kreisen umeinander, dieses Vorbeiziehn in mich auf, doch es war kein Schauspiel, sondern Wirklichkeit, es diente bestimmten Zwecken, der Nahrungssuche, dem Angebot von Waren, dem Anpreisen und dem Auswählen, dem Kauf und Verkauf, es war nichts besondres an diesem Getriebe, diesen Geräuschen und Stimmen, sie waren die gleichen an jedem Markttag, doch aus dem Ritual mit seinem Rasseln und Klingeln, Poltern und Schaben wurde eine andre, beispielhafte, lehrbuchhafte Prozession, der Streit zwischen Karneval und Fasten. Die Fetzen eines Marschlieds, die vorbeistampfenden Schritte waren das letzte an Lärm, die Züge, die dann kamen, angeführt von Holzklappern, Dudelsack, Pfeife und Pauke, waren lautlos, nur noch die Erinnrung an das Getön war vorhanden, nur halluziniert noch wurden die Farben, die Figurationen. Mit braunen Kutten verhängt kamen die schweren Gestalten die Gasse herauf, vorbei an Scheiterhaufen und Tanzenden, und aus dem Seitentor der Kirche drängten sie sich, einige bedeckten mit dreibeinigen Kirchenstühlen ihr Haupt. Mit Gebetbüchern und Rosenkränzen, gebeugt, sich züchtigend mit Blätterbüscheln, zogen die Bußgänger den Prassenden entgegen ...

Franz Kafka
Das Schloß in Friedland

Das Hotel in Friedland. Die große Diele. Ich erinnere mich an einen Christus am Kreuz, der vielleicht gar nicht war. Kein Wasserkloset, der Schneesturm kam von unten herauf. Eine Zeitlang war ich der einzige Gast. Die meisten Hochzeiten der Umgebung werden im Hotel gefeiert. Ganz unsicher erinnere ich mich eines Blickes in einem Saal am Morgen nach einer Hochzeitsfeier. Auf der Diele und auf dem Gang war es überall sehr kalt. Mein Zimmer war über der Hauseinfahrt; mir fiel gleich die Kälte auf, wie erst als ich den Grund bemerkte. Vor meinem Zimmer war eine Art Nebenzimmer der Diele; auf einem Tisch standen dort von einer Hochzeit her zwei vergessene Sträuße in Vasen. Verschluß der Fenster nicht durch Klinken sondern durch Haken oben und unten. Jetzt fällt mir ein, daß ich einmal Musik hörte, ein Weilchen lang. In dem Gastzimmer war aber kein Klavier, vielleicht in jenem Hochzeitszimmer. Immer wenn ich das Fenster schloß, sah ich auf der andern Marktseite ein Delikatessengeschäft. Geheizt wurde mit großen Holzstükken. Stubenmädchen mit großem Mund, einmal trotz der Kälte mit freiem Hals und Brustansatz; bald abweisend bald überraschend anhänglich, ich immer gleich respektvoll und verlegen, wie meist vor allen freundlichen Leuten. Als ich mir für das Arbeiten am Nachmittag und Abend eine stärkere Glühlampe hatte einsetzen lassen, war sie ganz froh als sie das beim Einheizen sah »ja, bei dem frühern Licht könne man nicht arbeiten«, sagte sie. »Bei diesem Licht auch nicht« sagte ich nach einigen lebhaften Ausrufen, wie sie mir in der Verlegenheit leider immer in den Mund kommen. Und ich wußte nichts anderes als meine schon auswendig gelernte Meinung herzusagen, daß das elektrische Licht sowohl zu grell als zu schwach sei. Sie heizte daraufhin schweigend weiter ein. Erst als ich sagte »übrigens habe ich nur die frühere Lampe stärker angezündet« lachte sie ein wenig und wir waren einer Meinung.

Dagegen kann ich solche Dinge: ich hatte sie immer als Fräulein behandelt und sie hatte sich danach eingerichtet; einmal kam ich zu ungewöhnlicher Zeit nachhause und sehe sie in der kalten Diele den Boden waschen. Da machte es mir nicht die geringste Mühe, durch Gruß und eine Bitte rücksichtlich des Einheizens sie vor jeder Beschämung zu bewahren.

Auf der Rückfahrt von Raspenau nach Friedland neben mir dieser steife totenähnliche Mensch, dem der Bart über den offengehaltenen Mund herabhing und der, als ich ihn nach einer Station fragte, freundlich zu mir gewendet mir die lebhafteste Auskunft gab.

Das Schloß in Friedland. Die vielen Möglichkeiten, es zu sehn: aus der Ebene, von einer Brücke aus, aus dem Park, zwischen entlaubten Bäumen, aus dem Wald zwischen gro-ßen Tannen durch. Das überraschend übereinander gebaute Schloß, das sich wenn man in den Hof tritt lange nicht ord-net da der dunkle Epheu, die grauschwarze Mauer, der weiße Schnee, das schieferfarbene Abhänge überziehende Eis die Mannigfaltigkeit vergrößert. Das Schloß ist eben nicht auf einem breiten Gipfel aufgebaut, sondern der ziem-lich spitze Gipfel ist umbaut. Ich ging unter fortwährendem Rutschen einen Fahrweg hinauf, während der Kastellan, mit dem ich weiter oben zusammentraf, über zwei Treppen leicht hinaufkam. Überall Epheu. Von einem spitz vorsprin-genden Plätzchen großer Ausblick. Eine Treppe an der Mauer hört in halber Höhe nutzlos auf. Die Ketten der Zug-brücke hängen vernachlässigt an den Haken herab.

Schöner Park. Weil er terassenförmig am Abhang, aber auch teilweise unten um einen Teich herum mit verschieden-artiger Baumgruppierung liegt kann man sich sein Sommer-aussehn gar nicht vorstellen. Im eiskalten Teichwasser sitzen zwei Schwäne (ihren Namen habe ich erst in Prag erfahren), eine steckt Hals und Kopf ins Wasser. Ich folge zwei Mäd-chen die sich immerfort unruhig und neugierig auf mich unruhigen und neugierigen überdies aber unentschlossenen umsehn, lasse mich von ihnen den Berg entlang über eine Brücke eine Wiese, unter einem Eisenbahndamm durch in eine überraschende vom Waldabhang und Eisenbahndamm gebildete Rotunde weiter hoch hinauf in einen scheinbar nicht so bald endenden Wald führen. Die Mädchen gehn zu-erst langsam, als ich mich über die Größe des Waldes zu wundern anfange gehn sie rascher, da sind wir auch schon auf einer Hochebene mit starkem Wind paar Schritte vom Ort.

Gregor Kunz
Andenkenladen, Reichenberg

Es geht wieder aufwärts, noch immer
selbst ohne die luftschiffahrt, natürlich auch
  mit ihr, goldbetreßt oder schlicht in grau
Wo Gott wohnt weiß keiner – jedenfalls nicht in Berlin
Ein grauseidener nachmittag im februar, die grippe
  erreicht Lemberg, die eisenbahner ihr neues vaterland
Die wagen sind anders beschriftet & fahren
  auf gleisen die räder nach unten
Polizisten regeln den verkehr in gänzlich veränderter
  uniform
Es ist schwerer geworden die sprache zu wechseln,
  auf eisenbahnen hält man den mund
Sportsmen mit angewinkelten armen hüpfen
  durchs städtchen, weichen behende den automobilen
  der gewalt sehr hygienischer bräute
Karl Antons sohn Rudolf erkennt seine frau
  in der menge am hut
Es ist der 1. mai 1919, langsam brennen die barrikaden
  runter, jedes jahr einen meter
bockwurststände bierbuden besetzen das frei werdende
  gelände, sportpaläste kinos
Grenzen sind grenzen, die zäune der kleingartensparte
  MITTELEUROPA

Franz Kafka
Ringplatz

Reichenberg: Über die eigentliche Absicht von Personen, die am Abend in einer Kleinstadt rasch gehn, ist man ganz im Unklaren. Wohnen sie außerhalb, dann müssen sie doch die Elektrische benützen weil die Entfernungen zu groß sind. Wohnen sie aber im Ort selbst, dann gibt es ja wieder keine Entfernungen und keinen Grund zum schnellen Gehn. Und doch kreuzen Leute mit gestreckten Beinen diesen Ringplatz, der für ein Dorf nicht zu groß wäre und dessen Rathaus durch seine unvermittelte Größe ihn noch kleiner macht (mit seinem Schatten kann es ihn reichlich bedecken) während man von dem kleinen Platze aus der Größe des Rathauses nicht recht glauben will und den ersten Eindruck seiner Größe mit der Kleinheit des Platzes erklären möchte.

Ein Polizeimann weiß die Adresse der Arbeiterkrankenkassa, ein anderer jene der Anstaltsexpositur nicht, ein dritter weiß nicht einmal wo die Johannesgasse ist. Sie erklären es damit, daß sie erst kurze Zeit im Dienste sind. Wegen einer Adresse muß ich auf die Wachstube, wo genug Polizeileute auf verschiedene Art sich ausruhn, alle in Uniformen, deren Schönheit, Neuheit und Farbigkeit überrascht, da man sonst überall auf der Gasse nur die dunklen Wintermäntel sieht.

Das östliche Böhmen

Jaroslav Seifert
Blick auf die Burgruine Trosky

Einen Katzensprung weit von Sobotka liegt das Dorf Samšina. Die Touristenhandbücher machen den Leser darauf
aufmerksam, daß sich von diesem Dorf einer der schönsten
Ausblicke auf die Trosky-Ruinen bietet.

Ja, es stimmt! Ich kenne viele Panoramen dieser Burgruine, doch das von Samšina ist wirklich eines der schönsten. Wie ist es überhaupt möglich, daß eine Ruine so
wunderbar ist! Lange stand ich ganz bezaubert dort und
sann über dieses steinerne Symbol der Landschaft nach,
ohne das ich mir diese Gegend gar nicht vorstellen kann. Wie
diese Burg einst aussah, weiß man wohl gar nicht mehr so
genau, doch gewiß war sie nicht so anmutig wie ihre Ruinen, die auf zwei Granittischen nebeneinander gen Himmel
ragen. Die Trosky begannen an jenem Tag ihre heutige Gestalt anzunehmen, als die raubgierigen Hände der schwedischen Soldateska die Burg in Schutt und Asche legten. Auf
die Schweden folgten Wind, Wasser, Frost und die Zeit, setzten das Werk der Zerstörung fort und vollendeten es. Man
möchte sagen – ein Werk des Verderbens, doch nein, es war
eigentlich kein Verderben. Die destruktiven Kräfte haben
ein malerisches, aus der Landschaft nicht wegzudenkendes
Monument geschaffen. Heute hüten wir jeden Stein, daß er
nicht an den beiden Felshängen hinunterrolle, und tun alles,
um die Ruine für unsere Zeit und künftige Zeiten zu bewahren.

Ein Bild der Trosky, eine Zeichnung von Zdeňka Braune-
rová, pflegte übrigens Paul Claudel als »Ex libris« in seine
Bücher zu kleben. Doch die Menschen dieser Gegend tragen
ihr Bild im Herzen.

Jiři Gruša
Babylon – der Wald in Ensko

(für Sabine)

So kam ich da in einen wald
der schwamm leicht aufgebauscht
vom wind

es war am himmel zu erkennen
der mondvoll südwärts
zog

ich folgte ihm
mir wurde schwarz vor augen
und fiel ins hohe gras
das trug
wie fruchtwasser

hände auf der brust
und irgendwie schon blindlings
vergaß ich das land
von dem er sich löste
ein meeresufer suchend
an dem man belaubt

Karel Čapek
Sobotka

Sobotka selbst: ein altes Städtchen, aber schon nimmt auch dort die Zahl der Holzhütten mit den Laubengängen ab, wo in alten Zeiten Zwecken in die Jahrmarktsschuhe geschlagen wurden. Über dem alten Marktplatz erhebt sich der mächtige Kiel des Kirchenschiffes zwischen den bauchigen Barken der menschlichen Dächer. Ich war in einer Mondnacht dort, als sich das alles wirklich wie ein Boot im schlafenden Hafen wiegte; und von oben schaute der erloschene Leuchtturm Humprecht. Es war wohl nach dem Gesang, in den Fráňa Šrámek ehrlich und treu mit seinem Bariton eingestimmt hatte; und der ganze Hafen von Sobotka begann davon auf dem unermeßlichen Ozean der Sommernacht zu schaukeln.

Alfred Döblin
Wallenstein

Fing es auf andere Weise an; brachte die ihm unterstellten und von ihm ausgehaltenen Regimenter auf Kriegsstärke und höher, dann holte er seine Kriegsoffiziere zusammen, lieh ihnen Geld, hieß sie sich um Patente bewerben, die Regimenter hielt er wieder aus. Bald waren mit ihm versippt und verbrüdert die meisten Obersten in Böhmen und Mähren. Währenddessen war noch nicht verlautet, was er vorhatte; und unvermindert, ja heftiger trat das Drängen der Offiziere hervor, auf den Feind, der sich zusammenballte, loszuschlagen, fortzuhuschen aus dem verruchten kahlgefressenen Böhmerland. Raufbolde, italienische spanische Kavaliere, dreiste Spieler, Waghälse Trinker Duellanten um ihn, der stundenlang den Würfelbecher nicht aus der Hand gab, Rapiere vor Wut zerbrach, wenn er verlor, aus dem eisigen Berechnen, Belauern nicht herauskam. So groß war sein Anhang zwischen Elbe und Moldau, daß er jedem, der ihm widerstrebte, hätte den Garaus machen können, und weithin ruchbar, nicht verschwiegen wie das Münzkonsortium, war, wer in seinem Gefolge stand. Demonstrierend lud er seine Herren zu sich ein, und es fehlte keiner von den Machthabern des Landes. Die kaiserlichen Verwalter kamen hinzu mit der Pflicht, an diesem Tisch zu repräsentieren, um nicht ganz zu verschwinden.

Er fing an, in aufsehenerregender Weise mit seinem Geld umzugehen. In seiner Stadt Gitschin setzte er ein Gymnasium hin, dazu in Kürze ein Alumnat, ein Armenhaus, Hospitäler, ein Kolleg für vierzig Jesuitenväter. Ließ verbreiten, daß er vorhabe, aus Gitschin eine bischöfliche Residenz mit Kathedralkirche zu machen. Vom Wiener Hof hatte er erlangt, daß sein Fürstentum Friedland einen besonderen Appellationsgerichtshof erhielt; nahm in dem Land eine Reform von Verwaltung und Rechtspflege vor. Prunkend baute ihm Meister Andreas Spezza ein Haus am Fuß der Prager Königsburg auf dem Hradschin, wozu er sieben Häuser des Klosters Sankt Thomas und zwanzig Lagerhäuser niederriß. Man erzählte, daß er sich als Sonnengott oder römischen Imperator malen ließ.

Wie Wallenstein unbeschäftigt im Lande seine Hände rührte, träge wartend, umspielt von seinen Offizieren, belauert von den reichen Männern und Machthabern des Landes, näherte sich ihm die schwermütige weiche Figur Wilhelms von Slawata, seines Vetters. Dieser Mann, von Verachtung über sein Land geschüttelt, hatte Wallenstein zum Henker Böhmens erkoren und wollte ihn bewegen, in zwei drei Jahren niederzustrecken, was gegen den Kaiser noch Widerspenstiges in Böhmen lebte.

Karel Hynek Mácha
Valdice

Vielfalt war der vornehmliche Reiz dieser Landschaft; lieb-
liche Anmut und ernste Erhabenheit vereinten sich in ihr wie
im Antlitz des munteren Jünglings, der, nun traurig ge-
stimmt, in sie schaute. Hinter ihm gegen Norden und zu
seiner Linken nach Osten hin lagen in der Ferne in einem
großen Halbkreis die Berge des Riesengebirges, und dunkel-
blauer Schatten wechselte auf diesen erhabenen Stufen mit
dem rotglühenden Licht der ersten Sonne. Zur rechten Seite
des Hauptmanns warfen – sich aus finsteren Tälern erhe-
bend – die dunklen Hügel Kumburk und Bradlec mit ihren
Burgen Schatten, und hinter ihnen, hoch über ihnen ragte
der schöne Berg Tábor empor. Aus einer tiefen Senke zog er
sich sanft zu gewaltiger Höhe hinan, und vom Bergfuß bis
zur halben Höhe lösten einander auf dem weitgedehnten
Rücken grüne Weiden und das Gold des in langen Feldern
reifenden Getreides ab; von der Mitte an wurden die breiten
Felder von dunklen Wäldern eingesäumt. Hie und da fun-
kelten im Morgenglühen einzelne Höfe und andere Gebäude auf – entweder inmitten der fruchtbaren Hochebene
oder im Schatten dunkelgrüner Wälder liegend. Auf seiner
oberen, etwas steileren Hälfte blauten dichte Jungwälder,
und auf der schroffen Vorderseite des Berges trat stellen-
weise graues Gefels aus dem dunklen Dickicht hervor, ganz
auf dem Gipfel schimmerte das Weiß einer kaum erkennbaren Kirche am Horizont des roten Himmels wie ein aus
blutrotem Meer weiß aufragender Felsen. Genau vor dem
nach Süden gewandten Hauptmann befand sich eine weite
Ebene, auf der fruchtbare Felder und blühende Wiesen im
Wechsel aufeinanderfolgten; auf dem durch sie abgerunde-
ten Horizont stand der Kulm Veliš, gekrönt von den Mauern

einer alten Burg, und ein wenig näher ragte der kahle Hügel Zebín auf. So war diese berückende Landschaft, auf der jetzt das traurige Auge des Jünglings ruhte, rundherum eingeschlossen.

Obwohl das Gefühl, das durch den Blick auf eine schöne Landschaft hervorgerufen wird, besonders in der Zeit, wenn das Getreide heranreift, niemals nur ein freudiges ist, wie überhaupt keines der menschlichen Gefühle rein und ohne Beimengung eines anderen, dem ersten widersprechenden Gefühls, keine der menschlichen Leidenschaften ohne Beimischung einer anderen, der ersten entgegengesetzten Leidenschaft ist; obwohl bei diesem Anblick immer eine gewisse unbekannte Sehnsucht, unbestimmte Wehmut und geheime Trauer sich in die Freude über eine schöne Landschaft mischen: die Wehmütigkeit des jungen Hauptmanns schien dennoch noch einen anderen Grund zu haben, denn sein Auge blieb mit einem eigenartigen Ausdruck mehrmals auf den roten Dächern der Kartause Valdice haften, die nicht weit weg unter dem Zebíner Hügel aus dem Schatten von Obstbäumen über die hohen, die Kartause umgebenden Mauern lugte. Düster lag der rote Strahl der kaum aufgegangenen Sonne auf diesen Dächern und über der ganzen Ebene rund um sie herum.

Josef Hiršal
Honig

Die Hochzeit fand am 19. Februar in der Pfarrkirche zu Chomutice statt, das Brautpaar wurde von Pfarrer Melich getraut, und auf der Orgel spielte der eben erwähnte Veselka, den der Pfarrer angewiesen hatte, gratis zu spielen, da der Vater viel für die Kirche getan habe. Ich kam dann im

Juli 1920 zur Welt, also siebzehn Monate später. Die Taufe war noch katholisch, meine Taufpaten waren Pepík, der Bruder meiner Mutter, und Vaters Stiefbruder Václav, beide Legionäre, russische, die bereits von der sibirischen Magistrale zurückgekehrt waren. Angeblich war auch dieses Fest grandios. Als besonderes Ereignis wurde überliefert, daß der Pate, der Onkel Pepík, statt all der Leckerbissen nur Brot mit Leimtopfen aß. Die Taufe, ja, das war ein Hurra, aber die Geburt! Ich lag quer! Die assistierende Hebamme Vávrová – mit der oben erwähnten Fanda war sie keineswegs verwandt – schaffte es nicht allein, und man mußte den Doktor Dostál aus Obora holen, der als schwerer Alkoholiker bekannt war. Nachdem er mir auf die Welt geholfen hatte, atmete ich nicht. Nach zwei Stunden warf er mich gegen die Decke, nichts. Als er es schon aufgegeben und mein Körperchen auf das gemachte Bett werfen wollte, schöpfte ich Atem und stieß einen Schrei aus. Den Namen gab man mir nach den beiden Paten. Getauft wurde ich Josef Václav. So heiße ich nach dem Vater und dem Großvater. Eine merkwürdige Rolle spielte dabei die Zahl vierundzwanzig. Ich wurde am vierundzwanzigsten geboren, ein Pate wohnte in der Nummer vierundzwanzig in Chomutice, der andere in der Nummer vierundzwanzig in Chomutičky. Vater und Mutter kamen aus der Nummer vierundzwanzig, und zur Taufe waren angeblich vierundzwanzig Gäste geladen. Damals prophezeite man mir, die Vierundzwanzig würde zu meiner Schicksalszahl. Dem war nicht so. Eher die Jahre, die mit einer Acht endeten: 28, 38, 48, 58, 68, 78. Aus der Zeit unmittelbar nach meiner Geburt erinnere ich mich an nichts. Die erste Erinnerung – freilich eine Erinnerung an eine Erinnerung – stammt aus dem Alter von zwei Jahren. Ich stand auf einem kleinen grünen Tischchen, noch im Röckchen, als jemand an die Tür klopfte. Die Mutter und ich waren allein zu Hause. Sie rief: »Herein!«, und ein junges Mädchen, die Magd der Kazdas aus Chomutice, betrat die Kammer und sagte: »Die Frau Lehrerin läßt sich empfehlen und schickt dem Bübchen ein bißchen Honig.« Und sie reichte der Mutter ein Glas. Ich wußte nicht, um welches Bübchen es ging, und beneidete es bis zu dem Augenblick, als die Mutter mir ein Löffelchen Honig aus diesem Glas in den Mund steckte.

Franz Fühmann
Die Berge herunter

Zuerst war es ein Gerücht, das die Berge herunterkam und wie das Flackern eines Blitzes jäh in das verräucherte Dunkel der Schankstuben schlug: Das Gebiet, in dem unser Städtchen lag, sollte, so sagte das furchtbare Gerücht, gar nicht an das Reich abgetreten werden, sondern, da die Dörfer ringsum völlig von Tschechen bewohnt waren, bei der Rest-Tschechoslowakei verbleiben. Dies Gerücht riß uns hoch. »Wenn diese Franzosen und Engländer zu blöd sind, uns heim ins Reich zu bringen, dann machen wir's eben allein!« schrie mein Vater, als das Gerücht ins Wirtshaus Zum Rübezahl gedrungen war, und hieb mit der Faust auf den Tisch, daß die Biergläser klirrten. Wir saßen im Wirtshaus Zum Rübezahl; in diesen Tagen saß jeder in seinem Stammwirtshaus, um die politische Lage zu bereden, und wir saßen im Wirtshaus Zum Rübezahl in der Nähe des Marktes und beredeten die politische Lage. Sie schien trüb: Der Hauptteil des Sudetengebietes war, wie in München festgelegt, bereits angeschlossen worden; nur unser Städtchen und die Nachbardörfer ringsum im Riesengebirge waren noch nicht angeschlossen, und nun kam gar das Gerücht, daß wir überhaupt nicht angeschlossen werden sollten. »Wenn die Franzosen und Engländer zu blöd sind, dann befreien wir uns eben allein«, schrie mein Vater und hieb mit der Faust auf den Tisch, und alle, die im Wirtshaus Zum Rübezahl saßen und Bier tranken, riefen »Bravo!« und »Freiheit!«, »Waffen her!«, und wir tranken Bier und Kümmel und sangen im Chor: »Riesengebirge, deutsches Gebirge.« [...]

Staub wirbelte auf der Straße, Marschlieder schallten, Marschtritte knallten: Steige hoch, du roter roter Adler. Sie kamen, sie kamen, die Wehrmacht war da! Junge, Junge, waren das Soldaten, eine Militärkapelle vornweg, mit einem Tambourmajor und Kesselpauken und Trompeten, die nur so blitzten. Was das für Soldaten waren, Junge, Junge, kein Vergleich mit den Tschechen vorhin! Menschenskind, wie die marschierten und wie die sangen und wie das hallte und knallte, im Gleichschritt, Junge, wie gestochen, das war schon eine Pracht. Die tschechischen Soldaten hatten nicht gesungen, die waren die Straße hinuntergestolpert, die Köpfe gesenkt, ein trauriger Zug. Nicht mal Stiefel hatten sie angehabt, nur Wickelgamaschen, lächerlich, Wickelgamaschen statt Stiefeln, und das Gewehr hatten sie an einem Stück Schnur getragen, alle hatten sie das Gewehr an einem Stück Schnur getragen, ein verrotteter Haufen, aber das hier, das war nun wirklich eine Pracht! Das waren Soldaten, deutsche Soldaten, da sah man doch gleich den Unterschied, sie trugen Stiefel, schwarze hohe Stiefel, und sie trugen die Gewehre geschultert, alle gleich hoch, keins nur einen Zentimeter höher; Kerle waren das, Herrgott, Kerle wie Bäume, Kerle wie Bären, und da kam ein Zug Pioniere, kleine drahtige Männer, Teufelsjungen, klein aber oho, die hatten die Sache geschmissen, und bei den Tschechen hatte es baumlange Männer gegeben, die waren davongelaufen, die Berge hinunter, ohne einen Schuß abzugeben: Vor diesen kleinen zackigen Jungs da waren sie davongelaufen, vor diesen Prachtjungen, diesen Teufelskerls, unsern Befreiern. Die

Kesselpauken knallten und die Trompeten schrien, steige hoch, du roter roter Adler, und wir schrien Heil und wieder Heil, und die Tränen schossen uns in die Augen, und die Soldaten kamen die Straße herunter, und plötzlich liefen wir alle auf unsre Befreier zu, und nun war kein Halten mehr, und die Marschordnung war plötzlich hinweggespült. Wir lagen einander in den Armen und stammelten und weinten und lachten und schrien Heil und Willkommen und umarmten einander, und die Kinder holten Blumen, die letzten Blumen vom Garten, Astern und späte Dahlien. Aus allen Fenstern regneten Blumen, und mit den Blumen flatterten die Fahnen aus den Fenstern, die heimlich genähten Hakenkreuzfahnen, und die Fahnen schwangen im Wind und wehten, und wir standen, ein wirbelnder Schwarm, auf den zertrampelten tschechischen Buchstaben und Wappen und Fahnen und umarmten unsre Befreier, und ich weiß nur noch, daß ich selig war und lachte und schrie.

Bohumil Hrabal
Wer Wind sät

Mein Mann war jedoch in Gedanken immer in der Zeit als hier noch Deutsche wohnten fast in jeder Hütte hatte es Butterbrot mit Bauernschmaus gegeben ein Brettchen und darauf ein Stück Speck ein Stück Wurst ein Stück Leberwurst und eine Scheibe Geselchtes und dazu gab es immer gutes Flaschenbier vor allem war es in all diesen Hütten im Winter fast heiß weil mit Holz geheizt wurde. Am meisten bedauerte mein Mann allerdings daß die sechshundert Kühe und diese kropfigen geschundenen Madonnen diese ausgemergelten Frauen und zusammen mit ihnen dieser schöne Dialekt verschwunden waren.

Allerdings fügte mein Mann hinzu war nahezu jeder dieser Deutschen ein Nazi sie hatten gejubelt daß die Tschechen ihre Sache verloren hatten und so durfte sich keiner auf Erden wundern daß an diesem Ort nachdem der Krieg verloren war ein Auge mit zwei Augen und ein Zahn mit der ganzen Kinnlade vergolten wurde denn wer Wind sät wird Sturm ernten und der Sieger stellt keine Fragen und wehe den Besiegten [...]

Man hat mir erzählt im Erzgebirge seien nach Kriegsende zwei SS-Männer auf einen Karren gelegt und gezwungen worden sich gegenseitig die Gliedmaßen eines nach dem anderen abzuhacken und abzusägen daß einer dem anderen ein Auge ausstach und dann einen Arm ein Bein und danach das zweite Bein abschlug und als sie sich gegenseitig alles abgesäbelt hatten blieben auf diesem Karren dort der von einem Traktor durchs Dorf gezogen wurde lediglich zwei Rümpfe und ein Arm liegen nur ein Arm denn der Armlose hatte nichts mehr womit er den anderen weiter hätte verstümmeln können... den beiden war jedoch der Mund geblieben und bevor man sie in eine Grube hinunterstieß schrien sie Heil Hitler... Und mein Mann seufzte allerdings nicht über diese Geschichte sondern weil wir die Bäume schon hinter uns gelassen hatten und die steile glitzernde Anhöhe hinaufstiegen

Oskar Loerke
Ein Meer von Glut

Schwarze Riegel im Himmel regulieren das Licht so: Zwischen der Schwarzen Koppe und dem Rosenberg steigen die Kämme in ein ernstes schwarzblaues Gewand, und machen lange Meilen in Böhmen gelb und golden. Durch weißatlasne breite Sonnenbinden spielen Schwalben, und, höher als die Spitze der Koppe reicht, ein Raubvogel. Kuckucke singen im Moll der kleinen Terzen von irgendetwas Versunkenem.

Dichtgefügte Wolken bieten sich nun meinen Füßen zum Beschreiten dar und scheinen geheim die Kraft zu bewahren, wie man wirklich auf ihnen gehen könne, ohne zu versinken. Die Sonne kocht ihr Licht auf ihnen zu quirlenden Kreiseln. Aber ich Ungefüger, schwere Knochen schleppend und noch Zentner an sie gehängt, versinke in den Wolken und komme augenblicksweise unter ihre Region. Der obere Kegel ist wie ein Phantom zergangen, und auch unten scheinen nur für ein Kleines in Wolkenkraterlöchern goldleuchtende Dörfer zu schweben. Sie schimmern wie eine sehr plastische Spiegelung. Husch, wo sind sie?

Aber erlöschendes Grauwerden schleicht in lautlosen Strömen übers Land, und dieses Land ist dämonisch, wenn alle Farben nur andere Schatten des Graus sind. Da ist gleich der Wind Dämon, der mit lautlosen Fäusten die Wolken tief ins Tal drückt. Und die Schneekoppe. Ganz unten und ganz oben graues Nichts, das heißt endlos hinauf, endlos hinab sehe ich die einförmige steile Geröllwand. Kopfgroße Steine, auch doppelt und vierfach so in Wolken hinein. Und die Steine rauchen leicht. Ich gehe auf einem ungeheuren Aschenhaufen. Ein himmelragendes Totenmahl, darin wieder Jahrtausende begraben sind. Wo oben eine kleine Lücke frei wird, Geröll, Geröll, ich *muß* es mir ewig in den Weltenraum hinauf fortgesetzt denken. Ich stehe still in dem gespensterhaften Rauchen. Die Wolke, die eben an mich schlägt, hat Gruft- und Leichengeruch. Es ist wie der Kuß eines süßlich weichlichen Mundes. Unten klafft ein schwarzer Schlund – Geröll, Geröll in der ununterbrochenen schrägen Steile. Ich steige und steige hinab, und es bleibt die kalte Asche der rauchenden Schädel. Selten begegnet ein matt leuchtendes Felsfragment, vielleicht ein Halbedelstein. – Der traurige Weg zum Hades kann nicht phantastischer in seinem Schauer gemalt werden als diese grandios klanglose Einfachheit.

Das ist die Schneekoppe in einem ihrer Gewänder: ich weiß nun ohne Phrase, was geisterhaft ist. Wie das Wort Höhenluft mir seit einigen Tagen zum Begriff eines Hymnus geworden ist. [...]

Das gebrochene Gestein ist wieder spitz und spitzig. Ich kann mich rittlings daraufsetzen, ein klägliches, aber munteres Reiterlein auf dem abschüssigen Rücken dieses Steinsauriers. Gleich darauf kleines Geröll, das erst durchstochert werden muß, bevor man sich ihm anvertraut. Ich weiß, daß hier häufig Steinschlag stattfinden soll, doch in der Nähe betrachtet, sieht das Ding nicht schlimm aus, man selber würde auch schon irgendwo in dem Tannicht hängen bleiben. Und noch immer reiht sich, wie giftig ins grüne Knieholz geschwollen, Höcker an Höcker, spitzig und schwierig, einmal wie eine Sense, ein anderes Mal wie ein Katzenbuckel. Immerwährend laufen mir schwarze halbfingerlange Spinnen über den Weg. Es glüht von oben mit feurigen Nadeln. Wozu trägt man einen Kragen hier? Damit er verschwacht und als Lappen umfällt. Gewitterwolke. Eine kleine Furcht habe ich doch, hineinzukommen in sie, aber zurück oder hin ists gleich weit, mehrere Stunden, und in schwarzer Wolke? Also bliebe übrig, sich rittlings aufs hohe Zicklein zu setzen, den Regen die Felsen an den Beinen entlangschälen zu lassen und denken, man sei der Donnergott. Kommt die Wolke nicht, sondern geht tiefer oder höher, so wäre man wohl als der bewußte höchste Punkt den Blitzen willkommen. [...]

Da bereitet sich aber schon das Mysterium, der Sonnenuntergang. Der Horizont wird still und weit. Ich lege mich in die Steine und warte ab, wie etwas sintflutartig Allgemeines den Bergen geschieht. Ich kann unter Welt meist nur das verstehen, was ich bis zur äußersten Grenze rings sehe. Hier ist es schon beinahe unbegrenzt, und was geschieht, ist Weltgeschichte. Alles draußen Daranstoßende ist nur antipodisch. Steinern, klüftig reicht das Angesicht der Erde sich dar der feurigen Mitte über ihm und läßt sich von dort regieren, läßt Farben und Lichter aus dem trotz des Feuers düstren Sonnenball über sich hinwanken. Sie kommen in geraden Strahlenmeilen geschossen. Ich sinke in einem Gefühl von Urzeit unter. Die leere bucklige Weite ist gerade aus dem Chaos geworden, und sie ist noch rauh und ungebahnt.

Dort kann noch nichts leben und bauen. Unwohnlich, streng alles, glimmernd, schwelend, lichtrauchend. Eines kalten Sternes Haut, der dunkel und einsam im Weltraum fliegt, bietet sich dem größeren Vatersterne dar, unbewußt, aber aus dem Zwange eines eisernen Müssens. Das Geschehen des Abends ist kosmisch, es geht nur den Ball aus Stein und Wasser an, und er atmet wie eine Beklemmung seinen geheimnisvollen Rauch aus dem Blaudunkel dem Gelben zu. Wer dahinein träumend Ohr und Stirn zu stecken wagte, der könnte weissagen, den ergriffe der heilige Wahn, welcher alten Seherinnen aus Erdspalten quoll.

Über den großen blauen Bergflächen des Ostens steht der Himmel strahlend violett, glüht nach der Mitte zu grünblau und hört um die Sonne in seidenweißer Ferne auf. Da steht unkörperlich leuchtend, wie nach oben horchend und ohne Innen das Hohe Rad. Der Iserkamm verschwimmt. Gelbe und rote Streifen, jeder ein weites seliges Königreich, strekken ihre unsägliche farbige Kraft über und unter der Sonne. Sie sinkt, zielt einen langsamen Farbenschacht über eine Kuppe, winkt dort einen Schattenriesen herauf, löscht lautlos zehn Berge aus, sinkt langsam, gießt lautlos ein Meer von Glut auf einen engen Fleck, immer weiter, reiner wie ein einfacher lang lang anhaltender Akkord wird das Rund. Auch dieser Stern singt mit den andren Sphären. Wanklos bleibt ein jedes, und doch ändert sich das Spiel der Farben, dieses unglaublich reiche Wunder. Nie im Leben sah ich so viele Farben, stimmig nach einem Zentrum, über einem Raume, wie er uns nicht größer gegeben werden kann, weben und ihr durchsichtiges Leben ausleben. Manchmal scheint im Ganzen ein Wehn, als würde eine Kerze, das es schüfe, angeblasen. Schmerzhaft glänzend wird die Welt zuletzt, und dann laufen schnell die Schatten und legen sich schwebend über sie.

Dieses Untergehn ist vielleicht etwas, wovon keines Menschen stärkste Worte eine Ahnung vermitteln können. Mysterium der Urzeit oder ein keiner Zeit Unterworfenes. Kommend nach den ewigen Gezeiten.

Johann Karl August Musäus
Rübezahl

Auf den oft und matt besungenen Sudeten, dem Parnaß der Schlesier, hauset in friedlicher Eintracht neben Apollo und seinen neun Musen der berufene Berggeist, Rübezahl genannt, der das Riesengebirge traun berühmter gemacht hat als die schlesischen Dichter allzumal. Dieser Fürst der Gnomen besitzt zwar auf der Oberfläche der Erde nur ein kleines Gebiet von wenig Meilen Umfang, mit einer Kette von Bergen umschlossen, und teilt dies Eigentum noch mit zwei mächtigen Monarchen, die sein Kondominium nicht einmal anerkennen. Aber wenige Lachter unter der urbaren Erdrinde hebt seine Alleinherrschaft an, die kein Partagetraktat zu schmälern vermag, und erstreckt sich auf achthundertsechzig Meilen in die Tiefe, bis zum Mittelpunkt der Erde. Zuweilen gefällt es dem unterirdischen Starosten, seine weitgedehnten Provinzen in dem Abgrunde zu durchkreuzen, die unerschöpflichen Schatzkammern edler Fälle und Flöze zu beschauen, die Knappschaft der Gnomen zu mustern und in Arbeit zu setzen, teils um die Gewalt der Feuerströme im Eingeweide der Erde durch feste Dämme aufzuhalten, teils mineralische Dämpfe zu fahen, mit reichhaltigen Schwaden taubes Gestein zu beschwängern und es in edles Erz zu verwandeln. Zuweilen entschlägt er sich aller unterirdischen Regierungssorgen, erhebt sich zur Erholung auf die Grenzfeste seines Gebiets und hat sein Wesen auf dem Riesengebirge, treibt da Spiel und Spott mit den Menschenkindern, wie ein froher Übermütler, der, um einmal zu lachen, seinen Nachbar zu Tode kitzelt.

Denn Freund Rübezahl, sollt ihr wissen, ist geartet wie ein Kraftgenie, launisch, ungestüm, sonderbar; bengelhaft, roh, unbescheiden; stolz, eitel, wankelmütig, heute der wärmste Freund, morgen fremd und kalt; zuzeiten gutmütig, edel und empfindsam; aber mit sich selbst in stetem Widerspruch; albern und weise, oft weich und hart in zween Augenblicken, wie das Ei, das in siedend Wasser fällt; schalkhaft und bieder, störrisch und beugsam; nach der Stimmung, wie ihn Humor und innerer Drang beim ersten Anblick jedes Ding ergreifen läßt.

Von Olims Zeiten her, ehe noch Japhets Nachkömmlinge so weit nordwärts gedrungen waren, daß sie diese Gegenden wirtbar machten, tosete Rübezahl schon in dem wilden Gebirge, hetzte Bären und Auerochsen aneinander, daß sie zusammen kämpften, oder scheuchte mit grausem Getöse das scheue Wild vor sich her und stürzte es von den steilen Felsenklippen hinab ins tiefe Tal. Dieser Jagden müde, zog er wieder seine Ehrichsstraße durch die Regionen der Unterwelt und weilte da Jahrhunderte, bis ihn von neuem die Lust anwandelte, sich an die Sonne zu legen, und des Anblicks der äußern Schöpfung zu genießen. Wie nahm's ihn wunder, als er einst bei seiner Rückkehr, von dem beschneiten Gipfel des Riesengebirges umherschauend, die Gegend ganz verändert fand! Die düstern undurchdringlichen Wälder waren ausgehauen und in fruchtbares Ackerland verwandelt, wo reiche Ernten reiften. Zwischen den Pflanzungen blühender Obstbäume ragten die Strohdächer geselliger Dörfer hervor, aus deren Schlot friedlicher Hausrauch in die Luft wirbelte; hier und da stund eine einsame Warte auf dem Abhang eines Berges zu Schutz und Schirm des Landes; in den blumenreichen Auen weideten Schafe und Hornvieh, und aus den lichten Hainen tönten melodische Schalmeien.

Die Neuheit der Sache und die Annehmlichkeit des ersten Anblicks ergötzten den verwunderten Territorialherrn so sehr, daß er über die eigenmächtigen Pflanzer, die ohne seine Vergünstigung hier wirtschafteten, nicht unwillig ward, noch in ihrem Tun und Wesen sie zu stören begehrte, sondern sie so ruhig im Besitz ihres angemaßten Eigentums ließ, wie ein gutmütiger Hausvater der geselligen Schwalbe oder selbst dem überlästigen Spatz unter seinem Obdach Aufenthalt gestattet. Sogar ward er Sinnes, mit den Menschen, dieser Zwittergattung von Geist und Tier, Bekanntschaft zu machen, ihre Art und Natur zu erforschen und mit ihnen Umgang zu pflegen.

Josef Čapek
Rübezahls Garten

Rübezahls Garten im engeren Sinne ist jene Landschaft, jenes in die harte Erde eingegrabene Tal der Úpa, um das sich ringsherum hohe, heilige, märchenhafte Konturen abzeichnen: Schneekoppe, Ziegenrücken, Brenda, Žaltman, Hejšovina. Ihr werdet hier auf Götzen ähnliche, schwarze, erratische Felsblöcke stoßen, und die Permerde ist rot, fast wie Blut. Im Frühling quillt silberne Feuchte aus Felsen und Wäldern, rieseln kleine Quellen und stürzen Wildbäche hinab, und wohl nirgendwo auf der Welt blühen so viele Buschwindröschen, so viele Steinnelken, Erika und Quendel, bittere Kräuter, Herzblatt und Knabenkraut wie dort. Kostbar und geheimnisvoll wachsen im Riesengebirge der Eisenhut und die wilde Lilie; mächtig ist der Zauber der Farne und der seltsamen Schachtelhalme. Hier steht ein Wald, in dem altes arabisches Geld gefunden wurde; da führte ein Landespfad durch, dort oben, Freund, liegt eine Burg mit halbverschüttetem Hungerturm, in dem Felsen ließ Fürst Břetislav nach Gold suchen, und in dem kleinen grünen Tal voller Gras ist ein ganzes Kloster im Erdboden verschwunden. Ist sie nicht äußerst sonderbar und schön, die Höhle mit den zarten Tropfsteinen, die du entdecktest? Und erst die Kristalle und die glänzenden Pyrite, die Abdrücke prähistorischer Pflanzen auf dem Kohlenschiefer? Hat dich die Finsternis der Abgründe nicht angezogen? In das längst verlassene Bergwerk hineinzukriechen, aus dem unaufhörlich ein kleiner Quell rostigen Wassers herausfließt, hast du dich nicht getraut?

Karel Čapek
Sanfte Hügel aus rotem Sandstein

Der Winkel des Vorgebirges zwischen der Úpa und der Metuje war die Welt unserer Kindheit; der eine Großvater hatte eine Bauernwirtschaft oberhalb des Babiččino údolí und kannte noch die närrische Viktorka; der andere, der Herr Vater aus der Hronover Mühle, nahm von der Bäckerfamilie Jirásek öfter einen Laib Brot und einen Sechser für den Studenten Alois nach Hradec Králové mit. Zwischen dem Tal der Metuje und dem Tal der Úpa wellen sich sanfte Hügel aus rotem Sandstein, mit kleinen silbernen Birkenhainen und dunklen Fichten und Kiefern besät; auf den Hügeln sind Weiler verstreut, wo noch in den Tagen unserer Kindheit vom Morgen bis in die Nacht die Handwebstühle der im Gebirge heimischen Bibelleser, Spiritisten und Anhänger der Sekte Balcars klopften.

Ein Stückchen höher verläuft die Zickzacklinie der Sprachgrenze, die hinter Náchod nach Preußen ins Glatzer Gebiet hinüberführt. Diese Nachbarschaft zweier Nationalitäten war immer ruhig und friedlich; die Deutschen mit ihren Michelmützen und ihren mit glänzenden Knöpfen besäten Westen sprachen einen Dialekt, den nicht einmal die österreichischen Behörden verstanden; sie hatten fast gar keinen Kontakt mit uns und wir keinen mit ihnen; diese Sprachgrenze war wie das Ende der Welt, hinter dem nichts mehr existiert. Die sehr nahe Reichsgrenze war auch das Tor, durch das die religiösen Emigranten auswanderten und heimlich zurückkehrten; diese elegische Tradition findet ihr bis auf den heutigen Tag bei den Grüblern und Spiritisten des Riesengebirges.

Ein natürliches Gefälle bildet die ganze Landschaft bei Josefov und Hradec Králové, Königgrätz, diesen militärischen und theresianischen Städten; die dortigen Gutshäuser haben gewöhnlich auch heute noch doppelte Innenmauern, die im Kriegsfall als geheime Speicher dienen. Kaum eine Gegend bei uns hat so viel Krieg erlebt wie diese friedliche Landschaft. [...]

Die Schlösser von Náchod und Ratibořice rufen eine andere Tradition in Erinnerung, die des Rokoko und des Hofes: die Tradition der herzoglichen Häuser und der subalternen Schreiber (»Herr Franz« geheißen), der rebellischen Ritter aus Rtyně und der aufgeklärten Patres. Dieser Erdenwinkel liegt an der Landstraße der Geschichte, dabei aber in einer intimen und beinahe geschlossenen Abgeschiedenheit; eine sehr alte Vergangenheit lebte dahin in den abgeschiedenen Winkeln und Weilern des Vorgebirges, in den Holzhütten mit geschnitzten Giebeln und Säulen.

Božena Němcová
Großmutter

Die Frau Fürstin reiste ab, mit der Komtesse Hortense, es reiste auch der Vater ab, und die Schwalben, die unterm Dach genistet und gezwitschert hatten, zogen auch fort. In der Alten Bleiche war es einige Tage wie nach einer Feuersbrunst. Die Mutter weinte viel, und wenn die Kinder sie weinen sahen, weinten sie auch.

»Wein nicht, Theres!« sagte die Großmutter. »Was nützt es? Du hast gewußt, was dich erwartet, als du ihn geheiratet; darum mußt du es geduldig tragen. – Und ihr, ihr Kinder, seid still! Betet für den Vater, daß er gesund bleibe. Wenn uns der Herrgott den Frühling schickt, kehrt er wieder zu uns zurück.«

»Wenn die Schwalben wiederkommen, nicht wahr?« fragte Adelchen.

»Ja, dann«, bestätigte die Großmutter, und das Mädchen wischte sich die Tränen ab.

Rund um die Bleiche wurde es traurig und still. Der Wald lichtete sich. Wenn Viktorka den Hügel herunterkam, war sie schon von weitem zu sehen. Der Hang gilbte, Wind und Wellen trugen das trockene Laub weiß Gott wohin, der Schmuck der Obstgärten lag in der Kammer geborgen. Im Garten blühten nur Astern, Ringelblumen und Strohblumen, auf der Wiese hinterm Wehr froren die Herbstzeitlosen, in der Nacht tanzten dort die Irrlichter. Wenn die Großmutter mit den Kindern spazierenging, nahmen die Buben die Papierdrachen mit und ließen sie auf dem Hügel steigen. Adelchen lief ihnen nach oder fing mit einem Zweig die in der Luft schwebenden Fäden des Altweibersommers. Barunka sammelte am Hang die roten Beeren des Schneeballstrauches und Schlehen, welche Großmutter als Arznei verwendete, oder pflückte Hagebutten für den häuslichen Gebrauch oder schüttelte Vogelbeeren, aus denen sich Adelchen Korallenhals- und Armbänder machte. Großmutter saß gern mit den Kindern auf dem Hügel über dem Schloß. Von dort blickten sie über die grünen Talwiesen, auf denen das herrschaftliche Vieh weidete; sie konnte von hier bis hinüber zum Städtchen sehen, und das Schloß lag auf der flachen Bodenwelle inmitten des Tales, und der Park rundherum lag zu ihren Füßen. Die grünen Fensterjalousien waren herabgelassen, auf dem Balkon waren keine Blumen, die Rosen an dem weißen Steingeländer waren verwelkt, statt der livrierten Lakaien und der Herrschaften gingen Arbeiter im Garten, deckten Reisig über die Beete, auf denen es nicht mehr bunt blühte, in denen aber der Samen zu noch schöneren Blumen ruhte, die das Auge der Herrin erfreuen sollten, wenn sie wieder zurückkehrte. Die seltenen fremdländischen Bäume waren, ihres grünen Gewandes beraubt, mit Stroh umhüllt, die Fontäne, deren silberne Strahlen hochgeschossen waren, verdeckten Bretter und Moos, und die Goldfische verbargen sich auf dem Grund des Teiches, dessen einst so klarer Spiegel von Blättern, Algen und grünem Schlamm bedeckt war. Die Kinder blickten hinunter, erinnerten sich des Tages, an dem sie mit Hortense durch den Park gegangen waren und im Salon gefrühstückt hatten, wie herrlich das gewesen, und sie dachten: Wo sie jetzt wohl sein mag?

Großmutter schaute gern zum Zlitscher Hang aus, über

Dörfer, Wildgehege, Felder, Teiche und Wälder gegen Neustadt, über Opotschno nach Dobruschka, wo ihr Sohn wohnte, über Dobruschka hinaus nach den Bergen, wo das winzige Dorf mit den so vielen ihr lieben Seelen lag. Wenn sie nach Osten blickte, lag vor ihr in einem herrlichen Halbkreis das Riesengebirge, von dem langgestreckten Rücken der Heuscheuer bis zu der in die Wolken ragenden, weiß verschneiten Schneekoppe.

Großmutter blickte zur Heuscheuer hinüber und sagte zu den Kindern: »Dort kenn ich jeden Steg, drüben in den Bergen liegt Glatz, wo euere Mutter geboren wurde, dort liegt Albendorf und Wartha, in dieser Gegend hab ich einige glückliche Jahre verlebt.«

Sie verlor sich an Erinnerungen, aber Barunka rief sie mit der Frage zurück: »Dort in Wartha sitzt die Sibylla auf dem marmornen Pferd, nicht war?«

»So erzählt man sich. Auf einem Hügel bei Wartha. Sie soll auf einem marmornen Pferd sitzen und selber aus Marmor gemeißelt sein, und sie hält die Hand zum Himmel erhoben. Wenn sie, so wird erzählt, ganz in die Erde versunken ist, so daß auch die Spitze ihres Fingers nicht zu sehen ist, wird ihre Prophezeiung in Erfüllung gehen. Mein Vater hat erzählt, er habe sie gesehen, das Pferd sei schon bis an die Brust in die Erde versunken.«

»Wer war diese Sibylla?« fragte Adelchen.

»Sibylla war eine weise Frau, welche die Zukunft voraussagen konnte.«

»Und was hat sie geweissagt?« fragten die Buben.

»Ich hab euch das schon öfter als einmal erzählt«, sagte die Großmutter.

»Wir haben es vergessen.«

»Das solltet ihr euch aber merken.«

»Ich, Großmutter, hab mir vieles gemerkt«, sagte Barunka, die der Großmutter stets aufmerksam zuhörte.

»Nicht wahr, die Sibylla hat geweissagt, daß Böhmen von großer Not heimgesucht wird, von Kriegen, Hunger und Pest; am schrecklichsten aber kommt es, wenn der Vater den Sohn, der Sohn den Vater, der Bruder den Bruder nicht mehr versteht, wenn weder Worte noch Versprechen gelten, dann wird es am schlimmsten sein, dann wird Böhmen an den Hufen der Pferde in alle Welt auseinandergetragen werden.«

»Du hast es dir gut gemerkt. Gott verhüt, daß es einmal so weit komme!« seufzte die Großmutter.

Barunka kniete zu Füßen der Großmutter, faltete auf ihren Knien die Hände, die hellen Augen vertrauensvoll auf das ernste Gesicht gerichtet, und fragte: »Wie lautet die Weissagung, wißt Ihr, die Ihr uns einmal erzählt habt, die von den Rittern vom Blanik, vom heiligen Wenzel und heiligen Prokop?«

»Das wiederum ist die Prophezeiung des blinden Jünglings«, antwortete die Großmutter.

»Ach, Großmutter, manchmal hab ich solche Angst, daß ich's Euch gar nicht sagen kann. Nicht wahr, Ihr möchtet auch nicht, daß Böhmen an den Pferdehufen in alle Welt auseinandergetragen werde?«

Johann Christian Günther
Auf das Kuckusbad in Böhmen

Die Tugend kam und sah die schöne Gegend an,
Hier, wo der Elben Strom das Kuckusufer netzet
Und wo, was Kunst und Witz und Lust erdenken kann,
An Schlössern, Flut und Stein so Aug als Ohr ergötzet.
Sie nahm den süßen Schall des scharfen Jagdhorns ein,
Sie sah Dianen selbst in unsrer Gräfin scherzen,
Ja, was noch mehr, sie sah in unsres Grafen Herzen
Die Wahrheit und das Recht zwo holde Schwestern sein.
Ach, sprach sie, ist der Welt die güldne Zeit entflogen?
O nein, sie hat sich nur ins Kuckusbad gezogen.

Jakub Deml
Trauer in Kukus

Es war am siebenten Sonntag nach Pfingsten, am 23. Juli.
Frühmorgens schien es, als würde der Tag düster und regne-
risch. Nebel lagen über der Elbe, die Schwalben schwiegen,
die Nelken zu beiden Seiten jenes breiten Weges vor dem
Großen Ritter des Mathias Braun senkten tief die Köpfe, als
seien sie in eine Meditation versunken, aus der es schon niemals mehr eine Befreiung gibt – so schwer ist sie, so leidvoll,
oder vielmehr so beschwert mit Hoffnungen. Übrigens flat-
terte an diesem Tag eine Botschaft nach Kukus: »Daß Sie
doch, gnädigste Gräfin, Trost und Hoffnung fänden in Ihrem kleinen Enkel, der dem Entschlafenen ja so teuer war,
und daß auch in Zukunft uns erhalten bliebe der tapfere,
ritterliche Geist derer von Sweerts und Sporck, gegen alle
Finsternis, für Freiheit und Fortschritt.«
　　Die Nebel teilten sich, die Sonne trat heraus, aber ihre

Strahlen konnten die schwarzen Fahnen über der Stiftskirche und über den Häusern des heute verstummten Kukus nicht aufsaugen.

Vladimír Holan
Die Föhre

Wie ist sie schön, die alte weimutskiefer
auf den hügeln deiner kindheit, die du heute
        wieder besuchtest…
Unter ihrem rauschen gedenkst du deiner toten
und grübelst, wann du wirst an der reihe sein.
Unter ihrem rauschen ist dir, als habest du
        das letzte buch zu ende geschrieben
und solltest jetzt schweigen und weinen, damit das
                                wort wachse…

Was war dein leben? Bekanntes gabst du hin für
                                unbekanntes…
Und dein schicksal? Es lachte dich nur ein mal an,
und du warst nicht dabei…

Vladimír Holan
Herbst III

Für Bohuslav Reynek

Ein Feld mit vier Furchen… Rain… Wiese… Teich…
Wacholderdrosseln auf den Ebereschen…
Eine Spinne nimmt aufs neue ihre Masche auf…

Ein lieblicher Tag, aus dem Verstand vertrieben
ins Herz des Herbstes... Purpurn färbte sich der Wind...
Eine Säule aus Mücken trägt die Büste von einem Tanz...

Schmerz und Wehmut, Erinnerungen und Sehnsucht...
Wärst du gerne wieder jung? Würdest du alles noch
einmal leben wollen?

Aus den nahen und unweiten Schatten hört man,
wie sie im Dorf die Totenkammer mit Blech beschlagen...

Gerd Holzheimer
Hašek in Lipnice

Im »Ottův« von 1900, der großen tschechischen Enzyklo-
pädie, steht, daß Lipnice in der Höhe von 911 Metern liegt,
235 Häuser hat, 1186 Einwohner, Postamt, Gendarmerie,
Bank, Brauerei, Stärkefabrik, Mühle, Sägewerk, Schindel-
macherei, Steinmetz, Bürstenbetrieb usw., »ein kleiner
Glockturm steht über Kirche und Felsen, auf Nebenaltar ist
Bild von hl. Josef, die Stadt wurde mit großen Mauern umgeben mit zwei Toren, aber die Bewohner haben das ge-
sprungen, damit die Schweden das nicht kriegen...«, also je
weiter man zurückgeht, desto schwieriger wird es mit der
Übersetzung. Daß Hašek hier starb, 1923, konnte Ottův
noch nicht wissen.

Auf dem Friedhof, wie erzählt worden ist, liegt Hašek
auch nicht, weil Lipnice keinen Friedhof hat, zumindest keinen mehr, und der neue, der außerhalb liegt, ist so marmor-
glänzend hochpoliert neu in allen seinen Steinen, daß der
älteste Tote ein Enkel Hašeks sein könnte. Also nichts damit, ihm einen Schnaps in den Weihwasserkessel zu kippen,
na zdraví, Amen, nix is!

»Aus der Ferne sieht diese Ruine wie eine mißlungene Lokomotive aus, denn ein Teil des Turmes ragt mit der Bitte in den Himmel, der Blitz möge doch endlich in ihn einschlagen oder ein Hurrikan möge kommen und ihn hinwegfegen. Weil der Turm das Wort ›restaurieren‹ nicht mehr hören kann, wirft er von selbst Steine von den Wänden auf die Schule hinunter, auf die er wohl sehr bald fallen wird.« So sieht die Burg in Hašeks Beschreibung aus.

Zum Beispiel soll er auch, um Touristen zu ärgern, Burgführungen durchgeführt haben. Und irgendwas erzählt von wegen Residenz des Winterkönigs Friedrich von der Pfalz, der hier im Winter usw., woher sich auch sein Spitzname usw., wenn er aber im Sommer hier gewohnt hätte usw. Wenn ihm aber einer damit gekommen ist, daß hier doch die von Trčkas..., dem erzählte Hašek, daß er, »wenn Sie gestatten«, die gesamte Umgebung kennt. Und die Trčkas eine Hütte in Kejžlice hatten, aber diese Hütte hat der Trčka selbst in Brand gesteckt und ist dafür eingesperrt worden. Sein Sohn dient übrigens am Maschinengewehr in Tschaslau usw. Worauf er wieder in seine Kneipe zurückgegangen ist.

Lipnice ist wirklich ein guter Ort zum Sterben.

Miloš Forman
Mein zweihöckriges Kamel

Wenige Tage nachdem Hitler in seinem Berliner Bunker Selbstmord verübt hatte und kurz nachdem die Rote Armee durch Čáslav marschiert war, schaute ich aus meinem Fenster in den Gaswerken und erblickte ein Wunder, das nicht weniger erstaunte als die Tatsache, daß der Krieg endlich vorüber war. Da die Fabrik am Stadtrand lag, bot sich mir von meinem Zimmer ein Ausblick auf hellgrünes Feld, das sich bis zum Horizont erstreckte. – Auf diesem Feld stand, ruhig den wachsenden Weizen abgrasend, ein zweihöckriges Kamel.

Der Krieg hatte die Tierbestände auf dem Land dezimiert, ich hatte schon seit Monaten kein Schwein mehr gesehen, Hunde waren ein Luxus, und da stand nun dieses exotische Tier aus den Wüsten Asiens und erntete den limonenfarbigen Weizen unter meinem Fenster. Ich zog mich schnell an und rannte nach draußen, voller ehrfürchtiger Scheu, einem Wunder beizuwohnen, doch das zweihöckrige Kamel war echt. Vorsichtig näherte ich mich seiner Flanke. Es schien sich in der Umgebung von Menschen wohl zu fühlen und schlang den leckeren Weizen weiter in sich hinein, ich lief also los, um meinen Kumpel Karel Bochníček und ein paar andere Freunde zu holen. Sie waren alle ganz aufgeregt über meine Entdeckung. Wie kam dieses exotische Vieh hierher? Es war absolut unbegreiflich. Aber es gab einen guten Grund dafür, wie ich später herausfand.

»Wir müssen es in den Zoo bringen!« schlug jemand vor.

Das war eine gute Idee, die nur einen Haken hatte. Der nächste Zoo lag in Prag, ungefähr achtzig Kilometer entfernt, und das Land befand sich im Chaos. Kein Zug fuhr. Konvois der Roten Armee zogen kreuz und quer durchs Land und beschlagnahmten Armbanduhren. Versprengte Wehrmachtsoldaten versuchten immer noch, durchzuschlüpfen und sich nach Deutschland durchzuschlagen. Die Straßen waren voller Menschen, die der Krieg vertrieben hatte, denn Gefangene, Überlebende aus den Konzentrationslagern, Zwangsarbeiter, sie alle machten sich zu Fuß, auf Karren, in Kohlenwaggons, auf Armeelastwagen, in mit Kohle betriebenen Autos auf den Weg nach Hause.

Da es nur eine Möglichkeit gab, das Kamel nach Prag zu schaffen, nämlich zu Fuß, wurde per Telefon eine Kamelkette organisiert. Wir Jungen aus Čáslav sollten das Kamel nach Kutná Hora bringen und es an die lokale Pfadfindergruppe übergeben, die es wiederum nach Kolín führte und so fort, den ganzen Weg bis zum Gehege im Zoo.

Karel, zwei andere Jungs und ich banden dem Kamel ein Seil um den Hals und zerrten es, was ziemlich mühsam war, aus dem Weizenfeld. Wir stellten fest, daß alle anpacken mußten, um das Tier auf die Hauptstraße zu ziehen, da es, sobald es einen belaubten Busch sah, nicht mehr zu halten war. Wir mußten warten, bis es die Blätter von ein paar Zweigen geschlürft hatte, und erst dann konnten wir es wegziehen. Das Tier war genauso stark wie stur.

Wir hatten das Kamel ungefähr die halbe Strecke nach Kutná Hora geschleppt, als vom Horizont ein langer Konvoi russischer Lastwagen und Panzer sich zügig auf uns zubewegte. Wir versuchten sofort, die Straße zu räumen, doch das Vieh wollte sich nicht von der Stelle rühren, selbst als wir uns zu viert mit vollem Gewicht ans Seil hängten.

Als erster Russe erreichte uns ein Offizier, der einen *Gazík* fuhr, den russischen Jeep. Er hielt an und schaute eine Weile zu, wir wurden also entsprechend hektisch, aber das Kamel behauptete seinen Platz. Inzwischen drängten sich langsam die Armeelaster hinter dem Jeep und hupten laut. Der Offizier stieg aus. Ich dachte, er wollte uns helfen, das Kamel von der Straße zu schaffen, aber er hatte eine bessere Idee. Er zog seinen Dienstrevolver und richtete ihn auf den Kopf des Kamels.

Ich hätte nicht geglaubt, daß wir uns noch mehr anstrengen könnten, als wir es ohnehin schon taten, doch das Komische an Waffen ist, daß sie der eigenen Energie einen unglaublichen Schub geben. Mittlerweile halb hysterisch, fingen wir an, das Tier zu treten, ihm den Schwanz zu verdrehen, es zu schieben und zu zerren, schrien dabei wild, aber es half nichts. Das Kamel lehnte sich lediglich zurück und kaute mitten auf der Straße weiter. Karel rannte los, fiel vor dem Russen auf die Knie und bat ihn, nicht zu schießen. Eine ganze Weile ließen sich weder der Russe noch das Kamel durch unsere Bemühungen beeindrucken, doch dann, plötzlich, rülpste das Kamel und schleuderte eine Masse aus grünem Futter aus sich heraus. Ein Schwall dieser schweren und scheußlichen Flüssigkeit landete mir mitten auf dem Kopf.

Eine Woche lang stank ich nach der gräßlichen Kamelkotze, aber das machte nichts, denn der russische Offizier hatte gelächelt und seine Pistole weggesteckt, während das erleichterte Kamel ebenfalls wieder ins Leben zurückgekehrt war und sich von der Straße führen ließ.

Der Offizier sprang in seinen Jeep, der Konvoi der Roten Armee setzte sich wieder in Bewegung und donnerte an uns vorbei. Dahinter marschierte ein erschöpftes Infanteriebataillon, gefolgt von einem Pferdegespann, das eine khakifarbene Feldküche zog. Ich wußte nicht, daß Kamele und Pferde Probleme miteinander haben, aber in dem Moment, als die Pferde unser Kamel sahen, brachen sie in Panik aus. Sie waren so verschreckt, daß sie über den Graben sprangen und ins Feld auf der anderen Straßenseite jagten. In Gedanken sehe ich immer noch das Bild, wie die klappernde Feldküche dieses Feld hinunterrumpelt und die Kochutensilien davonhüpfen. Als erstes fiel der kurze Schlot, dann machten sich die Topfdeckel aus dem Staub und dann verabschiedete sich der Rest, sämtliche Pfannen und Schöpflöffel und Kochkessel und Kannen, überall im Unkraut verstreut.

In Kutná Hora übergaben wir das Kamel an die Pfadfinder, aber ich weiß nicht, ob es jemals den Prager Zoo erreicht hat.

Das Wunder dieses exotischen Viechs, das unter meinem Fenster auftauchte, aus dem Nichts kam, ein Symbol des Friedens, meine zweihöckrige Taube, verdunkelte für mich, im Mai 1945, jegliches Verständnis für die Tatsache, daß große Geschichte geschrieben wurde. Doch dann erfuhr ich, daß mein Friedenssymbol keineswegs aus dem Nichts gekommen war.

Gegen Kriegsende war ein kleiner deutscher Zirkus nach Rußland gezogen, um die deprimierten Truppen aufzumuntern. Als sich die Ostfront allmählich in ein Desaster verwandelte, raste der Zirkus ins Reich zurück und schlug seine Zelte in Dörfern auf, spielte für Proviant. Man bezahlte mit einem Stück Brot, einem Ei oder einem Ballen Heu, um die Akrobaten zu sehen, die Dressurakte von mageren Ponys, den zahnlosen Bären, die Affen und das zweihöckrige Schiff aus der Wüste Gobi.

Das Kriegsende ließ den Zirkus vor einer kleinen, nicht weit von Čáslav entfernten tschechischen Stadt stranden. Die Tschechen dort hatten seit sechs Jahren darauf gewartet, sich an Deutschen zu rächen, ein paar Deutschen, irgendwelchen Deutschen, aber mit den Panzern der Wehrmacht und den Lastern der Armee, die immer noch in langen Konvois westwärts rollten, wollten sie sich lieber nicht einlassen. Doch um eine erschöpfte Zirkustruppe anzugreifen, brachten sie genug Mut auf.

Sie töteten alle Zirkusleute und erschossen auch den Bären. Mann, Frau, Kind, Tier, alle waren Deutsche. Sie schlachteten die Pferde und aßen ihr Fleisch, das Kamel aber entkam in den Wirren des Gefechts und rannte so lange, bis der köstliche Frühlingsweizen es unter meinem Fenster zum Stehen brachte.

Josef Škvorecký
Trauerweiden in Kolín

Wir gingen über die Eisenbrücke zur Insel rüber, und in deren Traversen hing 'n klassischer Mond, unten am Wehr rauschte das Wasser, und auf der Insel rauschten und flüsterten die Trauerweiden.

›Trudi‹, sagte ich, als wir ins Halbdunkel traten, wo sich schwarze Schatten und bleiches Mondlicht abwechselten, das auf den Wegen lag. ›Ich liebä Sie‹, und ich hakte sie unter. Sie sagte vorerst nichts, und so fuhr ich fort: ›Ich waiß nicht, was es ist‹, und ich erklärte ihr, soweit mein Deutsch reichte, daß ich nicht wüßte, was das wär, doch gleich, als ich sie gesehn hätte, da wär in mir…, na und was dergleichen Gerede mehr ist, was man in solchen Situationen gewöhnlich von sich gibt. Dann gingen wir zu 'ner Bank unter 'ner großen Trauerweide, die war hinter den Girlanden grüner Blätter fast ganz versteckt und sah vielversprechend aus, und Trudi sagte, wir sollten uns setzen. Wir setzten uns, und ich faßte nach ihrer Hand, und in diesem Augenblick begann sie zu sprechen.

›Es ist schön, was Sie mir da erzählen‹, sagte sie, ›und ich glaube Ihnen, doch Sie müssen sich darüber klarwerden, daß das nicht geht.‹

›Warum?‹ fragte ich leidenschaftlich.

›Weil – na, aus den Gründen, die Sie selber genannt haben.‹

›Das sind doch überhaupt keine Gründe.‹

›Das denken Sie‹, sagte sie geheimnisvoll und verstummte.

›Trudi‹, sagte ich, ›glauben Sie wirklich daran?‹

›Ja‹, sagte sie lakonisch.

›Aber das ist doch Unsinn‹, sagte ich mutig. Mut war das jedoch nicht. Ich hatte bei diesem Mädchen das Gefühl, daß ich ihr vertrauen konnte, obwohl sie ganz offensichtlich 'ne hundertprozentige Nazisse war. Selbst wenn sie diesen ganzen Quatsch glaubte, würde sie sich mir gegenüber nicht danach verhalten.

›Unsinn ist das, sehen Sie das nicht?‹ wiederholte ich.

›Das denken Sie‹, sagte Trudi. ›Die Tschechen denken so, und die Juden denken auch so, weil es für sie unangenehm ist.‹

›Aber wir pfeifen darauf.‹

›Nein.‹ Sie lächelte schwach und schüttelte den Kopf. ›Doch ich verstehe das: Zu wissen, daß man zu einer niederen Rasse gehört, das ist gewiß nichts Angenehmes.‹

Ich dachte, ich müßte mich kneifen. Ich wollte meinen Ohren nicht trauen. Plötzlich war's für mich 'n ganz seltsames Gefühl, daß sie da neben mir saß, und sonderbar, im selben Augenblick kam mir der Gedanke, was für 'n Gefühl sie wohl haben mußte, während sie hier neben mir saß, wo ich doch 'n Angehöriger von 'ner niederen Rasse war, und ich hätt gern gewußt, ob's genauso wär, als wenn man auf 'ner Bank im Park neben 'nem Schimpansen sitzt oder so ähnlich. Das konnte nicht sein. Und kaum dachte ich das, da sagte ich's ihr auch gleich.

›Sagen Sie mir‹, fragte ich, ›als was sähn Sie mich eigentlich an?‹

›Wie meinen Sie das?‹ fragte sie unschuldig, und wieder wollte es mir nicht in 'n Kopf, daß sie das vorhin ernst gemeint hatte. Mir schien, sie hielte mich zum Narren.

›Na, vom Rassenstandpunkt‹, sagte ich.

›Ach so! Na, Sie sind Tscheche, nicht?‹

›Ja.‹

›Also sehe ich Sie als Tschechen an.‹

›Gut, aber haben Sie etwa... Na, so was wie... Also haben Sie etwa einen Widerwillen oder so was gegen mich?‹ fragte ich zusammenhanglos.

›Sie sind doch kein Jude?‹

›Nein!‹

›Na also. Sie sind eigentlich Arier, nur Ihre Rassenmischung ist von niederer Ordnung.‹ Sie sagte das mit so unschuldiger und gelehrter Miene, daß mein Entsetzen immer größer wurde.

›Rassämischunk?‹ fragte ich erstarrt, und schon fing sie an, mir ellenlange närrische Theorien darzulegen, Theorien, die auf 'n ersten Blick idiotisch waren, und zwar darüber, daß die deutsche ›Rassä eine Mischunk‹ aus nordischen und was weiß ich für Rassen darstelle und daß in Europa alles von dieser nordisch-germanischen Rasse herkomme und daß die Deutschen blaue Augen und blondes Haar hätten, und beides hatte sie ja. Also wenn die nordisch-germanische Rasse so aussehen sollte, dann wär das wirklich 'ne sehr gute und edle Rasse. Aber sie hörte nicht auf, diesen fürchterlichen Quatsch zu reden, von niederen arischen Rassen und von gemischten Rassen und von ganz beschissenen Rassen, was die Juden wären, und so weiter, ich hörte zu und war entsetzt und konnte nicht glauben, daß sie das ernst meinte. Schließlich hab ich gar nicht mehr zugehört, und mir war bloß nicht klar, was sie eigentlich gegen mich hatte, wo sie hier mit mir zusammensaß und mir die Rassentheorie erklärte, und noch weniger wußte ich, wie es kam, daß sie nichts gegen mich hatte und trotzdem neben mir saß und mir diese Theorie erklärte, wo sie doch wußte, daß ich irgend'ner schlimmeren Mischung angehörte, und da kam ich auf die Idee, daß diese ganze Rassentheorie so was Ähnliches war wie der Kaffee, den man vorm Krieg bei Meinl zu kaufen kriegte. Der teuerste und beste, das Kilo für achtundneunzig Kronen oder so ungefähr, der war aus etwa zwanzig verschiedenen Kaffeesorten gemischt, und das ging dann weiter über die billigeren Sorten, die immer weniger gemischt waren, bis runter zum ordinären brasilianischen

Volkskaffee für zwölf Kronen oder so, an dem gar nicht erst dran stand, was für 'ne Mischung er eigentlich war, weil er anscheinend überhaupt nicht gemischt war. Aber das hab ich ihr nicht gesagt, und als sie zu reden aufhörte, fragte ich, was sie wohl täte, wenn ich 'n Jude wär.

›Dann würde ich nicht neben Ihnen hier sitzen.‹

›Und warum?‹

Bohumil Hrabal
Gotteskinder

Eigentlich ist auch Onkel Pepin, derselbe, der aus Mähren nach Nymburk angereist war, am Ende eins jener verrückten Geschöpfe geworden, die in dem Städtchen lebten, wo für sie die Zeit stehengeblieben war, einer jener spinnerten und verrückten Leute, die auf der Welt waren, um ja nicht hinter den Sinn ihrer Verrücktheit zu kommen, und die den anderen Vergnügen bereiteten, oft um den Preis ihres Lebens. Schon in seiner Kindheit gruselte Onkel Pepin sich gern. Um ins Städtchen zu gelangen, hatte er ein hübsches Stück Wegs der Brauereimauer zu folgen, hinter der die Ketten der angebundenen Pferde und Brauereiochsen rasselten, danach mußte er am Brauereigarten vorbei bis zur Elbe hinuntergehen und schließlich den Weg zwischen Holzschwemme und Feldern nehmen, bis ihm die Laterne beim ersten Gebäude den abenteuerreichen Weg erhellte. Olánek Kolářů und seine Freunde wußten, wie Onkel Pepin sich ängstigte, und legten sich in der Melde neben dem Weg auf die Lauer; die Mälzer waren auch nicht faul, und hatte Onkel Pepin, schweißnaß und froh, das Kettengerassel endlich hinter sich zu haben, an dem dunklen Abend die Ecke der Brauerei erreicht, wo der Wind, der vom Fluß heraufzog, an

der Mauer pfiff und winselte, dann hißten die Mälzer mir
nichts dir nichts an einer Stange flatternde Laken, worauf
Pepin zum Fluß hinunterwetzte, und kaum erblickte er das
erste Licht, dann fingen Olánek Kolářů und seine Freunde
an, in der hohen Melde herumzukullern und zu rabascheln,
und der Onkel hörte beim Näherkommen zu seinem Entsetzen menschliche Stimmen: Da kommt er... Er ist schon
da... Habt ihr eure scharfen Messer dabei?... Ganz leise,
nur leise... Den bringen wir um! Und Onkel Pepin raste mit
schlappender Zunge, wie er immer sagte, davon und machte
erst beim nächsten Licht halt, doch wann immer er aus seinen Kneipen heimkehrte, lagen Olánek und seine Freunde
wieder in der Melde am Weg, und wieder brummelten und
beratschlagten sie halblaut: Da kommt er... Den bringen
wir um! Onkel Pepin rannte zur Elbe hinab und kraxelte
dann den Weg zur Brauereimauer herauf, wo sich nicht selten wieder ein am Stock wehendes Laken zu ihm herüber-
beugte, wobei unmenschliche Jaultöne erschollen, was den
Onkel veranlaßte, ohne Halt mit schlappender Zunge an
den langen Brauereiställen entlangzurasen, wieder mit dem
Gefühl, als lauerten hinter der Mauer Satanasse und ras-
selnde Ketten auf ihn... Und so stürzte er schweißgebadet
zur Brauerei herein, und seine Rettung war die Bank vor
dem Büro, wo wir mit Herrn Vaňátko und seinem getreuen
Hündchen Tričko meist bis in die Nacht saßen, und hier
sank Onkel Pepin nieder und wischte sich den Schweiß ab
und verschnaufte und erzählte, wie leicht er hätte ums Leben
kommen können... Hatte der Onkel sich erholt, dann hatte
er noch die letzten hundertfünfzig Meter Wegs vom Büro
zur Brauerei zurückzulegen und in die Mälzerei und dort die
Wendeltreppe hinauf bis zur Gesindestube zu laufen... An
der Ecke des Brauhauses wiederum, da zog es immer so
stark, daß jedermann, der vorbeikam, sich vorbeugen und
gegen den Wind stemmen mußte, und Onkel Pepin fürchtete

nichts so sehr wie den Luftzug, denn der gab aus Niedertracht jählings nach, so daß der Onkel auf die Knie fiel und strauchelte und dann ins Dunkel stürzte und eilends die Tür zur Mälzerei aufriß, doch der Wind schlug die Tür hinter ihm so kräftig zu, daß Onkel Pepin vermeinte, man habe ihn beim Genick gepackt und in die Mälzerei geschmissen und wutentbrannt die Tür hinter ihm zugeschmettert. Und in der finsteren Mälzerei schließlich, da herrschte oben auf dem Welkboden immer ein Durchzug, der das kaputte Fensterchen mit kräftigen Hieben auf- und zuschlug, es öffnete und mit Donnergepolter wieder zuwarf, worauf Onkel Pepin die Treppe zum ersten Stock hochraste, wo die Mälzer wohnten, doch die löschten manchmal, wenn sie Pepin in die Mälzerei stürzen hörten, das Licht und quiekten und pfiffen und rannten mit ihren Laken dem Onkel bis auf den dunklen Flur nach, und Onkel Pepin hastete zum zweiten Stock hinauf und donnerte dort die Tür hinter sich zu und schloß geschwind ab und stand dann im Dunkeln und hielt zur Sicherheit die Klinke fest... Uns Kindern erzählte Onkel Pepin am liebsten von dem stummen Mälzer aus Konice, der hatte mal von den Fleischern einen Pferdeschädel bekommen und diesen Schädel hinter einem Balken in der Brauerei verstaut, und als Pepins Vater, nachdem er mit den jungen Leuten auf der Tenne Malz umgeschaufelt hatte, müde und abgerackert die Treppe hinaufstieg und sich auf die Stufen setzte, da – pitschpitschpitsch – tropfte ihm etwas im Finstern auf den Kopf; und der Papa erschrak und rannte weg und besah sich im Spiegel in der Gesindestube und war voll Blut und meinte, der Feuermann, der Brauereignom, habe ihn mit Wasser bespritzt, und darauf kamen die Leute mit einer Stablaterne, und als sie zum Gebälk hochguckten, da tropfte das Blut aus dem zähnefletschenden Pferdeschädel. Wenn Onkel Pepin uns diese Geschichte erzählte, dann gruselte es ihn jedesmal, und uns gruselte es auch, denn seinem Papa

hat nie einer ausreden können, daß hinter dem Pferdeschädel der Feuermann gehockt habe...

Bohumil Hrabal
Das Schneeglöckchenfest

Der Wald von Kersko ist, wie Gustav Frištenský schreibt, so
tief, daß sich hier ein Neger aus einer professionellen Ring-
kämpfergruppe verirrte, und seither hat ihn Gustav, wie er
in seinen Memoiren schreibt, nicht mehr erblickt. Ich suchte
Herrn Liman und suchte ihn so lange, bis ich mich im Wald
von Kersko beinahe verirrte. Zum Schluß stand ich vor einem fast eingestürzten Haus, einigen kleinen Ställen und
einer kaputten Scheune, vor der auf einem Stuhl ein alter
Herr im Overall saß, seine weißen Haare ragten wie Hörner
empor, solche Schöpfe hatte der Greis, wie lange Haarspan-
gen aus Stahl sahen die Haare aus, wie in sich eingerollte und
aufeinandergestellte Hobelspäne. Er saß da, und um ihn
herum pickten Hühner Körner, die er für sie ausstreute. Ich
sagte, hier ist es aber schön, wie? Und er nickte und sagte, so
ist es, aber Sie sind nicht von hier, nicht wahr? Ich sagte, daß
ich erst ein Ferienhäuschen gekauft hätte, ein Häuschen in
der vierundzwanzigsten Allee... und der Alte unterbrach
mich und sagte mit einer klangvollen Stimme, daß er die Gegend kenne, daß es dort Nouzov heiße und den Parzellen
entlang ein murmelnder Wassergraben führe, der Velenka
heißt, und daß die Wiese dem Herrn Král aus Hradišt'ko
gehöre, und man nenne sie Unter den Erlen. Ich sagte, es
freue mich, daß es hier, wenn auch nichts anderes, so wenigstens wunderbare Luft gebe. Das ist wahr, sagte er, die Luft
ist hier feucht, aber gesund, ist doch Kersko, die Waldstadt,
nach dem Plan von New York unterteilt und numeriert, die

Betonstraße ist die Fifth Avenue und die Alleen, die seitlich hinausführen, sind die Streets, wenn Sie von der Hauptstraße kommen, dann sind die Alleen rechter Hand mit geraden, linker Hand mit ungeraden Zahlen numeriert, wenn Sie also den Plan dieser Waldstadt von oben anschauen, dann sieht er einem Farnkrautblatt ähnlich... sagte er und stand auf, und seine Haare ragten bedrohlich empor und ich hatte den Eindruck, daß die Spitzen der Haarlocken ein Auge ausstechen könnten, als ob sie aus Bronze wären. Er stellte sich breitbeinig auf und sagte, kann ich Ihnen mit etwas dienen, suchen Sie jemanden? Ich sagte, ich suche einen Menschen, aber den werde ich nicht mehr finden, aber wie lang ist, sagen Sie es mir bitte, die Betonhauptstraße? Er sagte, erfreut, daß er sich mit dem, was er weiß, rühmen konnte... Von der Bushaltestelle bis zur Straße, die von Semice und Hradišt'ko führt, ist sie zweitausenddreihundertachtundvierzig Meter lang, wie es der Straßenarbeiter Herr Procházka abgemessen hat... sagte er und brachte einen roten Klappstuhl, putzte den Hühnerdreck ab und forderte mich auf, mich zu setzen. Ich dankte, und aus dem Stall strömte ein widerlicher Gestank, den ich nicht definieren konnte, doch der Greis war durch seine Haare gehörnt, und aus den Spitzen der Locken sprühte eine solche Kraft, daß ich den Eindruck hatte, bei einem Sturm würde aus ihnen das Feuer des Propheten Elias sprühen. Ich sagte, ich habe gehört, daß es hier irgendwo eine uralte Föhre gibt, ich würde sie gern sehen. Er schaute auf die Uhr, die an einer Föhre hing, und der große Zeiger der Penduluhr tickte mit rasender Lust wie ein Specht... Ich habe noch Zeit... ja, die Stramme Toni? Die ist eine Schönheit, das möchte ich bitten festzuhalten, die ist eine Pracht, wenn Sie von unten in ihre Krone hinaufschauen und die Sonne scheint, dann gleicht die Krone einem Fenster aus dem Sankt-Veits-Dom, so genau sind ihre Äste in einem Rhythmus im Kreis verteilt. Sie wurde im Jahr sechzehnhundertzwanzig eingepflanzt, und ein Stück weiter ist ihre kleine Schwester, die Jäger nennen sie Fesche Toni, die ist meiner Meinung nach noch schöner, sie hat einen winzigen Kopf, ihre Äste sind zu einem Bubikopf gekämmt... und auch sie ist eine Riesin, aber die Blitze haben ihren Stamm zerfurcht und ihr Wuchs hat sich verlangsamt... sagte der alte Herr und ein sanfter Wind wendete die seidenen Zweiglein des jungen Birkenhains, und der alte Mann streckte die Hände aus, als ob er die Zweiglein streicheln würde, und er liebkoste sie, seine Finger bewegten sich und bewegten die Blättchen voller Rührung. Ich sah, daß er ein gefühlvoller alter Herr war und daß er auf Kosten der Elemente lebte und also im Einklang mit der Natur, wie es sich für sein Alter gehörte. Er fuhr fort und streckte die Handflächen hin, als ob er sich jetzt an flatternden Flämmchen in Gestalt von wehenden Birkenblättchen wärmte... Da haben wir noch so eine Pracht, wenn Sie durch die Allee Nummer sechs gehen, durch die sogenannte Nymburačka, dann kommen Sie in einen Wald, den wir Erb nennen... also dort steht beim Waldgraben eine Fichte, die den Fichtenwald um die Hälfte überragt, sie ist sicher zweihundert oder noch mehr Jahre alt, und ihre neun unteren Äste drehen sich so gegen oben, daß die Spitzen eine Art Wurzeln bilden, und aus ihnen wachsen Fichten, neun, zehn Meter hohe Fichten, und der Baum trägt sie wie irgendein Artist, der auf neun Stäbchen Teller trägt, die sich zudem drehen, sie gleicht einem riesigen Leuchter, die gigantische Fichte... Sagte er und zündete sich eine Zigarette an und setzte sich auf einen Stuhl neben mich, und seinem Overall, der mit irgendeiner Sauce und irgendeinem schrecklichen Schmutz besabbelt war, entströmte ein so fürchterlicher Geruch, daß ich mich in den Gegenwind drehen mußte... Ich sagte, um etwas zu sagen, nicht wahr, hier gibt es viele Schnepfen, und ich zeigte auf den Birkenhain, der sich hinter seiner Parzelle erstreckte und vor Weiß flimmerte. Er sog den Rauch ein, und es war, als ob er von der Zigarette ein Stück abgebissen hätte, so schnell nahm sie ab, und dann schwirrte der Rauch aus seinem Mund und glich seinen langen, kreisenden Locken, die wie kleine Schwerter in seinen Kopf eingestoßen waren... Und er sagte, jetzt ist nicht ihre Zeit, aber es gibt nur noch wenige hier, wo sind die Zeiten, als die Förstergehilfen um Flaschen Wein wetteten, daß sie pro Abend zwanzig oder dreißig von ihnen erlegen würden? Die Schnepfen feiern die Verlobungstänzchen gegen Ende März oder Anfang April, wenn die Sonne untergeht und der erste Stern erscheint... Die Männchen rennen herum und stoßen ein schönes Liebesgeräusch aus, und die Weibchen lauschen im kalten Gras... Und er sagte das und räusperte sich und röchelte. Der Kukkuck flog aus der Pendeluhr und röchelte genauso, und schlug fünf Uhr... Ich weiß, sprach der alte Herr zur Uhr, und wiederum nahm er einen gewaltigen Zug, bis sich der Zigarettenstumpf entzündete... Er sagte, Schnepfen gibt es nicht mehr, nur ein paar hier und dort, aber in Julinächten schlagen hier die Nachtigallen, das ist eine Pracht, wenn Sie achtgeben, dann hören Sie sie auch auf den an Ihre Allee angrenzenden Eichen... Das ist ein Violinkonzert, das ist, wie wenn der Künstler beginnt, in eine Tafel aus reinem Kristallglas mit einem Brillantstift ein wunderschönes Bild zu gravieren. Ich schlafe ganze Nächte nicht, gehe hin und her, gehe den Stimmen der Nachtigallen nach und da... er klopfte auf seine Brust... da ist mir so süß zumute, und ich bin glücklich, daß es neben mir noch etwas Schönes gibt... aber die meisten Nachtigallen gibt es bei Mydlovary, dort auf der anderen Seite des Flusses... Wenn Sie da so von Přívlaky zum Kamen gehen, oder, Sie sind noch jung, wenn Sie auf die Kirmes nach Hradišt'ko zu den Kocáneks tanzen gehen... dann also, nach Mitternacht, wenn Sie mit einem hübschen Mädchen am Křížkový Král vorbei in die Felder gehen, über das Fußballfeld in Růždiny ... und der Gesang vom Wasser her über den Feldweg klingt, da wird er immer stärker, und ich höre nicht eine, sondern drei, ein Quartett, manchmal auch sechs Nachtigallen, wie sie eine Stunde, anderthalb Stunden den dünnen Silberfaden aus sich ergießen und mit ihrer Stimme den sich nie wiederholenden Gesang aussticken, und wenn der verstummt, dann sehen Sie das Vögelchen ermüdet auf dem Zweig sitzen, Sie sehen, daß das Vögelchen durch den Gesang bestimmt zwei Deka an Gewicht verloren hat ... Und auch wenn es ein halbes Kilo verlieren würde, sagen Sie, warum und für wen singen sie so? Sprach er und wurde so ernst und war so gerührt, daß er sich bückte und mit dem Handrücken eine Träne abwischte ...

Jaroslav Hašek
Die Predigt aus der Baumkrone

Gestern, Freitag, um ½ 11 Uhr nachts, traf ich in Prag ein – über Kutná Hora und Říčany (Černý Kostelec). Noch nie bin ich so naß geworden wie gestern abend auf dem Weg von Říčany nach Prag. Etwa eine Stunde vor Průhonice ging ein Wolkenbruch hernieder, die Straße führt dort durch eine Senke, und diese füllte sich mit einem Male mit tosendem Wasser, das mir bis zu den Knien reichte. Von den Hängen stürzte das Wasser herunter. Blitze zuckten durchs Dunkel. Und in diesem Toben der Elemente, das einem die Beine unterm Leibe wegschlug und hinreißend schön war, erklang plötzlich ein kräftiger Gesang:

> Ich bin ein ganz verruchter Sünder,
> erzürnt hab ich Gottvater dreist
> und dich, mein Jesulein, nicht minder,

sogar den Heiligen Geist!
Ach, Mutter Gottes, hab Erbarmen,
hilf mir, ich weiß nicht aus noch ein!
Bei deinem Sohn leg für mich Armen
Fürsprache gnädig ein!

Ich ging der Stimme nach, und auf einem Baum in einer Biegung, wo das Wasser am heftigsten rauschte, erblickte ich eine schwarze Gestalt. Es war der Průhonicer Kaplan, der in seiner Angst auf den Baum geklettert war und flehentlich sang. – Zwischen ihm und mir entspann sich dann ein Dialog. »Ist die Komposition von Ihnen?« fragte ich. »Lieber Herr«, antwortete der Sänger auf dem Baum, »Sie würden besser tun, wenn Sie mir beim Singen helfen würden.« – »Das kann geschehen«, sagte ich und stimmte an: »Jeder Pfarrer früh und spat ißt mit der Köchin gern Salat. – Sehen Sie«, sagte ich, »die Natur wütet, und ich singe solche Unsittlichkeiten. Verstehen Sie die Umschreibung Salat essen, Hochwürden? Natürlich wird es jetzt geschehen, daß der Herrgott in diesem Augenblick einen Blitz auf mich herniedersenden wird. Weil aber Wissenschaft und Kirche einander ausschließen, werden die physikalischen Gesetze aus Opposition gegen Kirche und Gott genau bei ihrem Standpunkt bleiben, und der Blitz wird in den Baum einschlagen, auf welchem Sie sitzen, denn Sie sind der höchste Punkt in der Umgebung.« Nach diesen Worten watete ich auf der Straße weiter und verschwand in der Finsternis. Aus den zur Erde fallenden Wasserströmen hallte es mir nur nach: »Leg Fürsprach ein, o Mutter, leg bei deinem Sohne Fürsprach ein, er möge ihm, er möge ihm, mein Jesus, diese Schuld verzeihn.«

Der Regen hörte langsam auf, in scharfem Schritt und in guter Laune, Deiner gedenkend, eilte ich gen Prag, wo ich ohne weiteren Zwischenfall eintraf.

Das südliche Böhmen

Johann Wolfgang Goethe
Amazonen in Böhmen

Die von kriegerischen Frauen in Böhmen mir öfters zugegangenen allgemeinen fabelhaften Nachrichten näher zu erforschen und den Gedichts- und Geschichtsfreunden näher zu bringen, habe ich mir Folgendes vergegenwärtigt: *Libussa* mit ihren zwei Schwestern, sie, die jüngste, als Königin, die andern beiden als bedeutend im Staate, scheinen den Grund zu einem Weiberregiment gelegt zu haben, indem sie sich des günstigen Vorurtheils geistiger weiblicher Vorzüge bedienten und durch Klugheit die Männer zu beschwichtigen wußten.

Dieses Übergewicht war zu groß, so daß rohere derbere Männer zuletzt ungeduldig die Königin sich zu verheirathen nöthigten, wodurch aber jene Gynäkokratie keinesweges aufgehoben ward, sondern sich vielmehr, zur Opposition genöthigt, befestigte.

Hier mögen nun die von Frauen besetzten festen Plätze den Nachbarn sehr unbequem gewesen sein und so lange Krieg und Streit gewaltet haben, bis endlich die Mannskraft sich wieder in ihre Rechte eingesetzt.

Freilich gründen sich diese Gedanken nur auf eine Chronikenlegende, und wir wollen ihnen nicht mehr Werth geben, als in so fern alles, was sich auf Sagen gründet, doch immer einige Achtung verdient.

Annett Gröschner
Die Burg der Frauen

Auf Höhe der Stadt Königssaal, im Süden von Prag, stand Anfang des achten Jahrhunderts die Burg Děvin. Bevor diese Burg erbaut worden war, hatte die Fürstin Libuše das Land regiert. Unter der Herrschaft Libušes wählten sich die Frauen ihre Männer, und Frauen standen allen Familien vor. Nach Libušes Tod übernahmen jedoch die Männer die Macht, und die Frauen wurden jeglicher Rechte beraubt. Eine der Frauen, die sich der neuen Herrschaft nicht unterwerfen wollten, war Vlasta aus dem Gefolge der Fürstin Libuše. Verbittert über die Veränderungen, die sich vom Vyšehrad her in den Dörfern ausbreiteten, sammelte sie Frauen um sich, die gewillt waren, den Kampf gegen die Herrschaft der Männer aufzunehmen. Sie bauten eine Burg, übten sich im Bogenschießen und in der Jagd. Auch hatten sie Heilkundige unter sich, die man in anderen Gegenden Hexen nannte. Der Bau der Burg war nicht unbeobachtet geblieben. Die Männer verbargen ihre Besorgnis hinter Hohn und Spott. Burgenbauende und bogenschießende Frauen! Ein Handstreich – und die Frauen würden sich voller Angst verkriechen.

Fürst Přemysl, Nachfolger von Libuše und in der Sage ausgestattet mit Tugenden wie Weisheit und Besonnenheit, erzählte seinen Männern, daß ein Traum ihn davon abhielte, den Befehl zum Kampf gegen die aufrührerischen Frauen zu geben. Er hatte ein Mädchen gesehen: Es raste wie von Sinnen durch das Land. In den Bächen floß Blut. Das Mädchen trank davon und schöpfte auch für ihn Blut mit der Hand.

Keiner der Männer hatte die Burg der Frauen je von innen gesehen, denn für sie war der Zutritt verboten. Die Frauen allerdings hatten genügend Kundschafterinnen in den Dörfern und umliegenden Burgen, die jede Bewegung der Männer verfolgten und zudem Děvín mit Lebensmitteln und Wasser versorgten.

Vlasta wählte aus den Klügsten und Tüchtigsten ihre Ratgeberinnen. Die schönsten Mädchen wurden zu Lockvögeln erkoren, auf die wohl jeder Mann hereinfallen würde, und die behendesten übten sich im Waffengebrauch.

Heißsporne unter den Männern gaben nichts auf den Traum ihres Fürsten und griffen die Burg eines Nachts an. Noch mit Spott auf den Lippen, fielen die meisten, von Pfeilen durchbohrt. Die Überlebenden kehrten nach Vyšehrad zurück und hörten fortan auf ihren Herrscher. Die Kunde von der Niederlage verbreitete sich schnell über das Land.

Die Frauen hoben wieder die Köpfe, und nicht wenige Männer zogen es vor, nachts im Wald statt an der Seite ihrer Frauen zu schlafen, aus Angst, sie könnten den nächsten Morgen nicht mehr erleben. Als Ctirad, der beste Kämpfer und Vertraute des Fürsten Přemysl, durch das Land zog, verführten die Frauen ihn und seine Männer mit Hilfe eines schönen Lockvogels, Honigwein zu trinken. Dieser aber war verzaubert, und nach drei Schlucken fielen die Männer in einen Schlaf, aus dem sie nicht mehr erwachten. Nur Ctirad wurde nicht sofort ermordet, sondern bei der Burg Děvín aufs Rad geflochten.

Da war auch für den tugendhaften Fürsten die Zeit der Rache gekommen. Die Sage spricht von der mörderischsten Schlacht, die jemals auf böhmischem Boden geschlagen wurde. Es kämpften Vater gegen Tochter, Bruder gegen Schwester, Mann gegen Frau. Vlasta wagte sich im Kampf zu weit vor, und ungeschützt von ihren Schwertträgerinnen wurde sie von sieben Jünglingen mit sieben Pfeilen durchbohrt. Nach Vlastas und aller anderen Frauen Tod ließ Přemysl die Burg Děvín niederbrennen.

Noch Jahrhunderte später wird von Reisenden überliefert, daß es in Böhmen Frauen gibt, die Pferde reiten, Kriege führen und jeden Knaben, den sie gebären, töten.

Marina Zwetajewa
Aus Horni Mokropsy

Ich schreibe Ihnen spät in der Nacht, ich bin eben vom Bahnhof zurückgekehrt, wohin ich einen Gast zum letzten Zug begleitet habe. Sie kennen das Leben hier ja nicht.

Ein winziges Bergdorf, wir wohnen im letzten Haus, einer einfachen Hütte. Die handelnden Personen des Lebens: eine Brunnenkapelle, wohin ich vor allem nachts oder am frühen Morgen zum Wasserholen gehe (unten am Hügel) – ein Kettenhund – eine knarrende Pforte. Hinter uns beginnt gleich der Wald. Rechts der hohe Kamm eines Felsens. Das Dorf ist ganz von Bächen durchströmt. Zwei Läden, wie in unsern Provinznestern. Eine Kirche mit einem Friedhof aus lauter Blumenbeeten. Eine Schule. Zwei »Restaurationen« (so heißt auf tschechisch das Restaurant). An Sonntagen Musik. Das Dorf ist nicht dörflich, sondern kleinbürgerlich: die alten Frauen tragen Kopftücher, die jungen Hüte. Mit 40 Jahren sind sie Hexen.

Und in jedem Häuschen unbedingt ein Fenster, erleuchtet in der Nacht: ein russischer Student! Sie hungern mehr oder weniger, denn die Preise hier sind unwahrscheinlich, und nie und nimmer werden die Russen lernen, mit Geld sparsam umzugehen. An dem Tag, da sie welches bekommen – Picknicks, Gelage, eine Woche später – Nachdenklichkeit. Die Studenten sind größtenteils ehemalige Offiziere – »junge Veteranen«, wie ich sie nenne. Sie studieren wie einst in Rußland, sind überall die ersten, sogar im Sport! Mit wenigen Ausnahmen gehen sie ganz in Rußland auf, in dem Traum, ihm zu dienen. Wir haben einen wunderbaren Chor, man läßt Archangelskij aus Moskau kommen.

Sie führen kein gemeinsames Leben (alle sind sehr beschäftigt), aber ein freundschaftliches, sie helfen sich in der Not, es gibt keine Skandale und Klatsch, doch ein großes Gefühl der Reinheit.

Es ist eine Art Siedlung – so empfinde ich das –, eine Siedlung, die das Gewicht des Einzelnen vertausendfacht. Eine Vereinbarung zu *leben*. (Zu *durch*leben!) – Eine wechselseitige Bürgschaft.

Ich lebe hier schon seit dem 1. August 1922, bald ein Jahr. In Prag bin ich einmal – selten zweimal – im Monat. Ich leide an einer topographischen *Idiotie*, kenne bis jetzt keine einzige Straße. Man *führt* mich durch Prag. Außerdem habe ich eine panische Angst vor Autos. Auf einem Platz bin ich das jämmerlichste Geschöpf – wie ein Schaf in New York.

Novalis
Ein Bergmann aus Böhmen

Endlich sey ihm einmal ein Reisender begegnet, der zu ihm gesagt, er müsse ein Bergmann werden, da könne er die Befriedigung seiner Neugier finden. In Böhmen gäbe es Bergwerke. Er solle nur immer an dem Flusse hinuntergehn, nach zehn bis zwölf Tagen werde er in Eula seyn, und dort dürfe er nur sprechen, daß er gern ein Bergmann werden wolle. Er habe sich dies nicht zweymal sagen lassen, und sich gleich den andern Tag auf den Weg gemacht. Nach einem beschwerlichen Gange von mehreren Tagen, fuhr er fort, kam ich nach Eula. Ich kann euch nicht sagen, wie herrlich mir zu Muthe ward, als ich von einem Hügel die Haufen von

Steinen erblickte, die mit grünen Gebüschen durchwachsen waren, auf denen bretterne Hütten standen, und als ich aus dem Thal unten die Rauchwolken über den Wald herauf ziehn sah. Ein fernes Getöse vermehrte meine Erwartungen, und mit unglaublicher Neugierde und voll stiller Andacht stand ich bald auf einem solchen Haufen, den man Halde nennt, vor den dunklen Tiefen, die im Innern der Hütten steil in den Berg hineinführten. Ich eilte nach dem Thale und begegnete bald einigen schwarzgekleideten Männern mit Lampen, die ich nicht mit Unrecht für Bergleute hielt, und mit schüchterner Ängstlichkeit ihnen mein Anliegen vor trug. Sie hörten mich freundlich an, und sagten mir, daß ich nur hinunter nach den Schmelzhütten gehn und nach dem Steiger fragen sollte, welcher den Anführer und Meister un ter ihnen vorstellt; dieser werde mir Bescheid geben, ob ich angenommen werden möge. Sie meynten, daß ich meinen Wunsch wohl erreichen würde, und lehrten mich den üb lichen Gruß »Glück auf« womit ich den Steiger anreden sollte. Voll fröhlicher Erwartungen setzte ich meinen Weg fort, und konnte nicht aufhören, den neuen bedeutungsvol len Gruß mir beständig zu wiederholen. Ich fand einen alten, ehrwürdigen Mann, der mich mit vieler Freundlich keit empfing, und nachdem ich ihm meine Geschichte er zählt, und ihm meine große Lust, seine seltne, geheim nißvolle Kunst zu erlernen, bezeugt hatte, bereitwillig versprach, mir meinen Wunsch zu gewähren. Ich schien ihm zu gefallen, und er behielt mich in seinem Hause. Den Au genblick konnte ich kaum erwarten, wo ich in die Grube fahren und mich in der reitzenden Tracht sehn würde. Noch denselben Abend brachte er mir ein Grubenkleid, und er klärte mir den Gebrauch einiger Werkzeuge, die in einer Kammer aufbewahrt waren.

Abends kamen Bergleute zu ihm, und ich verfehlte kein Wort von ihren Gesprächen, so unverständlich und fremd mir

sowohl die Sprache, als der größte Theil des Inhalts ihrer Erzählungen vorkam. Das Wenige jedoch, was ich zu begreifen
glaubte, erhöhte die Lebhaftigkeit meiner Neugierde, und
beschäftigte mich des Nachts in seltsamen Träumen. [...]

Mein alter Meister freute sich über meine innige Lust, und
verhieß mir, daß ich bey diesem Fleiße und dieser Aufmerksamkeit es weit bringen, und ein tüchtiger Bergmann werden würde. Mit welcher Andacht sah ich zum erstenmal in
meinem Leben am sechzehnten März, vor nunmehr fünf
und vierzig Jahren, den König der Metalle in zarten Blättchen zwischen den Spalten des Gesteins. Es kam mir vor, als
sey er hier wie in festen Gefängnissen eingesperrt und glänze
freundlich dem Bergmann entgegen, der mit soviel Gefahren
und Mühseligkeiten sich den Weg zu ihm durch die starken
Mauern gebrochen, um ihn an das Licht des Tages zu för-
dern, damit er an königlichen Kronen und Gefäßen und an
heiligen Reliquien zu Ehren gelangen, und in geachteten und
wohlverwahrten Münzen, mit Bildnissen geziert, die Welt
beherrschen und leiten möge. Von der Zeit an blieb ich in
Eula, und stieg allmählich bis zum Häuer, welches der eigentliche Bergmann ist, der die Arbeiten auf dem Gestein
betreibt, nachdem ich anfänglich bey der Ausförderung der
losgehauenen Stufen in Körben angestellt gewesen war.

František Hrubin
Einmal an der Sázava

Flüss in der Kindheit, meiner Jugend!
Die sich an meine dünnen Waden hielt,
als watend sie zur Sonne stieg.
Nachts trank sie rücklings überm Wehr
die Mondin in unendlich langen Zügen.

Dann kamen sie hierher:

Verpflanzten Espen in die Menschen.
Verkehrten Felder, und die lagen disteloben.
Bis an die Gräber ließen sie die Häuser.
Veratmeten den Wald...

Und kamen zu der Flüssin: Ringelnatterfluß,
wasch den Geruch der Leichen von uns ab!

Da sirrte menetekelnd die Libelle,
und Fische-Pfeile schossen aus dem Köcher
des seichten goldnen Sands.

Allein was ihr gehört, wäscht sich die Flüssin
mit grüner Hand – den Staub des Lands!
Von unterwegs, entwendet zwischen Feldern.

Und alarmierend dröhnt aus ihr,
die hilflos liegt, im Landstrich unter allen Gräbern
allein der Felsenblöcke steingewordne Salve.

1947

Vladislav Vančura
Das Städtchen Benešov

Das Städtchen Benešov lehnt sich mit seinem westlichen
Ende an einen Fluß an. Es ist klein, schäbig und altertüm-
lich. Lustige Jungen lärmen an den Straßenecken, und alte
Weiber, deren atrophische Kinnladen auf- und niederklap-
pen, als kauten sie an einem längst vergangenen Tag, schlur-
fen durch die vier Gassen, die schräg in den Marktplatz

5. Caspar David Friedrich, *Riesengebirge vor Sonnenaufgang,*
um 1830. Öl auf Leinwand

*6. Caspar David Friedrich, Ziehende Wolken über dem
Riesengebirge, 1821. Öl auf Leinwand*

7. Egon Schiele, Stadt am blauen Fluß II, 1911.
Öl und Gouache auf Holz, Privatbesitz

*8. Adalbert Stifter, Ansicht von Oberplan, um 1823.
Öl auf Leinwand*

münden. Manchmal klirrt ein Fleischerwagen beim Fahren an einen aus dem Boden lugenden Stein; da blickt sich die Gasse um und stößt stöhnend einen nationalen Fluch aus. Ein andermal kommt ein Brauereiwagen daher und ein Bauer, oder eine Kompanie Soldaten schnellt wie ein Schiff von der Böschung herab, und vor ihr stolziert ein Schreckgespenst: der Offizier. Das Eichel-As über der Ladentür Pejšáneks verkündet, daß man bei ihm Spielkarten kaufen kann. Dieser Höllenfürst beherrscht die Gasse mit seinem Spielerblick, und dennoch verblaßt er, als verende er langsam, denn die Leidenschaften der Stadt sind nicht groß. Dann und wann, wenn Viehmarkt ist, verliert ein Bauer Pferd und Wagen, und der alte Rejček steckt ein hübsches Sümmchen ein. Hin und wieder wird ein Falschspieler geohrfeigt, und ein Trunkenbold stürzt vom knarrenden Stuhl zu Boden in eine Speichellache. Vielleicht gibt es nur »Am Čápek« und in der »Švárovna« Prügeleien; da blitzt nur matt, in einer Aufwallung, kaum zornig zu nennen, eine Soldatenklinge auf, während sich die anderen mit ihren um die Arme gewickelten Riemen ohne richtigen Schwung raufen, als würden sie Stroh dreschen.

Die Stadt gleicht einem Stall, in dem man Schweine züchtet; manches Stück ist störrisch, und ein anderes wälzt sich in seinem Dreck und verkündet dabei quiekend den Ruhm der Regierung und der heiligen Religionen. Die ganze Herde scheint die Füße mit Stricken gefesselt zu haben und an einen Pflock angebunden zu sein, in den ein Knecht, sich wehmütig schneuzend, mit grober Schrift den Namen Benešov eingeritzt hat. Wenn doch ein alter Gefährte Hansens Knüppelausdemsack gehabt hätte, der wie ein jäher Blitz niederfährt! Wenn doch der Bettler Kašpar Hohn und Hiebe hätte zurückgeben können! Aber niemand erhob seine Stimme, und Kašpar war ein Gemeindearmer und ein Idiot. Seit jener Zeit, da ihn ein verluderter, halbkrepierter Schweinehund (dessen Name nicht ein Wort, sondern ein Loch in der menschlichen Sprache ist) einer Wette wegen dreiunddreißig Kilometer hinter seiner Kutsche her gehetzt hatte, ist dieser unvergleichliche Läufer ein Krüppel. Es scheint, als bringe in dieser Stadt ein furchtbares Schicksal die armen Teufel um ihren Verstand, um sie dann allen Leiden auf Gnade und Ungnade auszuliefern.

Allabendlich wird der bespiene Gehsteig vor den Kaufläden lebendig. Junge Jüdinnen und rotznasige Offizierlein führen ihre Geilheit auf dem Korso spazieren; dort schreitet ein Priester, der seine Hämorrhoiden trägt wie eine Henne ihre Eier. Es ist sieben Uhr; auf der anderen Seite des Platzes schleifen sieben Kerle mit ihrem siebenfachen Klatsch die Stadt durch den Kot, und von der Nordseite blickt der Selterswasserverkäufer, der Philosoph der Stadt, ein Zyniker, dem es leid tut, daß er nicht in einer leeren Flasche wohnen kann, über den Platz zu Marhouls Haus herüber. Der Bäcker grüßt ihn militärisch; da rundet der Selterswasserverkäufer Rudda die Hand zu einem Sprachrohr und schmettert ihm seinen Abendgruß zu.

Franz Werfel
Das Reich Gottes in Böhmen

Viertes Bild

Hügelkuppe bei Tabor. Vordergrund: Waldlichtung der Hochfläche. Rechts am Waldesrand ein Holzstoß. Mittelgrund: Das große, für den Zuschauer unsichtbare Tal, wo das taboritische Volk lagert. Musik und dumpfes Stimmengewirr von fünfzigtausend Menschen dringt empor. Hintergrund: Entrückte Hügelwellen. Auch auf ihnen die Ahnung von Fahnen, Aufzügen, Bewegung.

Pardusch *hinter dem einige Ordner stehn, ruft den Gemeinden zu* Legt eure Waffen ab, Brüder! Prokop befiehlts. Wir feiern einen Tabortag wider die Gewalt. Kein Bewaffneter wird zugelassen zur Versammlung. Hier, Brüder! Auf diese Haufen rechts und links, Gemeinde für Gemeinde!

Die Ordner *nehmen den Leuten ihre Spieße und Dreschflegel fort und legen sie zuhauf.*

Rokycana kommt auf der Straße. Vor ihm ein Mann, der auf einer langen Stange ein großes Kelchsymbol trägt. Rokycanas ansichtig werdend, rufen einige: »Rokycana! Seht, Rokycana! Gott grüße dich, Väterchen.« Sympathie, aber keine Begeisterung liegt in den Rufen.

Rokycana Dank, geliebte Brüder! Folgt mir, ich bitt euch, den kurzen Weg zum Taborstein, den Gott selbst uns zum Altar errichtet hat. Ein Altar ohne Kirche, ohne Prunk und menschlichen Zusatz. Dort sollt ihr das Sakrament des Kelches empfangen, von dem wir nicht ablassen, und wenn die ganze Welt uns darob ausrotten will. Dann aber möcht ich zu euch ein freies Wort reden über Psalm neunundsechzig, Versus fünf: »Sie hassen mich ohne Ursache.« Gott möge uns Gedanken schicken, wie wirs abwenden, daß die Welt uns nicht mehr hasse. Kommt! *Ab. – In diesem Augenblick hört man von der Straße her donnernden Jubel einer sich näher wälzenden Menge: »Prokop, Prokop, Bruder Prokop!« Prokop erscheint auf der Straße, von einem frenetischen Menschenknäuel umdrängt. Julian hinter ihm. Die Bühne füllt sich sogleich mit einer berauschten Masse. Fahnen werden geschwungen, Dudelsäcke rasen. Prokop, der nur langsam vorwärts kommt, ist sehr ernst. Alte Leute knien vor ihm und küssen sein Gewand. Frauen heben ihre Kinder ihm entgegen. Kranke und Krüppel auf Krücken umschwärmen ihn wie einen Wundertäter.*

STIMMENGEWIRR »Bruder Prokop, unser Engel!« – »Du unser Stolz!« – »Dieser Bub ist nach dir benannt« – »Denk an mich, Bruder, ich bin ein Bettler.« – »Auch mir ein Stück Land, Bruder!« – »Hilf mir, Bruder!« – »Bei Taus verwundet!« – »Prokop! Prokop!« – »Sei stark, Wohltäter!« – »Wir Frauen wollen Frieden endlich!« – »Mach ein Ende mit den Ausbeutern!« – »Rühr diesen Arm an, Mensch Gottes!« – »Prokop!«

PARDUSCH *der die Hilflosigkeit Prokops sieht, gibt den Ordnern einen Wink und ruft über die Menge* Brüder und Schwestern, geht! Hier auf der Kuppe darf niemand verweilen. Ins Tal, zur Versammlung, Brüder und Schwestern!

Die Menge wird von den Ordnern abgedrängt und verschwindet im Tal. Prokop und Julian allein

JULIAN Die große Liebe der Menschen hat Euch erschöpft, Prokop...

PROKOP Wenn sie so nahe kommen... Antlitz für Antlitz... Seht, seht... Dies dort unten ist größer, viel größer... *Er bleibt im Anblick des wimmelnden Tals versunken* Fünfzigtausend... Und es könnten hundert- und zweihunderttausend sein... Dort, seht, bis nach Chotovin lagern sie und an der Luschnitz hinauf, an den Ufern unsres lieben Jordan... Und alle Ein Leib... Spürt Ihr das große Geheimnis?... Dort unten ist die Einheit, die wahre Kirche, das Sakrament, darob sich nicht zweifeln läßt... *Sieht Julian an*
Ihr seid gänzlich unbewegt. Das hätt ich mir denken können.

JULIAN Nein, Prokop! Ich sehe dies schöne Bild und doch ein andres zugleich. Die festliche Masse dort unten. Und im nächsten Augenblick eine schwarze brüllende Wolke...

PROKOP Die Witterung des Edelmanns. Ihr werdet uns nie begreifen.

Julian Heiß müh ich mich, mein Selbst zu vergessen und Euch zu begreifen.

Prokop *immer ausblickend* Seht Ihr dort zwei Finger östlich von Chotovin den großen Flecken?... Es ist Bergstadt, ein deutscher Ort... Die Deutschen im Land sind Tabors bitterste Feinde... Unausrottbar steckt der Herrendienst in ihnen... Die Inbrunst unsres Volkes hassen sie... Und dennoch, unbehelligt dürfen sie leben... Eine Wegstunde weit von Tabor... Dieses Bergstadt, Angelo, ist mein großer Stolz... Auch die Deutschen werden erwachen... Auch sie wird die Wahrheit zusammenschmelzen mit uns...

[...]

Lärm wälzt sich näher. Ein Brüderhaufen führt Andreas Leithner, Kaufmann aus Krumau, gebunden auf die Kuppe. Tvaroch hält ihn am Kragen gepackt.

Stimmengewirr Der deutsche Hund... Der Pfaffenkrämer... Er hat vor der Kelchfahne ausgespien... Er hat das Volk beleidigt... An den Bratspieß mit dem Deutschen... Schneidet ihn in Stücke...

Rokycana *kommt* Ruhig, Brüder!

Leithner *zu Prokop* Hilfe, Herr Bruder... Ich bin der Leithner aus Krumau... Das ganze Land kennt mich...

Prokop Du hörst die Anklage, Deutscher!... Unsre Fahne hast du gelästert.

Leithner Ich, ein gesetzter Mann!?... Wär ich doch seitab gefahren mit meinem Wagen... Eure Fahne... Was hab ich mit eurer Fahne zu schaffen... *Ausbrechend* Ein Überfall... Ein frecher tschechischer Überfall... Meine Waren stehlen... Hussitisches Gesindel...

Aufheulen der Menge, Leithner will sich losreißen.

Prokop *Ruhe gebietend* Wer zeugt gegen diesen Menschen?

Tvaroch *vortretend* Ich!

JULIAN *geht ruhig und unbemerkt über die Rampenstraße ab.*

PROKOP Leithner! Ein alter Krieger unseres Vaters Žižka zeugt wider dich. Einer, der für Gottes Wahrheit oft geblutet hat. Er trägt das höchste Ehrenzeichen unsres Krieges auf der Brust. Wird er lügen?

STIMMEN Der Deutsche muß brennen!... Nehmt ihn!... Aufs Holz! *Die Menge will Leithner auf den Holzstoß heben.*

PROKOP Halt! Der Tabortag darf nicht durch Tod entweiht werden... Straflos aber soll er nicht bleiben... Zwölf Stockhiebe!

STIMMEN Glück hast du, Hund... Wir wollen dir Hosen anmessen...

LEITHNER Heilige Mutter Gottes...

Er wird fortgeschleppt.

PROKOP *zu den Hauptleuten* Sorgt, daß kein Unrecht geschieht!

Alle ab bis auf Prokop und Rokycana.

Franz Kafka
Unschuldiger Lärm

Zuerst, auf der Fahrt hatte ich Angst vor dem Land. In der Stadt soll nichts zu sehen sein, nach Blüher? Nur in der Stadt ist etwas zu sehn, denn alles, was an dem Waggonfenster vorbeidrängte, war Friedhof oder hätte es sein können, lauter Dinge die über den Leichen wachsen, während sich doch die Stadt sehr stark und lebendig davon unterscheidet. Hier aber, am zweiten Tag, ist es doch recht gut; mit dem Land zu verkehren ist merkwürdig, der Lärm ist da, nicht am ersten Tag, erst am zweiten, ich bin mit dem Schnellzug gekommen, er wahrscheinlich mit dem Lastzug.

Hier bin ich sehr gut aufgenommen worden, Ottla, die Sie herzlich grüßen läßt, sorgt für mich nicht weniger als für Věra und das ist doch sehr viel, aber da es in Planá lebendige Menschen und Tiere gibt, ist auch hier Lärm, der aus dem Schlaf schreckt und den Kopf verwüstet, sonst aber ist es außerordentlich schön mit Wald und Fluß und Gärten. Auch mit Ohropax, dessen Besitz zumindest ein wenig tröstet, und das, ins Ohr gesteckt, heute morgen das sonntägliche Waldhornblasen eines Bauernjungen zwar nicht unhörbar gemacht hat, ihn aber veranlaßt hat, endlich aufzuhören. Warum stört jede Freude des einen die Freude des andern. Auch mein Beim-Tisch-Sitzen hat Ottla aus ihrem bisherigen großen zweifenstrigen warmen Zimmer in ein kleines kühles mit Kind und Mädchen getrieben, während ich im großen Zimmer throne und unter dem Glück einer vielköpfigen Familie leide, die mit unschuldigem Lärm fast unter meinem Fenster Heu wendet.

Leoš Janáček
Sie wurden eingefangen

Du hast die Wälder so gerne; du fängst dort die heißen Strahlen der Sonne auf den Felsen. Du hörst etwas; als würden junge Vögel im Nest vor Hunger schreien; sieben hungrige Hälse!

Zigeunerkinder ließ man in diesen Wäldern. Die Eltern wurden gefangen, die Kinder ließ man umherirren.

Schau mal! Du nimmst sie mit; sie folgen dir, du selbst bist wie eine rote Blüte.

Schau! In den Gassen von Pisek, dort an der Otawa, gibt es etwas zu sehen! Du führst die Kinder.

Zu Hause entkleidest du sie ohne Scham ihrer Lumpen und ziehst ihnen reine Wäsche und Kleider deiner eigenen Kinder an. Du fütterst die beinahe Verhungerten.

Schau! Dort, vor den vergitterten Fenstern des Piseker Gefängnisses zeigen sich die Zigeunerkinder ihren eingesperrten Eltern.

»Schau mal, wie schön wir sind!«

»Dich, Kleiner, behalte ich!«

»Nein, ich will in den Wald!« schreit das Kind.

»Po - tom jim dá - va - li vše - ci!«

Potom jim dáwali wschezi!
»Dann gaben ihnen alle!«

Und die Kinder vor den vergitterten Gefängnisfenstern trugen »Banduren« mit sich fort.

Dich will ich nicht nennen, dich, die Ostrovskij für seine »Katja Kabanova« gesucht, die Dostojewskij seine gepeinigte Akulka und ich Aljeja mit der reinen Kinderseele genannt hätte, dich, die du die Zigeunerkinder gekleidet und genährt hast. – Dich kennen sie in Pisek, auf der Mühlenseite, in jeder Hütte. Kranke Greisinnen führst du an die Sonne, erfreust sie mit Worten und heilst sie.

Alle Zigeuner aus den Piseker Wäldern wurden gefangen und hartherzig ins Gefängnis gesetzt.

Du Arme – du hast ihre Kinder in dein Herz geschlossen. Welche Arznei heilt früher?

Prag, den 28. Juni 1927

Antonín Sova
Teiche

Die Teiche Böhmens sind wie Silberschalen,
gebettet in das satte Grün der Auen,
auf ihre Spiegel Wolkenschatten fallen,
wie traumverschleiert sanfte Augen schauen.
Die Schnepfe klagt im Röhricht nah dem Rande,
und Enten Regenbogenflügel breiten,
gereckt den Hals mit kupfergrünem Bande
entflirrt der Zug in sonndurchglühte Weiten.
Der Kalmus atmet: und es steiget Kühle
mit Grummetdüften nach dem heißen Tage,
in sanftgekühlten Wellen schwingt die Stille,
und etwas seufzt darin wie ewige Klage.

Walter Gröner
Bierstube

Uniformierte Wächter an östlichen Grenzen nehmen
einem Partout
Die mitgeführten pornografischen Schriften weg.
Für einfache Menschen ist das schwer zu verstehn und blöd
Zu ertragen.
Aber man kann ja schlechterdings keinen Straßenbaum
oder Abfallkübel dafür schlagen.

Am besten, du erinnerst dich des eigenen Standes und
Hockst dich bei die Proletarier.
Schließlich brauchst du da keinen graugrün lackierten
Affn becircen.
Und der Wirt läuft mit schäumigen Krügeln.

Herr Wirt! Niemand weiß, wie tote Grille zirpt. Diese Zeiln
Sind von einem chinesischen Dichtersmann abgeschrieben.
Groß ist die Zahl der Schmerzen, und die Zahl der Becher
Klein;
Da mechten am schmirbigen Tische mir nur ganz still
Und betrunken sein.

Wie wir nach Hause gelangen, bereitet uns noch die
Allergeringsten Sorgen.
Immerhin scheinen die Sterne, weil sich das Jahr
Im Zenit befindet.
Wenn der November naht, beginnen erst die ganz lumpigen,
Hanebüchenen Zeiten,
Und jener Dichter schreibt, vorbei sei vorbei und Zukunft
Ungefährlich.

Nur ein Heft! Das hat der schäbige Hund garantiert privat
Mit sich fort in die Bude genommen.

Karel Čapek
Auf dem Goldenen Steig

Prachatice ist zweifellos eine verfallende Stadt; seitdem das
Salz nicht mehr von Passau über den Goldenen Steig gefahren wird, kann sich die Stadt nicht mehr erholen. Wenn ihr
entschlossen und geduldig genug seid, dann fahrt mit der
Bahn dorthin; ansonsten ist es besser, von irgendwoher zu
Fuß hinzugelangen. Prachatice ist also alt und verwahrlost,
aber einst war es ganz mit Sgraffitos und Fresken bemalt;
auch hier herrschten die Fürsten von Rožmberk, die offensichtlich Gefallen an Polychromie hatten. Die alten Bürger
von Prachatice bedeckten das ganze Rathaus mit Malereien

und Inschriften; genau in der Mitte der Stirnseite ist ein Kerl mit einem Zweig und einem Schwert im Maul und einem Löwenkopf auf der Brust, er hat eine Bärentatze und schüttet Geld aus der Hand: niemand weiß, was das bedeutet. Ferner sind dort allerlei Gerichtsszenen gemalt; die Bürger von Prachatice hatten offenbar eine Leidenschaft für den Vollzug der Gerechtigkeit, und deshalb sind hier die Taten Salomons versinnbildlicht, und der besonderen Befriedigung der ehrbaren Menschen dient eine Szene, wie zwei Missetätern bei lebendigem Leib die Haut abgezogen wird. Lateinische Inschriften verherrlichen die Tugenden der Bürger und die Verwaltung der Gemeinde, und eine tschechische Inschrift endet mit einem klassischen Doppelvers: Das Recht gleicht dem Geweb von Spinnen, der Käfer reißt es durch, die Fliege bleibt darinnen.

So sind auch das alte Brauhaus und eine Reihe anderer ehrenwerter Häuser bemalt; viele Malereien sind schon verblaßt, und verblaßt ist hier auch die geheimnisvolle Inschrift auf der Kirche: »Quam cito transit tumana loje.« Ja, Ruhm der Welt – Gras im Feld. An den Kirchentüren sind Einschläge von hussitischen Äxten und Speeren zu sehen, und im linken Schiff gibt es auch eine grausige Zelle, in der die Hussiten angeblich fünfundachtzig Katholiken aus Prachatice verbrannt haben; diese wollten durchs Fenster fliehen, doch sie verbogen lediglich die Gitter, die bis auf den heutigen Tag dort sind. Ich bin hineingegangen; es waren ein Kaplan und ein Kirchendiener dort und allerlei Kirchenkram. Neben der Kirche ist eine uralte Schule, in die angeblich Jan Hus und sogar Žižka gegangen sind. Das Städtchen ist bis heute durch Wälle abgeschlossen wie damals; und wie damals fahren in der Abenddämmerung die Kühe das Heu der Prachaticer Bürger ein, die Landwirtschaft betreiben, während die Glocken der Lasttiere den vergangenen Ruhm des Goldenen Steiges beweinen.

Jetzt durchquert das Tal der Volyňka anstelle der Last-
tiere die Eisenbahn von Volary mit einem einzigen kleinen
Waggon und mit einer Lokomotive, die auf jeder Station
Wasser und Kohle aufnimmt, um die nächste zu erreichen.
Schließlich kommt sie in Volary an; das ist eine seltsame
Stadt, in der einst Tiroler angesiedelt wurden, und die haben
sich eine Tiroler Holzstadt errichtet, mit niedrigen Tiroler
Dächern und Steinen darauf und mit Alpenwiesen ringsum
und mit einer Sprache, die manchmal dem Deutschen ähn-
elt. Leider ist irgendwann ein Teil von Volary niederge-
brannt; aber auch so sind die Volarer Volarer geblieben, als
ob sie auf einer Insel lebten, und die Frauen von Volary heiraten niemals aus Volary weg, um das Vermögen von Volary, das aus Mist und Holz besteht, nicht in die Welt
hinauszutragen. Volary war auf der Friedenskonferenz
nicht vertreten, Volary sollte ein Volarer Staat sein.

Josef Hrubý
Gedicht von der Heimat und dem Gesang
der Mineralien

für den Bruder Vladimír

Ich will nicht mehr nach Paris und nach Carnac
Ich will Volyně sehen Prachatitz Blanitz den Vater

Durch den Spalt der Geschichte zieht die Nacht das Herz
und spannt links Schmetterlinge rechts die Lerchen ein
Und zwar geradeaus herunter: zu dir zu euch
Irgendein Großvater arbeitet sich ab mit dem Ganzen
in den Schlachten kämpfte man um unser Gefühl
und um unser Urteil

Die ganze Geschichte hindurch sind wir gerettet worden
die ganze Geschichte hindurch sind wir durchschossen
worden
Jeder trägt seine Ladung der Freude der Schwere der
Bilder
In jedem Blutkörperchen einen Speer ein Geschoß einen
Fall
Aber das soll die Geologie mit der Astronomie messen

Wollt ihr auch mich flüsterte ich heute
dem Brünnlein zu den Ahnen der Amsel dem nahenden
Herbst
Bis heute kenn ich den Ort wo Zwerge den Schatz
versteckten:
Heidelbeeren meine Sorgen alte Bücher
Und sieh schon sind meine Kinder hier:
Anička Šárka ihre Großmutter
auch meine Burgen und Ruinen
mein Vater auch und seine Geige
und Hündchen die weißen Glieder der Birken
Sternbilder duftend nach Klee
und Tante Haisa aus Hoštice Tante Zronek aus Cehnice
mit den schönsten Augen der Welt
Und der blinde Ziehharmonikaspieler und der
Dudelsackpfeifer aus Modlšovice

Was ist dagegen die diamantene Nichtigkeit
dort unten
Die Erde saugt den Regen an und das Gebüsch Musik

Und sieh ein Wunder: die gefalteten Hände der Ufer
wiegen den Fluß in der Hand ab
die Boote und Bilder
Und von unten hört man der Mineralien Gesang

Da steht Eurydike still
Auch in der Unterwelt ist Herbst
Dort? Welche Boote sind dort?
Und ist Südböhmen da?

Ja?
Dort also werden wir sein

Hans Jakob Christoffel von Grimmelshausen
Jungfrau Libuschka, hernachmals genannte Courasche, kommt in den Krieg

Diejenige, so da wissen, wie die slavonischen Völker ihre leibeignen Untertanen tractirn, dörften wohl vermeinen, ich wäre von einem böhmischen Edelmann und eines Bauren Tochter erzeugt und geboren worden.

Wissen und Meinen ist aber zweierlei; ich vermeine auch viel Dings und weiß es doch nicht. Wenn ich sagte, ich hätte gewußt, wer meine Eltern gewesen, so würde ich lügen, und solches wäre nicht das erstemal. Dieses aber weiß ich wohl, daß ich zu Bragoditz zärtlich genug auferzogen, zur Schulen gehalten und mehr als ein geringe Tochter zum Nähen, Stricken, Sticken und anderer dergleichen Frauenzimmerarbeit angeführt worden bin. Das Kostgeld kam fleißig von meinem Vatter; ich wußte aber drum nicht woher, und meine Mutter schickte manchen Gruß, mit der ich gleichwohl mein Tage kein Wort geredet. Als der Baierfürst Maximilian mit dem Buquoy nach Böhmen zog, den neuen König wiederum zu verjagen, da war ich eben ein fürwitzigs Ding von dreizehen Jahren, welches anfing nachzudichten, wo ich doch herkommen sein möchte; und solches war mein größtes Anliegen, weil ich nicht fragen dorfte und von mir selbst nichts ergründen konnte. Ich wurde vor der Gemeinschaft der Leut verwahrt wie ein schönes Gemäld vorm Staub. Meine Kostfrau behielt mich immer in den Augen, und weil ich mit andern Töchtern meines Alters keine Gespielschaft machen dorfte, siehe, so vermehrten sich meine Grillen und Nauben, die der Fürwitz in meinem Hirn ausheckte, außer welchen ich mich auch mit sonst nichts bekümmerte.

Als sich nun der Herzog aus Baiern vom Buquoy separirte, ging der Baier vor Budweis, dieser aber vor Bragoditz. Budweis ergab sich bei Zeiten und tät sehr weislich; Bragoditz aber erwartet und erfuhr die Gewalt der kaiserlichen Waffen, welche auch mit den Halsstarrigen grausam umgingen. Da nun meine Kostfrau schmeckte, wo die Sach hinaus wollte, sagte sie zeitlich zu mir: »Jungfrau Libuschka, wann ihr eine Jungfrau bleiben wollt, so müßt ihr euch scheren lassen und Mannskleider anlegen; wo nicht, so wollte ich euch keine Schnalle um euer Ehre geben, die mir doch so hoch befohlen worden zu beobachten.«

Ich dachte: was für fremde Reden sein mir das!

Sie aber kriegte eine Scher und schnitt mir mein goldfarbes Haar auf der rechten Seiten hinweg; das auf der linken aber ließe sie stehen, in aller Maß und Form, wie es die vornehmsten Mannspersonen damals trugen.

»So, mein Tochter«, sagte sie, »wann ihr diesem Strudel mit Ehren entrinnet, so habt ich noch Haar genug zur Zierd und in einem Jahr kann euch das ander auch wieder wachsen.«

Ich ließ mich gern trösten, denn ich bin von Jugend auf genaturt gewesen, am allerliebsten zu sehen, wann es am allernärrischsten herging. Und als sie mir auch Hosen und Wamst angezogen, lernte sie mich weitere Schritte tun, und wie ich mich in den übrigen Gebärden verhalten solle. Also erwarteten wir der kaiserlichen Völker Einbruch in die

Stadt, meine Kostfrau zwar mit Angst und Zittern, ich aber mit großer Begierde, zu sehen, was es doch für eine neue ungewöhnliche Kürbe setzen würde. Solches wurde ich bald gewahr. Ich will mich aber drum nicht aufhalten mit Erzählung, wie die Männer in der eingenommenen Stadt von den Überwindern gemetzelt, die Weibsbilder genotzüchtiget und die Stadt selbst geplündert worden, sintemal solches in dem verwichenen langwierigen Krieg so gemein und bekannt worden, daß alle Welt genug darvon zu singen und zu sagen weiß. Dies bin ich schuldig zu melden, wann ich anders meine ganze Histori erzählen will, daß mich ein teutscher Reuter für einen Jungen mitnahm, bei dem ich der Pferde warten und forragirn, das ist stehlen helfen sollte. Ich nennete mich Janco und konnte ziemlich teutsch lallen, aber ich ließ michs, aller Böhmen Brauch nach, drum nicht merken. Darneben war ich zart, schön und adelicher Geberden, und wer mir solches jetzt nicht glauben will, dem wollte ich wünschen, daß er mich vor fünfzig Jahren gesehen hätte, so würde er mir dessentwegen schon ein ander gut Zeugniß geben.

Herbert Achternbusch
Böhmischer Wind

Lieber Hartmut, an dieser Stelle entdeckte ich den Text von Edgar, von Edgar Frank, den er extra für mich geschrieben hat, und soweit ich Platz finde, schreibe ich ihn dir ab.

Edgar: Nach langer, allzu langer Zeit wollte ich Kaltenbach wieder sehen: das graue Haar vom Wind zersaust vor dem Haus meiner Väter stehen, mit dem oft beobachteten sicheren Griff den Schlüssel aus der Dachrinne holen und mit einer einladenden Geste ins Haus bitten, nicht ohne vor dem niedrigen Türbalken zu warnen, aber voller Stolz: Seht, auch ich bin nicht von irgendwo. Das ist das Haus meiner Väter. [...]

Als sich der Wald öffnete und den Blick auf die Ortsteile von Kaltenbach freigab, wurde mir die Mythenhaftigkeit meines Geburtsortes bewußt. So wie sich dem Besucher das griechische Dorf Theben nicht mehr siebentorig und voller Waffenlärm darstellt, war auch Kaltenbach kein fester Ort mehr. Die zweihundert Häuser, die zusammen mit den Wegen und leichten Erhebungen im Gelände die Ortsteile Althütte, Planie, Froschau, Bockhütte, Biertopf, Neuhütte und Granitz markiert hatten, waren nicht mehr vorhanden. Nur die Grenzen der Grundstücke konnte man an der helleren Tönung und am Strauchbewuchs erkennen. [...]

Von den vielen Erzählungen her hatte ich eine ungefähre Vorstellung von der Topographie. So erreichten wir nach kurzer Irrfahrt den ehemaligen Ortskern und verließen zwischen der kleinen Kirche und dem Sager-Nazi-Haus, das als solider Steinbau nicht Opfer der allgemeinen Zerstörung geworden war, den Wagen. Der kalte böhmische Wind überraschte uns nicht. Ich hatte trotz der hochsommerlichen Jahreszeit darauf gedrungen, warme Kleidung mitzunehmen. [...]

Das Gebäude neben dem Steinhaus mußte das empfohlene sein. Für die dort wohnende Frau war mir kein Schreiben, nicht eine Zeile mitgegeben worden. Würden die mitgebrachten Geschenke als Empfehlung angenommen werden, als Zeichen einer besseren Welt, und wir als deren Boten? Aber hatten wir eine Botschaft? Wollten wir nicht geführt werden oder doch wenigstens Auskünfte erbitten? Würde die Frau überhaupt noch unsere Sprache sprechen? Meine Begleiter, denen ich diese Bedenken mitteilte, verwiesen auf die Verschlossenheit des Gebäudes, auf den durch die beinahe Ruinenhaftigkeit zu nennende Ungepflegtheit

entstandenen Eindruck der Unbewohntheit, ja Unbewohn-
barkeit. [...]

Erst jetzt fiel uns auf, daß wir noch keinen Menschen gesehen hatten. Unsere Stimmen klangen in der Stille bedeuten-
der. [...]

Die Umzäunung des Friedhofs bot unserem Eindringen
keinen Widerstand. Ein kleiner Schritt von hier nach dort.
Im zerfallenen Leichenschauhaus – eher Hütte als Haus – der
noch intakte Leichenkarren. Ungestört wuchsen die Bäume
seit Jahrzehnten, bedrängten die gußeisernen Kreuze, bogen
sie zur Seite, hoben sie aus den Steinhalterungen. Im Gegen-
kampf bohrten sich die Spitzen der Kreuze mit der durch-
nagelten Hand, mit dem Dornenkopf in die Baumstämme. [...]

Meine Naal vor dem Haus auf der Gred sitzend, links das
Vorhäuschen mit dem Wassergrand, rechts die Pumpe, Federn wirbeln umher, die schwarzglänzenden Schwanzfe-
dern halte ich in der Hand wie einen Blumenstrauß. Nackt
liegt der Hahn im Schoß meiner Naal. Auch ohne Kopf ist er
noch lebendig gewesen, die Blutspritzer auf der Gred zeigen,
wie weit er noch geflattert ist. Ich freue mich darauf, ihn
aufzuessen. Jetzt kann ich wieder unbesorgt ins Freie treten,
nie wieder wird er mit nach hinten abstehenden Flügeln,
Kopf, Hals und Körper in einer waagerechten Linie, entsetzlich lautlos gegen mich anrennen. [...]

Die Todesdaten der Inschriften lagen weit zurück. Auf einem Grabstein der Name Ernestine Pimiskern. Plötzlich
wußte ich den Weg: er führte über das Joglhaus, das Haus
meiner Großmutter, meiner Naal. Als sie mir einst erzählte,
sie habe vor ihrer Heirat mit dem Jogl Pimiskern geheißen,
mußte der kleine Junge lachen, sie lachte mit, und auch
meine Kinder und Enkel lachten, wenn ich ihnen erzählte,
meine Großmutter sei eine geborene Pimiskern gewesen. Ich
selbst lachte nicht mit, ließ aber die Kinder gewähren. Zuviel

Fremdes habe ich erlebt, um noch über Fremdheit lachen zu können. [...]

Ich stoße die Stalltür auf und höre aus dem Dunkel das rhythmische Surren der Milchstrahlen. Vorsichtig drücke ich mich an zwei riesigen Tieren vorbei, unter dem dritten sitzt meine Naal, blitzschnell biegt sie eine Zitze um, der warme Strahl trifft mich ins Gesicht, noch einer, ich öffne den Mund, rieche und schmecke. Sie lacht. [...]

Meine Schlafstelle liegt im dunkelsten Winkel der Stube. Das nicht abreißende Gespräch der Erwachsenen hält mich in der Schwebe zwischen Wachen und Schlafen. Jetzt schläft der Bub, höre ich meine Naal sagen, während ich mich vom Strom der Reden tragen lasse, den Sinn nicht begreifend, ganz dem Klang hingegeben. Wohlklingende Namen wie Inseln im Strom, zwei verschiedene Personen enthaltend und doch eine Einheit: Wendoleo, Gundereifranzl, Domeidondl, Vater und Sohn, der Peleide Achilles... [...]

Den Weg, der dem Kind endlos erschienen war, legten wir schnell zurück: rechts vorbei am Sager-Nazi-Haus; richtig: an der Wegkreuzung das Niglkreuz, an dem wir uns in der Dämmerung nie vorbeigewagt hatten. Der Weg zum Nigl-Haus war nicht mehr sichtbar, wohin hätte er auch führen sollen? Die Befürchtung, daß auch das Haus meiner Naal nicht mehr stehe, erwies sich als begründet. Aber Spuren werden wir finden: Grundmauern, ein Stück Dachschindel, Glassplitter. [...]

Einige von den Ebereschen – sie werden hier größer als im Flachland und sollten die Blitze auf sich ziehen – deuteten die Lage des Hauses an: hier der Wohnteil, anschließend der Stall, dann die Scheune. Hier muß die Gred gewesen sein, hier die Pumpe, hier der Wassergrand. Ungleichmäßiges gelbes Gras bedeckte den Boden. Nirgends finde ich Spuren, nicht einmal Mörtelbrocken von der Gred, selbst Brennessln, die trauernden Nachfahren der Ruinen, fehlen; verschüttet der Brunnen, das Andenken ausgelöscht. [...]

Manchmal war mein Näl hier eingekehrt, hatte dem Enkelkind ein kleines Geschenk mitgebracht und es dann ein Stück zu seinem eigenen Haus mitgenommen. Über die Schwelle durfte es nicht treten. Es kannte die Ursache des Verbots nicht. Von der Ferne sah es, wie der Näl den Schlüssel aus der Dachrinne holte und aufsperrte. [...]

Jetzt stand der alternde Mann mit seinen Freunden an derselben Stelle und blickte zum Haus hin. Kein Rauch stieg aus dem Kamin, leere Fensteraugen blickten ihn an. Die Erde ringsherum war aufgerissen. Schweigend kehrte er um, einer der Namenlosen, deren Väter schon keine eigenen Namen mehr hatten, und deren Großväter keiner mehr kannte.

Karel Klostermann
Unterwegs zur Quelle
der warmen Moldau

Schlanke, weißrindige Buchen, zarte Birken, großblätterige Ahornbäume und im Herbst mit roten Trauben behangene Vogelbeerbäume – hier Faulbäume genannt –, sie alle winken dir zu mit dem hellen Grün ihrer Blätter.

Der schmale Pfad bringt dich an eine Stelle im Walde, wo zwei Bäche zusammenfließen, die bereits der Ilz tributpflichtig sind. Der Lauf der Bäche ist nun zum Teil gemauert, wegen der Holzschwemmerei, zu meiner Zeit war von einem derartigen »Fortschritt« noch keine Spur, und ich habe das Wort »Wasserpfanne«, wie dieser Zusammenfluß heißen soll, erst in den neueren Böhmerwaldbüchern gelesen. [...]

Das ist der eine Weg nach Buchwald; es gibt aber noch

einen andern, quer durch den Wald, direkt von Pürstling nach der Moldauquelle, wobei man den Lusen rechts läßt. Nur wer die Gegend gut kennt, möge ihn ohne Führer einschlagen: die Filze sind tückisch.

Da liegt, tief drinnen im Wald, an diesem Pfad die ziemlich große Vogelsteinschwelle. Wohl selten mag sich ein Sonnenstrahl in diesen dunklen Gewässern baden; tief und schweigsam, von keinem Wind gekräuselt, machen sie den Eindruck eines schwarzen Pfuhles in der Unterwelt. Von zwei Seiten hat das Wasser kein eigentliches Ufer, übergeht vielmehr in einen zähen, endlosen Filz, durch den ein einziger schmaler Prügelweg führt, in Schlangenwindungen, schier zum Verzweifeln für den ungewohnten Touristen.

Man hat diesen Weg lediglich zum Zweck der Auerwildjagd hergestellt, und im Frühling mag ihn manch hohe Jagdgesellschaft beleben. Als ich ihn vor drei Jahren im August in Gesellschaft eines Herrn Professors von Pilsen und des Herrn Forstadjunkten Tuček aus Pürstling betrat, entquollen weiße, neblige Dämpfe dem Sumpf, die uns jegliche Aussicht benahmen. Die Feuchtigkeit der Luft war ungeheuer, jeder Strauch, jedes Farrenkraut, jeder Grashalm troff von Wasser, als hätte es tagelang geregnet. Die jungen Fichten, denen ein unfreundliches Geschick hier in diesem sauren Moorboden ihren Standpunkt angewiesen hatte, rangen wie verzweifelt nach Licht und Luft; sie gediehen schlecht, ihre Nadeln standen kurz und schütter, und nur die grauen, grünen und weißen Flechten, die ihre kropfigen, gleichsam aussätzigen dünnen Stämme bedeckten, fühlten sich wohl und trieben lange bartige Haare, die selbst die dünnsten Reiser noch kraus umhüllten.

So ging's fort, rutschenden, unsicheren Schrittes, über Wassergräben und Löcher, wo der Fuß oft tief versank; der tastende Stock fand keinen Grund. »Das also ist der berüchtigte Filz!« murmelte der Herr Professor und verwünschte wohl mehr als einmal die kalbledernen Stiefletten, die hier zergingen, als wären sie von Kartonpapier.

Dann kam der Wald, ziemlich junger Anflug, auf zahllosen vermoderten Leichen fußend, die in wirrem Durcheinander den Boden bedeckten. Ein unendliches Schweigen herrscht hier, die Ruhe des Grabes dieser in ewigem Schlaf gebetteten Riesen, deren mächtige, so lange alleinherrschende Generation dem 1870er Sturm zum Opfer gefallen ist. Ob wohl die Epigonen das Alter ihrer Väter erreichen werden? – Kaum! Dahin ist hier die alte Urwaldpracht, und was davon geblieben, ist höchstens ein matter Abglanz längst entschwundener Herrlichkeit. Noch tönt aus weiter Ferne das traute Läuten der Kuhglocken; wird es in zehn, in fünf Jahren auch noch tönen?

Über endlose, sonndurchglühte Schläge schreitet der eilende Fuß. Ungeheuere Stöcke ragen noch hervor aus dem meterhohen Gras, zum Teil noch ziemlich frisch, zum Teil schon faulend. An ihnen und zwischen ihnen ranken Himbeeren hervor, dichte, undurchdringliche Hecken und Gebüsche bildend; die aromatischen Beeren, von einem Wohlgeschmack, der ihnen sonst wohl nirgends eigen ist, winken dir freundlich zu und locken viele Leute herauf, die dann schwer beladen heimziehen. Der Kranke, dem der süße, duftende Saft die herbe Arznei mild einhüllt, denkt wohl nicht an die rauhen Berge, die ihm freundlich diese Gabe gespendet, ihr alles, was sie noch hatten, was der Orkan, das tückische Insekt und die grausame Hand des Menschen ihnen gelassen.

Als wir die Quelle der Warmen Moldau erreichten, stand bereits die Sonne hoch am Himmel. Ein einsamer Waldstier mit krausem, büffelartigem Kopf empfing uns gesenkten, gedankenschweren Hauptes. Wiederholt fortgejagt, kehrte er immer wieder zurück und glotzte uns an mit seinen langbewimperten Augen; schließlich tat er sich gemütlich nieder am Rande des Bächleins und pflegte wiederkäuend der Ruhe...

Margit Schreiner
Kleofas

Noch in der Jugend seiner Eltern seien in strengen Wintern kleinere Orte rund um Bergreichenstein monatelang von der übrigen Welt abgeschnitten gewesen, so daß man die Kranken nicht habe behandeln lassen können. Die Toten habe man nicht begraben können, sondern neben die Hütte in den gefrorenen Schnee gelegt; und als der Winter vorbei gewesen sei, da seien die Menschen bleich und verkommen die Hänge ins Tal hinabgerannt und hätten kein Wort sprechen können vor Entsetzen. Was zählten ein paar hundertjährige Fichten, wenn Wege und Straßen entstehen konnten, die die Orte miteinander verbanden? Und wog der Reichtum an Preiselbeeren, die die abgeholzten Hänge bedeckten, nicht die Bäume, die es ohnehin überall gab, auf? Es sei damals nicht leicht gewesen, den Reden des Kleofas Glauben zu schenken, der mitten im Wald Bäume vermißte, der inmitten von Pilzen von Kahlheit sprach. Der Kleofas habe den Fortschritt von Grund auf abgelehnt, sagte mein Vater. Ihm selbst sei natürlich ein Rätsel gewesen, warum. Wegen der Borkenkäferplage aus dem Jahre 1870 zum Beispiel hätten so viele Bäume gefällt werden müssen, daß sich daraus eine Holzindustrie entwickelte. Die Holzfabrik sei nirgendwo anders als in Bergreichenstein gebaut worden. Es habe sich Wohlstand ausgebreitet. Der Kampf ums Überleben sei weniger hart geworden. Die Realschule, sagte mein Vater, 25 Wirtshäuser, das Schwimmbad. Bergreichenstein sei der erste Ort Böhmens gewesen, der Elektrizität bekommen habe. Er wisse noch genau, wie zwei Elektriker aus Wien gekommen seien; das seien rechte Draufgänger gewesen, mit schmalen Oberlippenbärtchen und blitzenden Augen, die seien hoch in den Masten gegangen und hätten den unsichtbaren Strom geleitet. Die Mütter hätten auf ihre Töchter aufpassen müssen, so schneidig seien die beiden jungen Elektriker gewesen. Und er selbst sei als Kind so stolz auf den Strom gewesen, daß er oft einfach nur so unter den Masten gestanden und hinaufgeschaut habe, dorthin, wo es, besonders wenn die Luft feucht gewesen sei, geschwirrt habe, als ob unzählige Käfer dort gesessen hätten.

Georg Britting
Der böhmische Wald

Das ist nicht ein Wald, wie sonst einer,
Der Böhmische Wald.
Er ist so schwarz, wie sonst keiner –
Es hat ihn noch keiner gemalt
Wie er ist.

Zwar sind die Wölfe, die Bären
Nicht mehr
In seinen dunklen Schlüften.
Ach, wären
Sies noch! Dann die Jagdhunde her!
Was das Hifthorn sang,
Das schallte zurück von dem Grunde.

Nur Pilze, die wachsen noch, schwarz und auch rot,
Und die Quelle, die rinnt, wie einst so kalt,
Und die Felstrümmer stehen in Bärengestalt,
Mit Moos um die riesigen Hüften.

Oft geht ein Wind,
Aus dem Böhmischen her,
Und der Winter ist lang,
Und der Sommer ist schwer
Vom Grün und vom Gold,
Das wipfelab rollt.

Wo das Wasser sich rührt
Im grundigen Moor –
O, wie dort mit List
Den Hasen aufspürt
Der Rotfuchs, der es durchschnürt!
Seine Nase hat ihn geführt.

Es hat ihn, in seiner schwarzen Gewalt,
Den Böhmischen Wald,
Noch keiner gemalt wie er ist.

Karel Klostermann
Aber eines hat der Böhmerwald

Aber *eines* hat der Böhmerwald: er wirkt wie ein melancho-
lisches Lied, das mächtig an unser Herz schlägt. Eintönig,
ewig gleich liegen Wald und düsteres Moor vor uns und erzählen uns eine Epopöe, die wohl kaum ihresgleichen hat,
eine Epopöe von einem untergegangenen und untergehen-
den Riesengeschlechte, welches die Natur großgezogen und
das sie grausam vernichtet hat.

So klingt das Lied, und wenn du ein aufmerksames Ohr
hast, hörst du seine Töne, und wenn du zu lesen verstehst, so
schlägt dir der Boden ein lehrreiches Buch auf, ein Buch mit
ungezählten Blättern. Die alten Stämme, die Stümpfe, die

den Boden decken, sie alle sind beschrieben mit rissigen Runen; die scheinen geheimnisvoll und sind doch nicht schwer zu deuten.

Egon Schiele
Musik beim Ertrinken

In Momenten jochte der schwarze Fluß
meine ganzen Kräfte.
Ich sah die kleinen Wasser groß
und die sanften Ufer steil und hoch.
Drehend rang ich
und hörte die Wasser in mir,
die guten, schönen Schwarzwasser – –
Dann atmete ich wieder goldene Kraft.
Der Strom strömte starr und stärker.

Egon Schiele
Unter dem weißen Himmel

Jetzt seh ich die schwarze Stadt wieder,
die immer gleich geblieben ist,
in ihr gehen die Stubenhockerhäusler wie immer,
– die Armen –,
so arme,
das rauschrote Herbstlaub riecht ihnen gleich. –
Wie wohl ist aber der Herbst in diesem Windwinterland!

Adalbert Stifter
Moldauherz

Wie es meistens geschieht, wo das Land zu beiden Seiten gegen die Enge eines Flußbettes hereingeht, daß Knollen und Steine in dem letzteren liegen, die das Wasser aufhalten, und daß der schmale Raum des Bettes dasselbe auch schneller zu fließen zwingt, so ist es auch hier: die Moldau, die sonst so langsam geht, so daß sie bei Oberplan, bei Untermoldau, bei Friedberg oft wie eine träge schillernde Schlange in den Wiesen liegt, verleugnet hier ihre Art und Weise, und sie schäumt und rauscht, fast wie ein lebendiges Wasser in dem jenseitigen österreichischen Lande der Alpen. Es sind sehr sonderbare Lichterspiele, wenn man an einem Vormittage hier steht und die Sonne über die Berge hereinscheint, wie sich der blendende Schaum, dann das hellbraune Gold bei überstürzenden Stellen, und das tiefe Schwarz bei augenblicklicher Stille mischen, und alles das unaufhörlich weiter hastet und treibt. Aber ganz ernst und schöner wird diese Erscheinung erst weiter unten von Kienberg, wo eine Gesellschaft von Felsen steht, die Bäume immer weniger und kleiner werden, der Stein sich mehrt, und endlich allein in größter Fülle die Herrschaft führt. Zerschlagene zertrümmerte Steine liegen umher, ein mächtiger Felsenbau erhebt sich und trägt die graue Brust aus dem ringsum liegenden Reiche der Zerstörung empor, einzelne gelichtete Stämme stehen, und zwischen ihnen kömmt das unsägliche Rauschen herüber. Das Rinnsal ist sehr verengert, die Moldau muß über tausend Steine hinüber, sie führt Baumstämme herbei, klemmt sie zwischen die Felsen, stellt sie auf, strickt sie ineinander, und muß durch, sie muß auch dem mächtigen grauen Baue der Felsen ausweichen, sie muß um ihn herum, und braust und ächzt, wie ein lebendiges Wesen, das aus einer ängstlichen gefahrvollen Lage mit aller seiner Arbeit heraus will. Die Leute nennen diese Stelle die Teufelsmauer, und es geht die Sage, daß der Teufel, dem es nicht recht war, daß die Abtei Hohenfurth gebaut wurde, und er in Gefahr geriet, viele Seelen, die sich hier erbauen, zu verlieren, den Plan gefaßt habe, die frommen Väter, die da hausen, mit dem Wasser der Moldau zu ertränken. Er erkor zu diesem Zwecke eine Nacht, in der er alle Steine, die in der Gegend sind, auf diese eine Stelle zusammen tragen und eine Mauer bauen wollte, daß sich das Wasser in der Bergenge zu einem See schwelle, den er dann plötzlich mit Öffnung seiner Schleuse auf das heilige Gebäude ließe. Er nahm aber zu viele kleine Steine, die auf der Oberfläche der Berge herum lagen, und mußte zu oft gehen, was nicht der Fall gewesen wäre, wenn er die großen, in die Erde verwachsenen, genommen hätte. Es geschah daher, als er sehr emsig trug, daß plötzlich der Hahn krähte, ein blasses Morgenlicht in den Lüften erschien, und die Engel im Himmel oben ihre Frühgebete begannen. Er mußte nun davon, und die Sache lassen, wie er sie hatte. Man zeigt noch zum ewigen Angedenken den Platz, und man sieht deutlich, wie er sein Werk nicht hatte vollführen können, und die Trümmer nur ordnungslos auf einander liegen. Darum sind in der ganzen Gegend so wenig Steine auf der Oberfläche der Erde, und an einigen Felsen, die an der Teufelsmauer herunten liegen, erkennt man auch noch trotz Regen und Wind, die darüber hingewaschen haben, das Hufeisen, welches in die harten Steine eingetreten worden und da geblieben ist. Die Väter weiheten die Stelle, und das ganze Gebiet der Moldau, daß er in der andern Nacht nicht weiter fahren und überhaupt sich so etwas nicht mehr beikommen lassen konnte.

Von da geht die Moldau hinter der Enge der Teufelsmauer in allerlei Gehölze und Gebüsch, das aber nicht mehr sehr lange dauert, sondern die Wildnis bricht schier auf einmal ab, das Wasser kömmt in das lichte Land, und rollt beschwichtigend und nur mit kleineren minder lebhaften Wellen am Waldkloster von Hohenfurth vorüber. Dann geht es gegen die alte einst bedeutende Stadt Rosenberg, und nicht weit vor ihr beugt sich das Bett der Moldau, welches bisher gegen Morgen gezielt hatte, ab, und sie strömt gegen Mitternacht in die weiten Länder hinaus, muß endlich, obwohl sie die größere ist, den Namen verlieren, neue Räume kommen, wo sie mit ihrer Schwester im breiten Strome wallt, und vielleicht alle die Ereignisse und Dinge vergessen hat, die sich im fernen Walde, in ihrem ersten Laufe und in ihrer Jugend zugetragen haben.

Mechthild Curtius
Flug über das Auge des Waldes

Kafka heißen die Glasschleifer, vom Dichter aus Prag wissen sie wenig. Vom Plöckenstein und von Stifters Hochwald wissen sie manches. Aus der Luft, sagt der Großvater, müsse man den »Bähmerrwald im Drrrreiländerrräck« sehen. »Himmel«, zeigt er hoch. Dreisesselberg und Plöckenstein am besten von oben, darüber hin fliegend zu betrachten sei bequemer als zwei reichliche Stunden Fußmarsch rauf und zwei knappe runter. Leicht gesagt. Die Kafkas nicken. Sie wissen Rat, im Nachbardorf werden für die neuen Touristen Ballonflüge angeboten. So ist es zum Adalbert-Stifter-Fesselballon-Flug gekommen.

Eine Kopftuchgreisin harkt im Wiesental Heu mit dem Holzrechen zusammen und lädt es auf einen Holzplattenwagen. Hautgelber Stoff streift das Feld und strafft sich, von heißer Luft aufgetrieben. Noch liegt er erschlafft, Dampf pulsiert in den sich aufstülpenden Ballon. In seiner lichtdurchfluteten Öffnung steht eine Frau in Uniform, einen Heiligenschein um den Kopf, wenn die Flammen tosend in den Ballonbauch fahren. Die Stoffhaut schabt, wenn sich der Ballon hin- und herwälzt, über das Gras. Aufgebläht ist die obere Hälfte, die die Luftfüllung hochträgt; die welken Textilteile rollen der Frau zu Füßen. Die Feuergarbe dringt in das Ballonmaul ein und färbt den Stoff rot, es sieht aus, als würde er brennen. Endlich richtet der Fesselballon sich genügend auf, um seine korbgeflochtene viereckige Gondel zu tragen.

Die vier Stifter-Liebhaber schweben über die Wiesen und die angrenzenden abgeernteten Felder, vom Stoppelstroh hoch zu dem Wäldchen, immer weitere fernere Felder, erst erkennen die Aufsteigenden noch jedes zitternde Schirmchen der wilden Möhre in Zweitblüte, aufgespannt wie der Fesselballon, jeden verdorrenden Maiskolben und die Pflaumen, die die Bäume blau belegen. Hoch in der Luft gondeln die Reisenden mählich über die Bodenwellen, deren seidenfellglatte Schur in struppige Weiden mit verdorrten Unkräutern wechselt, ob hüben oder drüben im ›Dreiländereck‹, zeigen höchstens die Häuser: sind es gelackt weiße Neubauhäusel mit Plastikzäunen oder bröckelnde graue mit verwitterten Holzstaketen. Bergwellen und Taldellen recken die Felder und Dörfer einmal nah, einmal fern; Karrees mit bunten Blumenklecksen sind abgetrennt neben Walnußbäumen, die ratzkahl abgeerntet sind, die großen ovalen Flecke neben dem Hof stellen sich als Kürbisse heraus, wenn die Fliegenden aus Neugier tiefer gehen, die Papierdrachen steigen dann neben ihnen, Ziegen meckern aus den Dörfern herauf. Früchte und Pflanzen werden bunte Punkte in grünen und braunen Flächen, spielzeugklein die Egge im Acker, der ansteigt zum Wald; aus Weiden und augenumspannbaren Wäldchen geht es zum Hochwald des Böhmerwaldes, bis der Plöckensteinsee wie ein Auge aus den Baumwimpern hochstarrt.

Adalbert Stifter
Abermals Dunkel

Nach dieser Empfindung ist wieder eine große Lücke. Zustände, die gewesen sind, mußten vergessen worden sein.

Hierauf erhob sich die Außenwelt vor mir, da bisher nur Empfindungen wahrgenommen worden waren. Selbst Mam, Augen, Stimme, Arme waren nur als Empfindung in mir gewesen, sogar auch Wälder, wie ich eben gesagt habe. Merkwürdig ist es, daß in der allerersten Empfindung meines Lebens etwas Äußerliches war, und zwar etwas, das meist schwierig und sehr spät in das Vorstellungsvermögen gelangt, etwas Räumliches, ein Unten. Das ist ein Zeichen, wie gewaltig die Einwirkung gewesen sein muß, die jene Empfindung hervorgebracht hat. Mam, was ich jetzt Mutter nannte, stand nun als Gestalt vor mir auf und ich unterschied ihre Bewegungen, dann der Vater, der Großvater, die Großmutter, die Tante. Ich hieß sie mit diesen Namen, empfand Holdes von ihnen, erinnere mich aber keines Unterschiedes ihrer Gestalten. Selbst andere Dinge mußte ich schon haben unterscheiden können, ohne daß ich mich später einer Gestalt oder eines Unterschiedes erinnern konnte. Dies beweist eine Begebenheit, die in jene Zeit gefallen sein mußte. Ich fand mich einmal wieder in dem Entsetzlichen, Zugrunderichtenden, von dem ich oben gesagt habe. Dann war Klingen, Verwirrung, Schmerz in meinen Händen und Blut daran, die Mutter verband mich, und dann war ein Bild, das so klar vor mir jetzt dasteht, als wäre es in reinlichen Farben auf Porzellan gemalt. Ich stand in dem Garten, der von damals zuerst in meiner Einbildungskraft ist, die Mutter war da, dann die andere Großmutter, deren Gestalt in jenem Augenblicke auch zum ersten Male in mein Gedächtnis kam, in mir war die Erleichterung, die alle Male auf das Weichen des Entsetzlichen und Zugrunderichtenden folgte, und ich sagte: »Mutter, da wächst ein Kornhalm.«

Die Großmutter antwortete darauf: »Mit einem Knaben, der die Fenster zerschlagen hat, redet man nicht.« Ich verstand zwar den Zusammenhang nicht, aber das Außerordentliche, das eben von mir gewichen war, kam sogleich wieder; die Mutter sprach wirklich kein Wort, und ich erinnere mich, daß ein ganz Ungeheures auf meiner Seele lag, das mag der Grund sein, daß jener Vorgang noch jetzt in meinem Innern lebt. Ich sehe den hohen schlanken Kornhalm so deutlich, als ob er neben meinem Schreibtische stünde; und sehe die Gestalten der Großmutter und Mutter, wie sie in dem Garten herumarbeiten, die Gewächse des Gartens sehe ich nur als unbestimmten grünen Schmelz vor mir; aber der Sonnenschein, der uns umfloß, ist jetzt ganz klar da.

Nach dieser Begebenheit ist abermals Dunkel.

Dann aber zeichnet sich vornehmlich und bleibend die Stube ab, in der ich mich befand. Ganz vorzüglich sind es die großen, dunkelbraunen Tragebalken der Diele, die vor meinen Augen sind, und an denen allerlei Dinge hingen. Dann war der große, grüne Ofen, der hervorspringt, und um den eine Bank ist. Dann sagte die Mutter, der Zimmersepp wird uns einen Tisch machen, auf dem das Osterlämmlein ist. Der Tisch wurde fertig und bildete meine große Freude. Dessen, der früher gewesen war, erinnere ich mich nicht mehr. Der Tisch war genau viereckig, weiß und groß, und hatte in der Mitte das rötliche Osterlämmlein mit einem Fähnchen, was meine außerordentlichste Bewunderung erregte. An der Dickseite des Tisches waren die Fugen der Bohlen, aus denen er gefugt war, damit sie nicht klaffend werden konnten, mit Doppelkeilen gehalten, deren Spitzen gegeneinander gingen. Jeder Doppelkeil war aus einem Stück Holz, und das Holz war rötlich wie das Osterlamm. Mir gefielen diese roten Gestalten in der lichten Decke des Tisches gar sehr. Als dazumal sehr oft das Wort »Konskription« ausgesprochen wurde, dachte ich, diese roten Gestalten seien die Konskription. Noch ein anderes Ding der Stube war mir äußerst anmutig und schwebet lieblich und fast leuchtend in meiner Erinnerung. Es war das erste Fenster an der Eingangstür. Die Fenster der Stube hatten sehr breite Fensterbretter und auf dem Brette dieses Fensters saß ich sehr oft und fühlte den Sonnenschein und daher mag das Leuchtende der Erinnerung rühren. Auf diesem Fensterbrette war es auch allein, wenn ich zu lesen anhob. Ich nahm ein Buch, machte es auf, hielt es vor mir und las: »Burgen, Nagelein, böhmisch Haidel.« Diese Worte las ich jedes Mal, ich weiß es; ob zuweilen noch andere dabei waren, dessen erinnere ich mich nicht mehr. Auf diesem Fensterbrette sah ich auch, was draußen vorging, und ich sagte sehr oft: »Da geht ein Mann nach Schwarzbach, da fährt ein Mann nach Schwarzbach, da geht ein Weib nach Schwarzbach, da geht ein Hund nach Schwarzbach, da geht eine Gans nach Schwarzbach.« Auf diesem Fensterbrette legte ich auch Kienspäne ihrer Länge nach an einander hin, verband sie wohl auch durch Querspäne und sagte: »Ich mache Schwarzbach.« In meiner Erinnerung ist lauter Sommer, den ich durch das Fenster sah, von einem Winter ist von damals gar nichts in meiner Einbildungskraft.

Böhmische Dörfer

Johann Butzbach
Jiii jiii heya hoya hossa hossa

Das Volk scheint außerdem, wie das Land, das sehr frucht-
bar ist, recht sinnenfreudig zu sein. So das Landvolk meist
dann, wenn es sich mit Speise und Trank eine frohe Stunde
macht. Wenn Landleute und Bauern zur Stadt kommen und
vom Altbier wie dem Weißbrot, das Keilkuchen genannt
wird, genossen haben, ist das besonders zu bemerken. Wenn
sie nämlich zum Markt kommen, gehen sie nach Erledigung
ihrer Geschäfte ins Wirtshaus. Dort sitzen sie, die Hände
voller Keilkuchen und spülen das Weißbrot mit einigen Krü-
gen Bier hinab. Sind sie dann satt geworden, so beginnen sie
vor sich hinzusummen. Erblicken sie aber ein Frauenzim-
mer, dann geben sie recht wunderliche und unverschämte
Laute von sich, gerade, als ob ein Hengst die Stute anwie-
herte. Das tun gewöhnlich nicht etwa nur betrunkene Bauern, auch vornehme Leute, Adelige und Ritter, [benehmen
sich so].

Als einstmals mein Herr den Dienst bei einem Grafen
quittieren wollte, heischte er um Schadenersatz für die lah-
menden Pferde, doch weigerte sich der Graf und antwortete: »Es liegt nicht an mir, daß Du Deine Pferde durch
Galoppieren und Springen vor den Frauen und Mädchen
ruiniert hast. Dies geschah nicht auf meinen Befehl und zu
meinem Besten, sondern Du hast es vielmehr aus törichtem
Übermut, um den Frauen zu gefallen, ohne Befehl getan.«
Und das stimmte; denn wenn wir mit dem Grafen an einer
Burg, einer Veste oder einem Hofe vorbeiritten, in denen
Mädchen oder Frauen zu vermuten waren, so stürmten wir
wie toll im Galopp mit tollkühnen Sprüngen über Gräben
und Zäune, so lange der Ort zu sehen war, wobei wir Hände
und Arme über dem Kopf zusammenschlugen und »jii jii

heya hoya hossa, hossa, o milá pěkná krásná panna« johl-
ten.

Eduard Mörike
Tannendunkelheit

Sie stiegen Arm in Arm über den Graben an der Straße und
sofort tiefer in die Tannendunkelheit hinein, die, sehr bald
bis zur Finsternis verdichtet, nur hin und wieder von einem
Streifen Sonne auf sammetnem Moosboden grell durchbro-
chen ward. Die erquickliche Frische, im plötzlichen Wechsel
gegen die außerhalb herrschende Glut, hätte dem sorglosen
Mann ohne die Vorsicht der Begleiterin gefährlich werden
können. Mit Mühe drang sie ihm das in Bereitschaft gehal-
tene Kleidungsstück auf. – »Gott, welche Herrlichkeit!« rief
er, an den hohen Stämmen hinaufblickend, aus: »man ist als
wie in einer Kirche. Mir deucht, ich war niemals in einem
Wald, und besinne mich jetzt erst, was es doch heißt, ein
ganzes Volk von Bäumen beieinander! Keine Menschen-
hand hat sie gepflanzt, sind alle selbst gekommen und stehen
so, nur eben weil es lustig ist beisammen wohnen und wirt-
schaften. Siehst du, mit jungen Jahren fuhr ich doch in halb
Europa hin und her, habe die Alpen gesehn und das Meer,
das Größeste und Schönste, was erschaffen ist: jetzt steht
von ungefähr der Gimpel in einem ordinären Tannenwald
an der böhmischen Grenze, verwundert und verzückt, daß
solches Wesen irgend existiert, nicht etwa nur so *una fin-
zione di poeti* ist, wie ihre Nymphen, Faune und dergleichen
mehr, auch kein Komödienwald, nein aus dem Erdboden
herausgewachsen, von Feuchtigkeit und Wärmelicht der
Sonne großgezogen! Hier ist zu Haus der Hirsch mit seinem
wundersamen zackigen Gestäude auf der Stirn, das possier-
liche Eichhorn, der Auerhahn, der Häher.« – Er bückte sich,

brach einen Pilz und pries die prächtige hochrote Farbe des Schirms, die zarten weißlichen Lamellen an dessen unterer Seite, auch steckte er verschiedene Tannenzapfen ein.

Hab mir mein Weizen auf'n Berg gesät.
Volkslied

Hab' mir mein' Weizen auf'n Berg gesät, Berg gesät
Böhmischer Wind, ich bitt' dich schön, bitt' dich schön

hat ihn der böhmische Wind verweht, Wind verweht,
laß mir mein' Weizen auf'm Berge stehn, Berge stehn,

hat ihn der böhmische Wind verweht.
laß mir mein' Weizen auf'm Berge stehn.

Jaroslav Durych
Böhmisches Dorf

Dort nämlich stand jenes Gotteshaus. Der Mörtel bröckelte ab, und es war zu sehen, daß der untere Teil aus Stein und der obere aus Ziegeln bestand. Und als ich mir das Steinwerk ansah, schien es mir, als sähe ich auch die Spuren aller Schlangen, die je darauf ihre abgestreifte Haut gelassen hatten. Das aber war nichts gegen die Kirchenfassade, die zu schweben schien, allen Gesetzen der Schwere zum Hohne, wie ein Bild der Unendlichkeit; sie wuchs und wuchs weiter, bis das Sehen erlahmte. Und das Abendrot erbleichte, die Schatten wurden schwarz und verdunkelten die Untermauerung der Kirche, aber ich wartete noch immer auf eine Stimme, und wäre es auch die eines Toten gewesen, oder auf ein Geräusch, sei es von Donner oder von Erdbeben, und plötzlich, gleichsam aus der Unendlichkeit oder aus den Gräbern, lösten sich gewaltig die Worte des Hymnus

> tuba mirum spargens sonum
> per sepulcra regionum
> coget omnes ante thronum –

Ja, so hätte ich mir sowohl den Sinn wie das Bild jener warnenden Worte vorgestellt. Gräber von Geschöpfen und von Landschaften. Gräber von Sünde und Leid. Gräber von Wolken und Bergen. Gräber von Gräbern.

Aber plötzlich verblaßte alles, und ich ging zur Straße hinunter, die sich dort so wand, daß ich schon nach wenigen Minuten auch das Heiligtum aus den Augen verloren hatte gleich einer Art Traum, der sich dann nicht mehr zeigte.

Ich hätte ein beliebiges Bauernhäuschen unter denjenigen wählen können, an denen ich vorbeiging. Sie waren in der Mehrzahl nicht einmal abgeschlossen, in manchen waren gar die Fenster auf, der Wind hatte die ersten toten Blätter des Jahres in die Zimmer geweht. Offenbar war alles in großer Hast verlassen worden, denn ich konnte die Gardinen in den Fenstern, die Federbetten in den Schlafkammern, ja sogar Tischdecken und Geschirr auf den Tischen erblicken. Und wären nicht die Brennesseln gewesen, mit denen die Schwellen zugewachsen waren und die bis in die Flure hineindrängten, und jene Spinngewebe, die die Fenster und halb geöffneten Türen schwarz verschleierten, so hätte man glauben können, daß die Bewohner vielleicht auf dem Feld waren und jeden Augenblick zurückkehren würden. So müde ich war, willens hierzubleiben, war ich nicht.

Vladimír Holan
Am sechsten Januar

Tag der Kerzen, die eine Karpfengräte
vom Heiligen Abend ablecken.
Aber sehr schön
ist dieser Holzmörser zum Zerstampfen des Mohns
im tiefen Vordergrund der Strohwand,
und schön ist auch die altertümliche Stille,
und wieviel Zeit in eine Woche geht, darüber trügt
    der Schein nicht.
Und es friert, und der Grabstein ist dennoch warm.
Das, weil er sich bewegt...

Vladimír Holan
Sesam, öffne dich nicht...!

Der Abend dämmert heran, gleich einem
    Schmierentheater,
im barocken Obstgarten hinschwindende Wolken.
Ein unbekanntes Fuhrwerk wartet an der
    Eisenbahnschranke
und ein Kind, kaum mehr als ein verirrtes Lamm.

Der Sonnenuntergang, in den gleichen Farben
wie Freund Maxim sie liebt auf seinen Krawatten,
erlosch allmählich hinter offenen Fensterflügeln. Bitternis
das Efeulachen wie es nach den Toten greift.

Dämmerblaue Gehöfte entlassen Arbeiter aus ihren
    Toren und
auf verborgner Spur mit aufdrängenden Flügeln
    atmet Ruhe,
zerfurcht das Tal. Dort aus purer Gefallsucht, hier aus
    gutem Grund
plustert sie sich, Kauz aufgeblockt auf seine Zypresse,
    dem Kirchturm.

Ich bin kaum drei Schritte gegangen. Die Schwarzwälder
    Uhr
war zu erkennen im Salon des ehemaligen Pächters,
auch der Ofen, katzensilbrig, im Salon irgendwo
    das Klavier,
und dort der Sonnenuhrfinger ohne Zeit.

Und links stand die Mühle, unter der Weide ein Fisch,
    die Mühle,
ich erinnere mich, grauslige Abende gab es dort,
die abgegriffne Medaille des Mondes leuchtete
    Wassertiefen aus,
hier hat der Junge das Loch gesucht, das Früchtchen.

Der Abend dämmert heran, in der Landschaft erschien das
    Rauschen hinter meinem Rücken,
und wie in der Werkstatt des Geigenbauers hab die
    Konturen der Stille ich ausgemessen,
zielend auf den Hof (hin übers Profil eines Standbilds)
wo mein Freund seine Flinte geölt, für morgen bereitgelegt
    hat.

Unerkannt begegnete Menschen ich in der weit
    fortgeschrittenen Dämmerung,
im Herzen hielt ich den wilden Bosco versteckt;
dort ging der Vogelfänger durchs taunasse Mohnfeld,
am Brunnen quasselte ein Greis dem Nachtwächter vor,
    einen Hexenmeister habe er zu Gesicht bekommen.

An der Schneidemühle verspür ich den Duft des
    Ölbaums... Wer wohl
hat so zärtlich zum Schwanken ihn gebracht wie die reinen
    Glieder der Mythen?
Wer mochte das sein, der zu singen begann und seine
    Stimme
schwand hinter den Sternen. In den Speichen ihres Glanzes
    war
gleich einem Schmierentheater der Abend,
im barocken Obstgarten hinabschwindende Wolken,
die Bahnschranke schon hochgezogen; das wartende
    Fuhrwerk setzte sich in Bewegung
wie auch das Kind, kaum mehr als ein verirrtes Lamm.

Wie rasch vermag die Sonne zu sinken in userm
    verhaltenen Schritt
die längst wir schon untergegangen sind!
Das Gewölb des Munds tönt dunkler und dunkler, zur
    Gruft
zur Vorratskammer ausgebaut mit jedem
    unausgesprochenen Wort.

Bruce Chatwin
Marta

Sie verdiente sich ein paar Groschen mit Hausarbeiten für den Bäcker oder die Wäscherin. Später ging sie, um nicht in ein Armenhaus geschickt zu werden, auf einen Bauernhof, wo sie auf einem Strohsack schlief und eine Gänseherde hütete.

Sie sang sonderbare, unzusammenhängende Lieder und galt als einfältig – um so mehr, als sie sich in einen Gänserich verliebte. Kinder im ländlichen Europa glaubten die Geschichten, die man ihnen erzählte: von Werwölfen, von Sternen, die fliegende Enten waren, oder von dem Gänserich, der sich in einen strahlenden Prinzen verwandelte.

Martas Gänserich war ein wunderbarer schneeweißer Vogel: der Schrecken von Füchsen, Kindern und Hunden. Sie hatte ihn als Gänschen aufgezogen, und sobald sie sich ihm näherte, gab er ein tiefes, zufriedenes Gurgeln von sich und schlängelte seinen Hals um ihre Oberschenkel. An manchen Morgen, beim ersten Licht, wenn weit und breit noch niemand zu sehen war, schwamm sie mit ihrem Liebsten im See und gestattete ihm, an ihrem langen hellen Haar zu knabbern.

Eines Morgens, irgendwann Ende der dreißiger Jahre, als Utz in seinem Steyr-Coupé vom Schloß kam, um den Frühzug nach Prag zu nehmen, erblickte er ein Mädchen in durchnäßten Kleidern, das von einem Mob von Dorfbewohnern durch die Straße gejagt wurde. Er bremste und forderte sie auf, sich neben ihn zu setzen.

»Komm mit mir«, sagte er freundlich.

Sie scheute zurück, aber sie gehorchte. Er fuhr mit ihr zum Schloß.

Ein neues Leben tat sich ihr auf – im häuslichen Dienst. Sie verfolgte alles, was ihr Herr und Meister tat, mit schwärmerischen Blicken: oft mußte er sie davon abhalten, ihm die Hand zu küssen.

Hermann Lenz
Und dann der Bogen eines Bussards
über den Baumkronen

Abends erreichten wir das Gehöft Flanitz, schon in Böhmen. Es war kühl. Der Dorfanger wurde von Schatten blau gefärbt, und im Halbkreis umstanden ihn die Häuser, die meisten mit Strohdächern. Ein aufgeweichter Weg glänzte von Wasserlachen. Ich suchte mit dem Schuh in einer Pfütze vor dem Gasthof nach dem Beutel voll Theresientalern, den ich im Traum gefunden hatte. Gänse wackelten durchs hohe Gras des Angers zur Kapelle. Der Ort hatte keine Kirche, und wer hierherkam, weil er glaubte, er könne vergessene Tafel- und Standbilder finden, wurde enttäuscht. Düster sah der Sulzberg her, und die Großmutter aus dem Gasthof stand im schwarzen Kopftuch neben der Mietkutsche, die uns hergefahren hatte.

Eine alte Frau, die gebückt ging, Gänse und ein enges Tal mit schwarzem Bach, neben dem Häuser hockten, dies alles gehörte für mich zu dem, was ich das Abseitige nannte und was mir gefiel.

»Ja«, sagte Agathe, »hier sehen wir nur uns.«

Ob's ihr unheimlich war? Aber sie kannte doch den Ort. Jedenfalls graute es ihr jetzt, im Zwielicht, vor der Verlassenheit, die mir erfreulich schien. Und droben in dem weiten Zimmer, wo ein Feuer knackte und der Geruch des Birkenholzes nahe war, die alte Frau die Petroleumlampe mit einem Fidibus anzündete und der Mond als weiße Ungestalt im Fenster stand – Kathi meinte, er gliche einer geschälten

Kartoffel – sagte sie, wir führen wahrscheinlich hierher...
ja, weshalb eigentlich?

»Hier bin ich jedenfalls weitab von meinem Amt.«

»Fürchtest du dich vor den Menschen?«

»Ja. Aber hier geht die Angst wieder vorbei.«

Agathe sagte am anderen Tag, alles sei in Böhmen wunderschön, und ich war froh, weil's ihr gefiel. Kathi war oft bei den andern Kindern und sagte, Blumen zwischen Granitbrocken seien eine Arznei gegen den Trübsinn und die Blaubeerenbüsche Kissen mit Lichtglitzern. Legte sie sich aber dort hinein, dann waren diese Kissen kratzig. Beim Strümpfl Max wurde das Kälbchen von zwei Burschen aus der Kuh herausgezogen, und Kathi sagte, die hätten gräuslich zugepackt; dann lag's im Heu und war ganz naß. Und Geruch geschlagenen Holzes war wie Schweiß.

All dies blieb gleich. Immer würde es so sein. Ich schaute aufs schwarze und tief durchsichtige Bachwasser und kam zur Sägemühle, wo der Weg staubig und heiß vorbeiging; dahinter öffnete der Wald ein kühles Tor. Ich ging hinein. Dann führte die Sandstraße fast gerade weiter und stieg sacht an. Tannenspitzen standen vor dem Abendhimmel. Ich war allein. Ein Brunnen mit moosigem Steintrog hatte eine hölzerne Röhre, und davor wanden sich drei schwarze Schlangen, nicht länger als meine Hand. Das Rauschen kam herauf und schwieg. Ich dachte, daß es sich verlohne, auf einem Baumstumpf zu sitzen und die Blätter von Hagebuttensträuchern anzuschauen, an das Gewebe der Tannennadeln auf dem Waldboden zu denken und drei Buchen anzuschauen, die über Steinbrocken wuchsen, als ob sie ein Grabmal bewachten. Und dann der Bogen eines Bussards über den Baumkronen.

Franz Wurm

Das Auge blüht sehr wach, das Auge
baut Träume ins Gesicht der Sprache
und richtet ihr ein Maß in Brot und Licht,
und offen geht das Elend auf den Wurzeln,
Wunden gleich, und ist nicht auszureißen.
Die wirs verhalten könnten, hier,
zerbrechen unter ihm, ungleich
und ohne Recht an einander,
ein kurzer Wind, der aus den Kiefern kräht
und der sich einholt, bis der letzte Spiegel
aus seinem Flug ihn ungetrübt entläßt.

Dieter Schlesak

Aber du liebst sie noch immer die Bahnhöfe
Der alten Monarchie, die weiche Anfahrt
Im tschechischen Laut, die böhmischen Dörfer
In dir, in Europa, Land der Mitte,
Wo die Büffel über den Kirchturm fliegen ins Nie;
Und dort geborgen in Schnitterliedern, Halme
Gesungen, sanft im Korn wie Spiralen, der Rock
Der Magd wie eine Tulpe hochgeschoben,
Die Zwiebel Lust der Erde duftet sie.
Sensen am Abend geschultert, schnitten die Halme
Ab und Tränenkrüglein in den Händen
Kommt der Tod bald rollt über die Berge
Und trifft dich schon nah,
Dies Land der Riesen, der Tod.
Und hinter ihm tanzen sie Czárdás Polka Hora,
Manchmal ein Walzer, auf die Trauer gepfiffen,

Tränen im Auge, Iris im Schnee,
Schlittengeläute über Blumen,
Und ein Kaiser mit Backenbart auf allen Briefen
Post aus Böhmen, Siebenbürgen und von der Adria.
Landweite Melancholie.

Nichts kann vergehen, außer dem Schnee.
Das Reich ist vergangenes Jahr
Heute.

Wermut, dir trinke ich Bruderschaft zu

Wermut, dir trinke ich Bruderschaft zu. Du bist unschein-
bar wie eine alte Kräutersammlerin und gleichst den greisen
Vorbetern, deren Gebaren so altväterisch war, jenen Dorf-
mystikern, deren Stimme aus uralten Zeiten heraufklang,
wenn sie inmitten der Freunde eines Verstorbenen, in ver-
stummtem Haus, in einer ungewohnt beleuchteten Stube
nächtliche Andacht verrichteten, wo wir, sooft die Türe auf-
ging, meinten, ein Urahn unseres Geschlechts käme zu Gast.
Anders kennen uns die Kinder, wenn ihr Ball zu uns kollert,
und anders kennt uns die Freundin der Wickelkinder, die
Kamille.

Jakub Deml

Bilsenkraut, Sodoms verstummter Sänger, deine Augen
sind ausgebrannt und dein Haupt umkreist schleichender
Wahnsinn, Fesseln von Ohnmacht und Rausch ohne Ende –
du bist das traurigste aller Kräuter, weil der Mensch dich
nicht zu trösten vermag…

Jakub Deml

224

Die Kirschallee beim Waldausgang, die fast die Heimlichkeit eines Zimmers erzeugt. Rückkehr von Mann und Frau vom Feld. Das Mädchen in der Stalltür des verfallenen Hofes, ist wie im Kampf mit ihren starken Brüsten, unschuldig-aufmerksamer Tierblick. Der Mann mit Brille, der den Karren mit der schweren Futterlast führt, ältlich, ein wenig verwachsen, trotzdem infolge der Anspannung sehr aufrecht, hohe Stiefel, die Frau mit Sichel, nebenan und hinterher.

Franz Kafka

Wie der Wald im Mondschein atmet, bald zieht er sich zusammen, ist klein, gedrängt, die Bäume ragen hoch, bald breitet er sich auseinander, gleitet alle Abhänge hinab, ist niedriges Buschholz, ist noch weniger, ist dunstiger ferner Schein.

Franz Kafka

Durch Dörfer kam man, an heißen Nachmittagen; kein Mensch war da, alles auf den Feldern, auch das Wirtshaus leer. In der Mitte der Stube, vom Deckenhaken an einem Strick hinabhängend, ein Säugling im Wickel; wer eben vorbeikam, gab ihm einen Stoß, und es pendelte hin und her. »Eine geistreiche Erfindung zum Ersatz der Wiege«, erklärte der Vater und demonstrierte den Vorgang, wobei das Hängekind zu plärren begann; doch der Vater sagte zu ihm: »Sei stad, kannst noch berühmt werden wie Galilei oder auch ein Halunke, was weiß ich? Bin auch mal so gependelt worden.« Aber zum Sohn sagte er: »Du hast natürlich schon einen dalketen Kinderwagen haben müssen.«

Johannes Urzidil

Löwenzahn, wie wäre schließlich das Leben nützlicher verbracht? So viel Licht als möglich erringen, und so viel Tau als möglich erraffen!

Jakub Deml

Jan Skácel
Das Land gegenüber

Die woche vor den kirschen oder noch früher
huschen weiße wiesel über den weg
und der wind hebt den staub an
golden wie eine monstranz und die nächte

die nächte sind tief

Die nächte sind tief wie der sturzgrund der sterne
und weckt dich die sehnsucht nach mitternacht
warte nicht bis der morgen graut

Alle sind wir tätowiert für den weiten weg
der eine hat schwarze haut an den fersen
der andere wieder auf dem kleinen finger ginster
und im berg zerkratzte uns die hände weiberzorn

Nur einmal ist der tod ein einziges mal und für immer
und der tote leib ist spreu
gesondert von der seele
wie vom harten korn

Eine weile werden wir bei den kindern
auf dem hof mit den kaninchen stehn und nahe dem
         hühnerrichtplatz
so nahe
daß uns blut traf

Und morgen werden wir fortgehn ins land gegenüber
an den fersen sind wir alle von erde tätowiert

das weiße hermlin wird männchen machen am weg
nur einmal ist der tod ein einziges mal und für immer

Die woche vor den kirschen oder noch früher

Franz Kafka
Ein Landarzt

Ich war in großer Verlegenheit: eine dringende Reise stand
mir bevor; ein Schwerkranker wartete auf mich in einem
zehn Meilen entfernten Dorfe; starkes Schneegestöber füllte
den weiten Raum zwischen mir und ihm; einen Wagen hatte
ich, leicht, großräderig, ganz wie er für unsere Landstraßen
taugt; in den Pelz gepackt, die Instrumententasche in der
Hand, stand ich reisefertig schon auf dem Hofe; aber das
Pferd fehlte, das Pferd. Mein eigenes Pferd war in der letzten
Nacht, infolge der Überanstrengung in diesem eisigen Winter, verendet; mein Dienstmädchen lief jetzt im Dorf umher,
um ein Pferd geliehen zu bekommen; aber es war aussichts-
los, ich wußte es, und immer mehr vom Schnee überhäuft,
immer unbeweglicher werdend, stand ich zwecklos da. Am
Tor erschien das Mädchen, allein, schwenkte die Laterne;
natürlich, wer leiht jetzt sein Pferd her zu solcher Fahrt? Ich
durchmaß noch einmal den Hof; ich fand keine Möglichkeit; zerstreut, gequält stieß ich mit dem Fuß an die brüchige
Tür des schon seit Jahren unbenützten Schweinestalles. Sie
öffnete sich und klappte in den Angeln auf und zu. Wärme
und Geruch wie von Pferden kam hervor. Eine trübe Stall-
laterne schwankte drin an einem Seil. Ein Mann, zusam-
mengekauert in dem niedrigen Verschlag, zeigte sein offenes
blauäugiges Gesicht. »Soll ich anspannen?« fragte er, auf
allen vieren hervorkriechend. Ich wußte nichts zu sagen und

beugte mich nur, um zu sehen, was es noch in dem Stalle gab. Das Dienstmädchen stand neben mir. »Man weiß nicht, was für Dinge man im eigenen Hause vorrätig hat«, sagte es, und wir beide lachten.

»Hollah, Bruder, hollah, Schwester!« rief der Pferdeknecht, und zwei Pferde, mächtige flankenstarke Tiere, schoben sich hintereinander, die Beine eng am Leib, die wohlgeformten Köpfe wie Kamele senkend, nur durch die Kraft der Wendungen ihres Rumpfes aus dem Türloch, das sie restlos ausfüllten. Aber gleich standen sie aufrecht, hochbeinig, mit dicht ausdampfendem Körper. »Hilf ihm«, sagte ich, und das willige Mädchen eilte, dem Knecht das Geschirr des Wagens zu reichen. Doch kaum war es bei ihm, umfaßt es der Knecht und schlägt sein Gesicht an ihres. Es schreit auf und flüchtet sich zu mir; rot eingedrückt sind zwei Zahnreihen in des Mädchens Wange. »Du Vieh«, schrie ich wütend, »willst du die Peitsche?«, besinne mich aber gleich, daß es ein Fremder ist; daß ich nicht weiß, woher er kommt, und daß er mir freiwillig aushilft, wo alle andern versagen. Als wisse er von meinen Gedanken, nimmt er meine Drohung nicht übel, sondern wendet sich nur einmal, immer mit den Pferden beschäftigt, nach mir um. »Steigt ein«, sagt er dann, und tatsächlich: alles ist bereit. Mit so schönem Gespann, das merke ich, bin ich noch nie gefahren, und ich steige fröhlich ein. »Kutschieren werde aber ich, du kennst nicht den Weg«, sage ich. »Gewiß«, sagte er, »ich fahre gar nicht mit, ich bleibe bei Rosa.« »Nein«, schreit Rosa und läuft im richtigen Vorgefühl der Unabwendbarkeit ihres Schicksals ins Haus; ich höre die Türkette klirren, die sie vorlegt; ich höre das Schloß einspringen; ich sehe, wie sie überdies im Flur und weiterjagend durch die Zimmer alle Lichter verlöscht, um sich unauffindbar zu machen. »Du fährst mit«, sage ich zu dem Knecht, »oder ich verzichte auf die Fahrt, so dringend sie auch ist. Es fällt mir nicht ein, dir für die Fahrt das

Mädchen als Kaufpreis hinzugeben.« »Munter!« sagte er; klatscht in die Hände; der Wagen wird fortgerissen, wie Holz in die Strömung; noch höre ich, wie die Tür meines Hauses unter dem Ansturm des Knechtes birst und splittert, dann sind mir Augen und Ohren von einem zu allen Sinnen gleichmäßig dringenden Sausen erfüllt. Aber auch das nur einen Augenblick, denn, als öffne sich unmittelbar vor meinem Hoftor der Hof meines Kranken, bin ich schon dort; ruhig stehen die Pferde; der Schneefall hat aufgehört; Mondlicht ringsum; die Eltern des Kranken eilen aus dem Haus; seine Schwester hinter ihnen; man hebt mich fast aus dem Wagen; den verwirrten Reden entnehme ich nichts; im Krankenzimmer ist die Luft kaum atembar; der vernachlässigte Herdofen raucht; ich werde das Fenster aufstoßen; zuerst aber will ich den Kranken sehen. Mager, ohne Fieber, nicht kalt, nicht warm, mit leeren Augen, ohne Hemd hebt sich der Junge unter dem Federbett, hängt sich an meinen Hals, flüstert mir ins Ohr: »Doktor, laß mich sterben.«

Adalbert Stifter
Schnee

Wir mußten einen schweren Winter überstehen. So weit die ältesten Menschen zurück denken, war nicht so viel Schnee. Vier Wochen waren wir einmal ganz eingehüllt in ein fortdauerndes graues Gestöber, das oft Wind hatte, oft ein ruhiges, aber dichtes Niederschütten von Flocken war. Die ganze Zeit sahen wir nicht aus. Wenn ich in meinem Zimmer saß und die Kerzen brannten, hörte ich das unablässige Rieseln an den Fenstern, und wenn es licht wurde und die Tageshelle eintrat, sah ich durch meine Fenster nicht auf den Wald hin, der hinter der Hütte stand, die ich hatte abbrechen lassen, sondern es hing die graue, lichte, aber undurchdringliche Schleierwand herab; in meinem Hofe und in der Nähe des Hauses sah ich nur auf die unmittelbarsten Dinge hinab, wenn etwa ein Balken empor stand, der eine Schneehaube hatte und unendlich kurz geworden war, oder wenn ein langer, weißer, wolliger Wall anzeigte, wo meine im Sommer ausgehauenen Bäume lagen, die ich zum weitern Baue verwenden wollte. Als alles vorüber war und wieder der blaue und klare Winterhimmel über der Menge von Weiß stand, hörten wir oft in der Totenstille, die jetzt eintrat, wenn wir an den Hängen hinunter fuhren, in dem Hochwalde oben ein Krachen, wie die Bäume unter ihrer Last zerbrachen und umstürzten. Leute, welche von dem jenseitigen Lande über die Schneide herüber kamen, sagten, daß in den Berggründen, wo sonst die kleinen, klaren Wässer gehen, so viel Schnee liege, daß die Tannen von fünfzig Ellen und darüber nur mit den Wipfeln heraus schauen. Wir konnten nur den leichteren Schlitten brauchen – ich hatte nämlich noch einen machen lassen –, der etwas länger, aber schmäler war als der andere. Er fiel wohl öfter um, aber konnte auch leichter durch die Schluchten, welche die Schneewehen bildeten, durchdringen. Ich konnte jetzt nicht mehr allein zur Besorgung meiner Geschäfte herum fahren, weil ich mir mit allen meinen Kräften in vielen Fällen allein nicht helfen konnte. Und es waren mehr Kranke, als es in allen sonstigen Zeiten gegeben hatte. Deswegen fuhr jetzt der Thomas immer mit mir, daß wir uns gegenseitig beistünden, wenn der Weg nicht mehr zu finden war, wenn wir den Fuchs aus dem Schnee, in den er sich verfiel, austreten mußten, oder wenn einer, da es irgendwo ganz unmöglich war durch zu dringen, bei dem Pferde bleiben und der andere zurück gehen und Leute holen mußte, damit sie uns helfen. Es wurde nach dem großen Schneefalle auch so kalt, wie man es je kaum erlebt hatte. Auf einer Seite war es gut; denn der tiefe Schnee fror so fest, daß man über Stellen und über Schlünde gehen konnte, wo es sonst unmöglich gewesen wäre; aber auf der andern Seite war es auch schlimm; denn die Menschen, welche viel gingen, ermüdet wurden und unwissend waren, setzten sich nieder, gaben der süßen Ruhe nach, und wurden dann erfroren gefunden, wie sie noch saßen, wie sie sich nieder gesetzt hatten. Vögel fielen von den Bäumen, und wenn man es sah und sogleich einen in die Hand nahm, war er fest wie eine Kugel, die man werfen konnte. Wenn meine jungen Rappen ausgeführt wurden und von einem Baume oder sonst wo eine Schneeflocke auf ihren Rücken fiel, so schmolz dieselbe nicht, wenn sie nach Hause kamen, wie lebendig und tüchtig und voll von Feuer die Tiere auch waren. Erst im Stalle verlor sich das Weiß und Grau von dem Rücken. Wenn sie ausgeführt wurden, sah ich manchmal den jungen Gottlieb mit gehen und hinter den Tieren her bleiben, wenn sie auf verschiedenen Wegen herum geführt wurden, aber es tut nichts, die Kälte wird ihm nichts anhaben, und er ist ja in den guten Pelz gehüllt, den ich ihm aus meinem alten habe machen lassen. Ich ging oft in die Zimmer der Meinigen hinab, und sah, ob alles in der Ordnung sei, ob sie gehörig Holz zum Heizen haben, ob die Wohnung überall gut geborgen sei, daß nicht auf einen, wenn er vielleicht im Bette sei, der Strom einer kalten Luft gehe und er erkranke; ich sah auch nach der Speise; denn bei solcher Kälte ist es nicht einerlei, ob man das oder jenes esse. Dem Gottlieb, der nur mit Spänen heizte, ließ ich von den dichten Buchenstöcken hinüber legen. Im Eichenhage oben soll ein Knall geschehen sein, der seines Gleichen gar nicht hat. Der Knecht des Beringer sagte, daß einer der schönsten Stämme durch die Kälte von unten bis oben gespalten worden sei, er habe ihn selber gesehen. Der Thomas und ich waren in Pelze und Dinge eingehüllt, daß wir zwei Bündeln, kaum aber Menschen gleich sahen. Dieser Winter, von dem wir dachten, daß er uns viel Wasser bringen würde, endigte endlich mit einer Begebenheit, die wunderbar war, und uns leicht die äußerste Gefahr hätte bringen können, wenn sie nicht eben gerade so abgelaufen wäre, wie sie ablief. Nach dem vielen Schneefalle und während der Kälte war es immer schön, es war immer blauer Himmel, morgens rauchte es beim Sonnenaufgange von Glanz und Schnee, und nachts war der Himmel dunkel wie sonst nie, und es standen viel mehr Sterne in ihm als zu allen Zeiten. Dies dauerte lange – aber einmal fiel gegen Mittag die Kälte so schnell ab, daß man die Luft bald warm nennen konnte, die reine Bläue des Himmels trübte sich, von der Mittagseite des Waldes kamen an dem Himmel Wolkenballen, gedunsen und fahlblau, in einem milchigen Nebel schwimmend, wie im Sommer, wenn ein Gewitter kommen soll – ein leichtes Windchen hatte sich schon früher gehoben, daß die Fichten seufzten und Ströme Wassers von ihren Ästen niederflossen. Gegen Abend standen die Wälder, die bisher immer bereift und wie in Zucker eingemacht gewesen waren, bereits ganz schwarz in den Mengen des bleichen und wässerigen Schnees da. Wir hatten bange Gefühle, und ich sagte dem Thomas, daß sie abwechselnd nachschauen, daß sie die hinteren Tore im Augenmerk halten sollen, und daß er mich wecke, wenn das Wasser zu viel werden sollte. Ich wurde nicht geweckt, und als ich des Morgens die Augen öffnete, war alles anders, als ich es erwartet hatte. Das Windchen hatte aufgehört, es war so stille, daß sich von der Tanne, die ich keine Büchsenschußlänge von meinem Fenster an meinem Sommerbänkchen stehen sah, keine einzige Nadel rührte; die blauen und mitunter bleifarbigen Wolkenballen waren nicht mehr an dem Himmel, der dafür in einem stillen Grau unbeweglich stand, welches Grau an keinem Teile der großen Wölbung mehr oder weniger grau war, und an der dunkeln Öffnung der offen stehenden Tür des Heubodens bemerkte ich, daß feiner, aber dichter Regen niederfalle; allein wie ich auf allen Gegenständen das schillerige

Glänzen sah, war es nicht das Lockern oder Sickern des Schnees, der in dem Regen zerfällt, sondern das blasse Glänzen eines Überzuges, der sich über alle die Hügel des Schnees gelegt hatte. Als ich mich angekleidet und meine Suppe gegessen hatte, ging ich in den Hof hinab, wo der Thomas den Schlitten zurecht richtete. Da bemerkte ich, daß bei uns herunten an der Oberfläche des Schnees während der Nacht wieder Kälte eingefallen sei, während es oben in den höheren Teilen des Himmels warm geblieben war; denn der Regen floß fein und dicht hernieder, aber nicht in der Gestalt von Eiskörnern, sondern als reines, fließendes Wasser, das erst an der Oberfläche der Erde gefror und die Dinge mit einem dünnen Schmelze überzog, derlei man in das Innere der Geschirre zu tun pflegt, damit sich die Flüssigkeiten nicht in den Ton ziehen können. Im Hofe zerbrach der Überzug bei den Tritten noch in die feinsten Scherben, es mußte also erst vor Anbruch des Tages zu regnen angefangen haben. Ich tat die Dinge, die ich mitnehmen wollte, in ihre Fächer, die in dem Schlitten angebracht waren, und sagte dem Thomas, er solle doch, ehe wir zum Fortfahren kämen, noch den Fuchs zu dem untern Schmied hinüber führen und nachschauen lassen, ob er scharf genug sei, weil wir heute im Eise fahren müßten. Es war uns so recht, wie es war, und viel lieber, als wenn der unermeßliche Schnee schnell und plötzlich in Wasser verwandelt worden wäre. Dann ging ich wieder in die Stube hinauf, die sie mir viel zu viel geheizt hatten, schrieb einiges auf, und dachte nach, wie ich mir heute die Ordnung einzurichten hätte. Da sah ich auch, wie der Thomas den Fuchs zum untern Schmied hinüber führte. Nach einer Weile, da wir fertig waren, richteten wir uns zum Fortfahren. Ich tat den Regenmantel um und setzte meine breite Filzkappe auf, davon der Regen abrinnen konnte. So machte ich mich in dem Schlitten zurechte und zog das Leder sehr weit herauf. Der Thomas hatte seinen gelben Mantel um die Schultern und saß vor mir in dem Schlitten. Wir fuhren zuerst durch den Thaugrund, und es war an dem Himmel und auf der Erde so stille und einfach grau, wie des Morgens, so daß wir, als wir einmal stille hielten, den Regen durch die Nadeln fallen hören konnten. Der Fuchs hatte die Schellen an dem Schlittengeschirre nicht recht ertragen können und sich öfter daran geschreckt, deshalb tat ich sie schon, als ich nur ein paar Male mit ihm gefahren war, weg. Sie sind auch ein närrisches Klingeln, und mir war es viel lieber, wenn ich so fuhr, manchen Schrei eines Vogels, manchen Waldton zu hören, oder mich meinen Gedanken zu überlassen, als daß ich immer das Tönen in den Ohren hatte, das für die Kinder ist. Heute war es freilich nicht so ruhig, wie manchmal das stumme Fahren des Schlittens im feinen Schnee war, wie im Sande, wo auch die Hufe des Pferdes nicht wahrgenommen werden konnten; denn das Zerbrechen des zarten Eises, wenn das Tier darauf trat, machte ein immerwährendes Geräusch, daher aber das Schweigen, als wir halten mußten, weil der Thomas in dem Riemzeug etwas zurecht zu richten hatte, desto auffallender war. Und der Regen, dessen Rieseln durch die Nadeln man hören konnte, störte die Stille kaum, ja er vermehrte sie. Noch etwas anderes hörten wir später, da wir wieder hielten, was fast lieblich für die Ohren war. Die kleinen Stücke Eises, die sich an die dünnsten Zweige und an das langhaarige Moos der Bäume angehängt hatten, brachen herab, und wir gewahrten hinter uns in dem Walde an verschiedenen Stellen, die bald dort und bald da waren, das zarte Klingen und ein zitterndes Brechen, das gleich wieder stille war. Dann kamen wir aus dem Walde hinaus und fuhren durch die Gegend hin, in der die Felder liegen. Der gelbe Mantel des Thomas glänzte, als wenn er mit Öl übertüncht worden wäre; von der rauhen Decke des Pferdes hingen Silberfranzen hernieder; wie ich zufällig einmal nach meiner Filzkappe griff, weil ich sie unbequem auf dem Haupte empfand, war sie fest, und ich hatte sie wie eine Kriegshaube auf; und der Boden des Weges, der hier breiter und, weil mehr gefahren wurde, fester war, war schon so mit Eise belegt, weil das gestrige Wasser, das in den Gleisen gestanden war, auch gefroren war, daß die Hufe des Fuchses die Decke nicht mehr durchschlagen konnten, und wir unter hallenden Schlägen der Hufeisen und unter Schleudern unseres kleinen Schlittens, wenn die Fläche des Weges ein wenig schief war, fortfahren mußten.

Wir kamen zuerst zu dem Karbauer, der ein krankes Kind hatte. Von dem Hausdache hing ringsum, gleichsam ein Orgelwerk bildend, die Verzierung starrender Zapfen, die lang waren, teils herabbrachen, teils an der Spitze ein Wassertröpfchen hielten, das sie wieder länger und wieder zum Herabbrechen geneigter machte. Als ich ausstieg, bemerkte ich, daß das Überdach meines Regenmantels, das ich gewöhnlich so über mich und den Schlitten breite, daß ich mich und die Arme darunter rühren könne, in der Tat ein Dach geworden war, das fest um mich stand und beim Aussteigen ein Klingelwerk fallender Zapfen in allen Teilen des Schlittens verursachte. Der Hut des Thomas war fest, sein Mantel krachte, da er abstieg, auseinander, und jede Stange, jedes Holz, jede Schnalle, jedes Teilchen des ganzen Schlittens, wie wir ihn jetzt so ansahen, war in Eis, wie in durchsichtigen, flüssigen Zucker, gehüllt, selbst in den Mähnen, wie tausend bleiche Perlen, hingen die gefrornen Tropfen des Wassers, und zuletzt war es um die Hufhaare des Fuchses wie silberne Borden geheftet.

Ich ging in das Haus. Der Mantel wurde auf den Schragen gehängt, und wie ich die Filzkappe auf den Tisch des Vorhauses legte, war sie wie ein schimmerndes Becken anzuschauen.

Als wir wieder fortfahren wollten, zerschlugen wir das Eis

auf unsern Hüten, auf unsern Kleidern, an dem Leder und den Teilen des Schlittens, an dem Riemzeug des Geschirres, und zerrieben es an den Haaren der Mähne und der Hufe des Fuchses. Die Leute des Karbauers halfen uns hiebei. Das Kind war schon schier ganz gesund.

Literarischer Führer

Babiččino údolí/Großmutter-Tal: Im Tal des Flüßchens Upa (Aupa) verlebte Božena Němcová ihre Kindheit. Diese Landschaft und die Menschen, die in ihr lebten, vor allem aber ihre Großmutter, regten sie zu dem Roman »Babička« (Großmutter) an. In der »Alten Bleiche«, wo die Schriftstellerin damals gelebt hatte, ist das Zimmer der Großmutter nachgestaltet worden. Das Schloß Ratibořice, in dem Němcovás Vater königlicher Stallmeister war, kann besichtigt werden. Auch andere, im Roman vorkommende Orte, wie die Mühle und das Wehr, kann man aufsuchen, das läßt sich mit einer Wanderung durch das wunderschöne »Großmutter-Tal« verbinden.

In der unweit gelegenen Stadt Česká Skalice findet man ein Denkmal und eine Gedenktafel an der alten Schule, welche Božena Němcová von 1825-30 besucht hatte. Im früheren Steidler-Gasthaus, wo die Dichterin mehrmals auf Festen getanzt hatte, befindet sich heute ein ihr gewidmetes Museum.

Benešov/Beneschau: Dieses südlich von Prag gelegene Städtchen bildet die Kulisse für Vladislav Vančuras Roman »Der Bäcker Jan Marhoul«. Ein Denkmal erinnert an den Dichter.

Berounka/Beraun: Linker Nebenfluß der Moldau und der mit 139 km längste, mündet bei Zbraslav in die Moldau.

Bezděz/Bösig: Die gut erhaltene, weithin sichtbare Burg ist eine der imposantesten Böhmens.

Bělá pod Bezdězem/Weißwasser: 1911, mit 6 Jahren, kam Vladimír Holan mit seinen Eltern hierher. Sein Vater arbeitete als Fabriksverwalter bei K. C. Menzel. 1919 ging die Familie nach Prag zurück.

Bránov: Dorf an der Berounka bei Křivoklát. In der Aue, im Haus des Fährmanns Prošek, verbrachten der junge Ota Pavel und seine Familie viele Sommer. Das Haus und die große Akazie davor, den Fluß und die Insel findet man auch heute noch so vor, wie Ota Pavel es beschrieben hat. In einem Raum des Fährhauses ist heute ein Ota-Pavel-Museum mit zahlreichen Fotos und einigen Erinnerungsstücken eingerichtet. Man erreicht es am besten über die Landstraße in Richtung Týřovice am anderen Ufer und setzt mit der Fähre über. Nimmt man den Weg über das Dorf Bránov, muß man etwa 2 km zu Fuß zurücklegen. Im Dorf erinnert eine Gedenktafel an Pavel.

Am anderen Ufer, unterhalb des Dorfes Nezabudice, befindet sich auch heute noch das Restaurant »U Rozvědčika (Zum Kundschafter), von dem Ota Pavel geschrieben hatte.

Budyně nad Ohří / Budin an der Eger: Auf seinem »Spaziergang nach Syrakus 1802« rastete Johann Gottfried Seume im Budiner Gasthof »Zur goldenen Rose«, bevor er von hier aus nach Prag aufbrach.

Das Stadtmuseum berichtet über die Geschichte der Stadt als Herzogs- und später Königshof seit dem Mittelalter, auch über den »Budiner Drachen«, ein Krokodil, das Johann von Hasenburg von einer seiner Reisen mitgebracht hatte.

Buštěhrad: In diesem kleinen Ort, westlich von Kladno, unweit von Lidice, lebte Ota Pavels Familie während des Zweiten Weltkrieges. Bis zur Deportation nach Theresienstadt arbeiteten Ota Pavels Vater und seine Brüder im Kladnoer Schacht. Der von Pavel beschriebene Brauereiteich ist heute noch genauso vorzufinden, selbst die Weide, von der aus der Junge geangelt hat, steht noch.

Cheb / Eger: Das Stadthaus am Marktplatz Nr. 3-4, in dem Albrecht von Waldstein, der Herzog von Friedland und Schillersche Wallenstein, 1634 ermordet wurde, ist heute ein Museum. Im Zuge seiner Studien zur Wallensteintrilogie besuchte Friedrich Schiller 1791 dieses Haus und wohnte im ehemaligen Gasthof »Zum Goldenen Hirschen« am Marktplatz.

Heimito von Doderer war gegen Ende des Zweiten Weltkrieges in Eger stationiert.

Chomutice, Chomutičky: In diesen beiden ostböhmischen Gemeinden, westlich der Stadt Hořice, spielt die »Böhmische Boheme«, ein »Dorfbubensong« von Josef Hiršal. Der Autor wurde 1920 in Chomutičky geboren.

Česko-Moravská vrchovina / Böhmisch-Mährische Höhe: Dieser Gebirgszug trennt die alten Länder Böhmen und Mähren. An seinem Fuße, am Fluß Sázava, liegt die Stadt Havlíčkův Brod (Deutsch Brod). Vladimír Holans Gedicht bezieht sich auf diese Gegend.

Český Krumlov / Böhmisch Krumau: Seit seiner Kindheit liebte Egon Schiele Krumau, die Geburtsstadt seiner Mutter. Viele seiner Stadtansichten sind aus der Vogelperspektive gemalt, die er von der Brücke des Schlosses aus einnahm. Die Entrüstung der Bürger über seine Aktmalerei trieb ihn 1911 aus der Stadt, welche nun ein großes Schiele-Museum eröffnet hat. Ein Biograph Schieles meint, Krumau mute an wie eine Erfindung Adalbert Stifters.

Český ráj / Böhmisches Paradies: Landschaft zwischen Mnichovo Hradiště (Münchengrätz), Jičín (Jitschen) und Turnov (Turnau) mit bizarren Sandsteinfelsen, Kiefernwäldern und Burgruinen, deren berühmteste die Burg Trosky ist. Sie wurde zum Wahrzeichen des Böhmischen Paradieses.

České Švýcarsko / Böhmische Schweiz: Böhmischer Teil des Elbsandsteingebirges, das sich längs der Elbe bis nach Dresden erstreckt. Diese Landschaft, in deren Zentrum die Stadt Děčín (Tetschen), das »Tor zu Böhmen«, liegt, wurde vor allem in der Zeit der Romantik oft beschrieben und dargestellt.

Im Sommer 1831 reiste Hans Christian Andersen durch die Sächsische Schweiz und unternahm dabei auch einen Ausflug nach Böhmen.

Domažlice / Taus: Hier, am Fuße des Český les (Böhmischer Wald), im Zentrum des Chodenlandes wurde 1878 der anarchistische Philosoph Ladislav Klíma geboren.

Der Autor Bernhard Setzwein lebt im grenznahen Waldmünchen und besucht Böhmen oft.

Děvín / Dewin: Alten Überlieferungen nach von Frauen errichtete Burg südlich von Prag, unweit von Zbraslav (Königssaal), gehört heute zu Prag.

Duchcov / Dux: Wie Most (Brüx), wo nur die 1975 um 835 m versetzte Mariä-Himmelfahrt-Kirche am Rande einer riesigen Braunkohlengrube an die alte Stadt erinnert, sollte auch Duchcov Anfang der 60er Jahre abgerissen werden. Massive Proteste der Bevölkerung konnten das verhindern.

Im Schloß von Dux lebte Casanova von 1785 bis zu seinem Tode 1798 als Bibliothekar des Grafen von Waldstein und schrieb seine berühmten Memoiren. Eine Ausstellung im Schloß erinnert an ihn, die Bibliothek befindet sich seit 1922 auf dem Schloß Mnichovo Hradiště (Münchengrätz). Auf dem ehemaligen Alten Friedhof von Duchcov, an der Barbarakapelle, gibt es eine Gedenktafel für Casanova. Sein Grab soll sich an unbekannter Stelle im Schloßpark befinden.

Goethe, Schiller und Chopin waren unter den Gästen bei den Festen des Grafen. Im Sommer 1791, nachdem er in Eger gewesen war, betrieb

Schiller hier Studien für seinen »Wallenstein«. Vermutlich kam es zu einer Begegnung mit Casanova. 1812 konzertierte Beethoven in Dux und widmete dem Schloßherren das Klavierwerk op. 53, die »Waldsteinsonate«.

»Ensko«: So nennt Jiři Gruša in einigen seiner Gedichte den Ort Rovensko pod Troskami im Böhmischen Paradies am Fuße der Burgruine Trosky, wo er von den 70er Jahren bis zu seiner Ausbürgerung 1980 zeitweise lebte.

Rovensko ist bekannt für seinen aus dem Jahr 1630 stammenden Glockenturm, dessen Glocken nach oben stehen und durch Treten geläutet werden.

Františkovy Lázně/Franzensbad: In den kleinsten und stillsten Ort des Bäderdreiecks, 4 km nördlich von Eger gelegen, kamen viele illustre Gäste. Gedenktafeln erinnern an wiederholte Aufenthalte Goethes. Auch Beethoven, Nietzsche und Kafka weilten dort.

Frydlant/Friedland: Im Jahr 1911 suchte Kafka im Auftrag der Arbeiter-Unfall-Versicherungs-Anstalt Prag die Feintuch-Fabriken von Wilhelm Siegmund auf. Das über der Stadt gelegene Schloß, welches früher den Grafen von Waldstein gehört hatte, wurde eines der Vorbilder für Kafkas Roman »Das Schloß«.

Horni Mokropsy: Dorf südlich von Prag, wo viele russische Emigranten lebten. Im Mai 1922 verließ Marina Zwetajewa mit ihrer Tochter Ariadna Moskau und kam über Berlin hierher, wo ihr Mann Sergej Efron sie erwartete. Sie wohnten zunächst in Horni Mokropsy, dann in Praha-Smíchov, später in Dolní Mokropsy und in Jíloviště. 1925 wurde M. Zwetajewas Sohn Georgi in Všenory bei Prag geboren. Noch im selben Jahr zog die Dichterin mit ihrer Familie nach Paris.

Horní Planá/Oberplan: In Stifters Geburtshaus befindet sich heute ein Museum. Ein Spaziergang zur nahe gelegenen Gutwasser-Kapelle bietet sich an. Die Stifter-Buche dagegen wurde schon vor einigen Jahren vom Sturm gefällt. In den meisten Texten Stifters leuchtet diese Gegend seiner Kindheit und Jugend auf.

Horní Slavkov/Schlaggenwald: In dieses durch Zinnbergbau bekannt gewordene Städtchen kam Goethe im Rahmen seiner geologischen Forschungen mehrfach.

Gegen Ende des Zweiten Weltkrieges hatte es Viktoras Pivonas mit seiner Familie hierher verschlagen.

Jičin / Jitschen: Die Geschichte der Stadt am Südende des Böhmischen Paradieses ist eng mit Albrecht von Waldstein, dem Herzog von Friedland, verknüpft. In einem Eckhaus am Marktplatz wurde 1874 Karl Kraus geboren.

Jílové u Prahy / Eula: An der Sázava, 20 km südlich von Prag gelegenes Städtchen. Seine mehr als 650 Jahre alte Geschichte ist eng mit der Goldgewinnung verbunden, die erst 1968 eingestellt wurde. Im 14. Jahrhundert war Jílové der bedeutendste Fundort von Gold in ganz Europa. Das Regionalmuseum zeigt eine Ausstellung zur Geschichte des Goldbergbaus in Böhmen, und man kann das Goldwaschen auch selber ausprobieren.

Novalis war nicht in Eula. Im Nachlaß von Prof. Werner, bei dem er in Freiberg studiert hatte, wurde jedoch der Bericht eines alten Bergmeisters aus Eula gefunden, der Parallelen zu der Beschreibung im Roman »Heinrich von Ofterdingen« aufweist.

In der um 1350 erbauten Adalbertskirche am Stadtplatz drehte Miloš Forman eine Szene für seinen Film »Amadeus«.

Karlovy Vary / Karlsbad: Zwölfmal kam Goethe in den ältesten und größten Badeort in Böhmen. Wer auf sich hielt, von Beethoven bis Karl Marx, durfte auf den Gästelisten nicht fehlen.

Walter Serner wurde als Walter Eduard Seligmann 1889 hier geboren, seine ersten publizistischen Arbeiten erschienen in der von seinem Vater begründeten »Karlsbader Zeitung«.

Kašperské Hory / Bergreichenstein: Im 14. Jahrhundert lag der Ort an einem Zweig des Goldenen Steigs, heute ist er ein Wintersportzentrum. Margit Schreiners Vater stammt aus Bergreichenstein.

Kersko: Waldsiedlung nordöstlich von Prag, zwischen Čelákovice und Nymburk. In Kersko sind Bohumil Hrabals Erzählungen »Schneeglöckchenfeste« und »Die Katze Autitschko« angesiedelt.

Kladno: Von 1949 bis zu seinem schweren Arbeitsunfall 1952 war Bohumil Hrabal in den Poldi-Hütten, den Stahlwerken von Kladno, tätig. In seiner Erzählung »Die schöne Poldi« erinnert er sich an diese Zeit.

Kolín nad Labem / Kolin an der Elbe: In der Schlacht von Kolín während des Siebenjährigen Krieges besiegte der österreichische Feldmarschall Daun den preußischen König Friedrich II. Auf seinem »Spaziergang nach Syrakus« kam Seume durch diese Gegend.

Krkonoše/Riesengebirge: Das Riesengebirge, der Sage nach die Heimat von Rübezahl, bildet die nordöstliche Grenze Böhmens. Unweit des Ferienortes Špindlerův Mlýn (Spindlermühl) entspringt die Elbe. Kafka soll hier die ersten Kapitel seines Romans »Das Schloß« geschrieben haben.

Kuks/Kukus: Die meisten Gebäude des vom Grafen Šporck von 1695 bis 1724 an beiden Ufern der Elbe angelegten Kurbades und auch die Heilquellen wurden 1740 von einem Hochwasser vernichtet. Heute befindet sich im ehemaligen Krankenhaus ein Museum, wo auch die Originale der allegorischen Statuen des Tiroler Bildhauers Matthias Bernhard Braun zu sehen sind. Der Engel des schmerzvollen Todes beschließt den Reigen der zwölf Laster auf der Westseite der von Braun gestalteten berühmten Terrasse vor dem Krankenhaus, der Engel des gesegneten Todes den der zwölf Tugenden im Osten.

Etwa 2 km westlich liegt der ebenfalls von Braun gestaltete Naturpark Betlém (Bethlehem) mit Skulpturen zu biblischen Themen. Unter den zahlreichen Gästen in diesem einst bedeutenden gesellschaftlichen und kulturellen Zentrum war neben Goethe auch Johann Christian Günther.

Kutná Hora/Kuttenberg: Von der Bedeutung der aufgrund ihrer reichen Silbervorkommen im Mittelalter größten Stadt nach Prag zeugen zahlreiche eindrucksvolle Bauten. Die Barbarakirche ist eine der schönsten Kirchen des Landes. In der Friedhofskapelle im nordöstlich gelegenen Vorort Sedlec gestaltete der Bildhauer František Rint um 1870 aus den Gebeinen von mehr als 10000 Menschen Skulpturen und Dekorationen.

Der 1932 in Čáslav, unweit von Kutná Hora, geborene Miloš Forman lebte nach der Verhaftung seiner Eltern durch die Nazis bei Verwandten in Čáslav und Nachod.

Lázně Kynžvart/Bad Königswart: Goethe, Beethoven, Hebbel und Stifter gehören zu den Besuchern des 5 km südwestlich von Marienbad gelegenen Metternichschlosses. Stifter, der im Juni 1865 auf Schloß Königswart zu Besuch war, soll durch die Anlage des Schloßparks, die Einrichtung der Salons und Sammlungen Anregungen für seinen Roman »Nachsommer« gefunden haben.

Liberec/Reichenberg: Auf seinen Inspektionsreisen für die Arbeiter-Unfall-Versicherungs-Anstalt Prag kam Kafka auch mehrmals nach Liberec. Franz Fühmann, der 1922 in Rokytnice geboren wurde, ging hier zeitweise zur Schule.

Zum Jeschkenberg (Jěst'ed), dem Reichenberger »Hausberg«, heißt es in H. Mauermanns Wörterbuch »Unsere Umgangssprache« (Düsseldorf, 1968-1972, S. 12 f.):

Titschel = Läuse, vgl. titschen = drücken, tunken (mhd. tetschen = klatschen)

Jeschkentitsche = Leute, die sehr oft den Jeschken (höchster Berg bei Reichenberg) bestiegen, die wie Läuse auf dem Kopf am Jeschken waren. Jeschkentitsche waren in Reichenberg jene Jeschkenfreunde, die es fertigbrachten, mindestens 100 Mal im Jahr auf den Jeschken zu steigen. Manche stiegen sogar zweimal am Tag auf den 1013 m hohen Berg. Sie mußten es sich aber auch bestätigen lassen, gewöhnlich unten am Fuße des Berges in einem Gasthaus und oben im Jeschkenhause. Wenn sie es mindestens auf 100 Mal brachten, wurden sie in die Gilde der Jeschkentitsche aufgenommen. Sie saßen dann im Jeschkenhaus in einem Sonderzimmer beisammen, bekamen ein ziemlich großes Kaffeetüpfel serviert, auf dem die Zahl 100 stand. Ein Reichenberger Oberlehrer hat den Berg 3000 Mal bestiegen. Er ging meist jeden Morgen vor dem Frühstück hinauf, um sich den richtigen Appetit zu holen.

Lidice: Am 10. Juni 1942 wurde das Dorf Lidice, 18 km nordwestlich von Prag, in einer »Vergeltungsaktion« für die Ermordung Reinhard Heydrichs von den Nazis ausgelöscht. 173 Männer wurden erschossen, die Frauen und Kinder wurden in KZs oder Vernichtungslager deportiert. 340 Menschen aus Lidice starben. Die Kirche wurde gesprengt. Ein Museum und ein Park mit Rosen aus aller Welt erinnern daran. Nach dem Krieg kehrten einige Frauen und Kinder hierher zurück. Seit 1947 entstand unweit des ursprünglichen Dorfes eine neue Siedlung.

Lipnice nad Sázavou/Lipnitz: Im Jahre 1316 erfolgte die erste Nennung der Burg, die 1869 teilweise abbrannte. In einem Häuschen unterhalb der Burg lebte Jaroslav Hašek. Er starb dort 1923. In seinem Wohnhaus befindet sich heute eine Gedenkstätte, auf dem Weg zur Burg ein Denkmal.

Lovosice/Lobositz: Die Schlacht bei Lobositz, einer kleinen Stadt am linken Elbufer, in welcher 1756 Friedrich II. die Österreicher besiegte, wurde von Ulrich Bräker in seiner »Lebensgeschichte und natürliche Ebenteuer des Armen Mannes im Tockenburg« beschrieben.

Malé Svatoňovice: In dieser 12 km östlich von Trutnov gelegenen Bergarbeitersiedlung kam Karel Čapek 1890 zur Welt. In seinem Geburtshaus wurde ein ihm und seinem Bruder Josef gewidmetes Museum eingerichtet, das Dokumente zum Leben und Schreiben Karels sowie Malerei und Grafik von Josef zeigt.

In einem Landhaus in Strž, 2 km östlich von Dobris, unweit der Stadt Příbram, wo Karel Čapek mit seiner Frau Olga Scheinpflugova gelebt hatte, befindet sich heute ein liebevoll gestaltetes Museum.

Maria Loreto, Wallfahrtskirche, siehe: Starý Hrozňatov/Alt Kinsberg.

Mariánské Lázně/Marienbad: Das jüngste böhmische Bad wurde von vielen prominenten Gästen aufgesucht, zu nennen wären beispielsweise Alejchem, Chopin, Dvořak, Freud, Gogol, Hebbel, Ibsen, Kafka, Kipling, Nietzsche, Turgenjew, Twain und Wagner.

Im Sommer 1821 begegnete Goethe hier der 19jährigen Baronin Ulrike von Levetzow, zwei Jahre später entstand aus dieser späten Liebe die »Marienbader Elegie«. Das Haus, wo Goethe 1823 wohnte, ist heute Stadtmuseum und zeigt Erinnerungen an diesen Aufenthalt.

Mělník: Von den Terrassen des Renaissance-Schlosses Mělník aus bietet sich ein wunderbarer Blick auf die Mündung der Moldau in die Elbe und auch auf die Landschaft um den Berg Řip. Von hier aus soll der Sage nach unter den Herzögen Čzech und Lech die Besiedlung Böhmens ihren Ausgang genommen haben. Es wird erzählt, daß hier, im Herzen des böhmischen Weinbaugebietes, schon die Fürstin Ludmilla Wein angebaut hat. Einer der hiesigen Weine ist nach ihr benannt.

Die Kunstsammlung der letzten Besitzer des Schlosses, der Familie Lobkowitz, kann besichtigt werden. Es gibt ein Restaurant und einen Weinkeller mit Probierstube.

Moldauherz: Die von Stifter beschriebenen Mäander der Moldau sind fast vollständig im über 40 km langen und bis zu 16 km breiten größten Bergstausee Böhmens, dem in den 50er Jahren angelegten Lipno-See, untergegangen.

Auch der Moldaudurchbruch unterhalb der Teufelsmauer, nahe dem Kloster Vyššíbrod (Hohenfurth), hat seither entschieden an Reiz verloren.

Nové Hutě/Kaltenbach: Nur wenige Häuser des ehemals deutsch besiedelten Dorfes Kaltenbach im südlichen Böhmerwald stehen noch.

Die neue Siedlung Nové Hutě ist ein Skisportzentrum. In der Umgebung findet man Moorlandschaften.

Nymburk/Nimburg: Nordöstlich von Prag an der Elbe gelegenes Städtchen, wo Bohumil Hrabals Vater Francin von 1920 an als Verwalter der dortigen Brauerei arbeitete. Francins Bruder Josef kam 1924 zu Besuch nach Nymburk und blieb bis zum Ende seines Lebens bei der Familie. Als »Onkel Pepin« wurde er zu einer der zentralen Figuren im Werk Bohumil Hrabals. In den 70er Jahren widmete Hrabal dem »Städtchen am Wasser« die Nymburker Trilogie: »Die Schur«, »Schöntrauer« und »Harlekins Millionen«. Später folgte der Band »Leben ohne Smoking«.

Písek: Seine Studien zur Melodie der gesprochenen Sprache führten Leoš Janáček 1927 nach Písek. In einem seiner Feuilletons für die »Lidové noviny« schreibt Janáček über die älteste Brücke Böhmens, welche Schloß und Marktplatz mit dem Goldenen Steig verband. Das hier abgedruckte Feuilleton Janáčeks und zwei weitere richten sich an eine Freundin Janáčeks, die sich in Písek der verwahrlosten Zigeunerkinder angenommen hatte.

Plana nad Lužnicí/Plana an der Luschnitz: In den Sommermonaten 1922 besuchte Kafka seine Schwester Ottla, die mit ihrer Familie eine Ferienwohnung in Plana gemietet hatte. Hier entstanden die letzten neun Kapitel des Romans »Das Schloß«. Im Ort erinnert keine Tafel an Kafkas Aufenthalt.

Plešné jezero/Plöckensteinsee: »Oft entstieg mir ein und derselbe Gedanke, wenn ich an diesen Gestaden saß: als sei ein unheimlich Naturauge, das mich hier ansehe – tief schwarz – überragt von der Stirne und Braue der Felsen, gesäumt von der Wimper dunkler Tannen – drin das Wasser regungslos, wie eine versteinerte Träne.« Adalbert Stifter

Im Dreiländereck Böhmen–Bayern–Österreich, unterhalb des höchsten Berges des Böhmerwaldes Plöckenstein (1363 m), liegt dieser von Stifter in seiner Erzählung »Der Hochwald« (s.o.) beschriebene See. An der Seewand erinnert ein Granit-Obelisk an den Dichter.

Podhrad/Pograth: 4 km südlich von Cheb, am Ufer des Wondreb-Stausees gelegenes Dorf. Goethe kam im Zuge seiner geologischen Studien 1822 hierher.

Prachatice/Prachatitz: »Nürnberg des Böhmerwaldes« wurde die Stadt am Goldenen Steig ihrer mittelalterlichen Bauten wegen genannt.

Grimmelshausen läßt seine »Landstörzerin Courasche« hier aufwachsen.

Rokytnice/Rochlitz (Riesengebirge): In Rochlitz an der Iser wurde Fühmann 1922 geboren, hier und in Liberec/Reichenberg, wo er eine Zeitlang zur Schule ging, sind viele der Erzählungen über seine Kindheit angesiedelt.

Sázava/Sasau: Der rechte Nebenfluß der Moldau entspringt auf der Böhmisch-Mährischen Höhe und mündet bei der Ortschaft Sázava in die Moldau.

Siřem/Zürau: Dorf inmitten von Hopfenfeldern, heute ein Ortsteil des nordböhmischen Blšany/Flöhau, 15 km südlich von Žatec. Kafka verbrachte 1918 einige Monate hier bei seiner Schwester Ottla. Viele der auf dem Land empfangenen Eindrücke haben sich im Roman »Das Schloß« und in einigen Erzählungen niedergeschlagen.

In ihrer Jugend planten Havel und Forman ein Filmszenario über Kafkas Aufenthalte in Siřem, besonders über die sich in der Topographie des Romans »Das Schloß« spiegelnde Topographie des Dorfes und der Umgebung. Sie reisten nach Siřem, doch keiner konnte ihnen Auskunft geben, 1938 waren die Tschechen von den Deutschen vertrieben worden und 1945 die Deutschen von den Tschechen. Da Kafka zudem damals noch zu den verbotenen Autoren zählte, nahmen sie Abstand von diesem Vorhaben.

Sobotka: Im Böhmischen Paradies, 13 km von Jičin entfernt. Am arkadengesäumten Marktplatz erinnert eine Büste an seinem Geburtshaus an den Dichter Fráňa Šrámek (1877-1952).

Starý Hroznatov (früher Starý Kynšperk)/Alt Kinsberg: Von der romanischen Burg des 6 km südlich von Cheb gelegenen Dorfes ist der runde »Schwarze Turm« erhalten. Oberhalb des Ortes liegt die Wallfahrtskirche Maria Loreto. Die vom Verfall gezeichnete Ruine wird seit Anfang der 90er Jahre restauriert.

Šumava/Böhmerwald: Entlang der deutschen und österreichischen Grenze erstrecken sich die Gebirgs- und Moorlandschaften des Böhmerwaldes. Das Werk von Adalbert Stifter und Karel Klostermann, den beiden wichtigsten Dichtern des Böhmerwaldes, ist wesentlich von dieser Landschaft geprägt. Im Urwald auf dem Berg Boubín (Kubany) kann man den von ihnen erlebten Urzustand der Wälder nachempfinden.

Tábor: Im Jahre 1420 wurde die Stadt von den Hussiten begründet und nach dem biblischen Berg Tabor benannt. Auch das später angelegte Trinkwasserreservoir trägt einen biblischen Namen – Jordan. Im Rathaus befindet sich das Hussitenmuseum. Von dort aus können auch die weit verzweigten unterirdischen Gänge besichtigt werden.

Teplice / Teplitz: Novalis nannte die Landschaft um Teplitz die schönste Gegend, die er je sah. Das Bad zählte zu den beliebtesten in Böhmen. Beethoven, Liszt, Wagner, Goethe, Schopenhauer, Kleist waren unter den namhaften Gästen.

1810 starb Johann Gottfried Seume, der hier Heilung gesucht hatte, im einstigen Gasthof »Zum Goldenen Schiff«. Fichte hielt die Begräbnisrede. Ein Denkmal am Eingang des Seume-Parks weist den Weg zum Grab des Dichters. Unter einer alten Eiche, links neben einer kleinen Kapelle ist es zu finden.

Terezín / Theresienstadt: In der um 1780 zur Verteidigung der nördlichen Grenze gegen Preußen gebauten Festungsstadt richteten die Nazis ab 1942 ein Konzentrationslager ein. Von hier aus wurden unzählige Juden in die Vernichtungslager gebracht. Ivan Klíma wurde als Kind mit seinen Eltern hierher deportiert. Er verlor viele seiner Angehörigen. Im Alter von 15 Jahren brachte man Dagmar Hilarová ins Ghetto von Theresienstadt. Hier begann sie, Gedichte zu schreiben. Die Kleine Festung und das Ghetto-Museum erinnern an den Terror in Theresienstadt.

In Prag, im Obřadní síň (Zeremonienhaus) am Eingang zum Alten Jüdischen Friedhof, ist eine Ausstellung mit Kinderzeichnungen aus Theresienstadt zu sehen.

Turnov / Turnau: In der Stadt Turnov, dem »Herzen des Böhmischen Paradieses«, war Jaroslav Seifert oft zu Gast und unternahm von dort aus Wanderungen durch die bezaubernde Landschaft. In einigen Texten seines Buches »Alle Schönheit dieser Welt« erinnert er sich daran.

Tursko: Einige der Gedichte des jungen Lyrikers Petr Borkovec sind von der Landschaft um Tursko, nördlich von Prag, inspiriert.

Valdice / Walditz: In die von Albrecht von Waldstein gestiftete Kartause von Valdice wurden 1636 die sterblichen Überreste des Herzogs gebracht und von dort 1785 nach Münchengrätz überführt.

Varnsdorf / Warnsdorf: Die »Industrie-Gartenstadt« Warnsdorf gehörte zu dem Rayon, den Kafka für die Arbeiter-Unfall-Versicherungs-Anstalt Prag zu betreuen hatte.

Von 1936 bis 1938 lebte Peter Weiss bei seinen Eltern hier in der Niedergrunder Straße (Erdgeschoß) und in Prag, wo er an der Kunstakademie studierte. Er verstand sich in dieser Zeit hauptsächlich als Maler. Von Warnsdorf aus korrespondierte er mit Hermann Hesse.

Žatec/Saaz: Um 1400 war Johann von Tepl Stadtschreiber und Notar in Saaz. Hier schrieb er seinen berühmten Dialog »Der Ackermann aus Böhmen«. Im 4. Kapitel wird verschlüsselt auf die Stadt Saaz (alte Schreibweise Sacz) hingewiesen: »...in einer festen schönen Stadt, auf einem Berge wehrhaft gelegen; der haben vier Buchstaben, der achtzehnte, der erste, der dritte und der fünfundzwanzigste im Alphabet, den Namen geflochten.«

Heute ist Žatec das Zentrum der Hopfenanbauregion zwischen Louny und Rakovník.

Deutsch-tschechisches Ortsverzeichnis

Alt Kinsberg – Starý Hrozňatov (früher Starý Kynšperk)
Bad Königswart – Lázně Kynžvart
Beneschau – Benešov
Beraun – Beroun
Bergreichenstein – Kašperské Hory
Böhmerwald – Šumava
Böhmische Schweiz – České Švýcarsko
Böhmisch-Mährische Höhe – Česko-Moravcká vrchovina
Bösig – Bezděz
Budin – Budyně
Dewin – Děvín
Dux – Duchcov
Eger – Cheb
Elbogen – Loket
Eula – Jílové
Franzensbad – Františkovy Lázně
Friedland – Frýdlant
Großmutter-Tal – Babiččinoúdolí
Jitschen – Jičin

Kaltenbach – Nové Hutě
Karlsbad – Karlovy Vary
Kolin – Kolín
Krumau – Český Krumlov
Kukus – Kuks
Kuttenberg – Kutná Hora
Lipnitz – Lipnice
Lobositz – Lovosice
Marienbad – Mariánské Lázně
Nimburg – Nymburk
Oberplan – Horní Planá
Plöckensteinsee – Plešné jezero
Pograth – Podhrad
Prachatitz – Prachatice
Reichenberg – Liberec
Riesengebirge – Krkonoše
Rochlitz – Rokytnice
Saaz – Žatec
Schlaggenwald – Horní Slavkov
Taus – Domažlice
Teplitz – Teplice
Warnsdorf – Varnsdorf
Zürau – Siřem

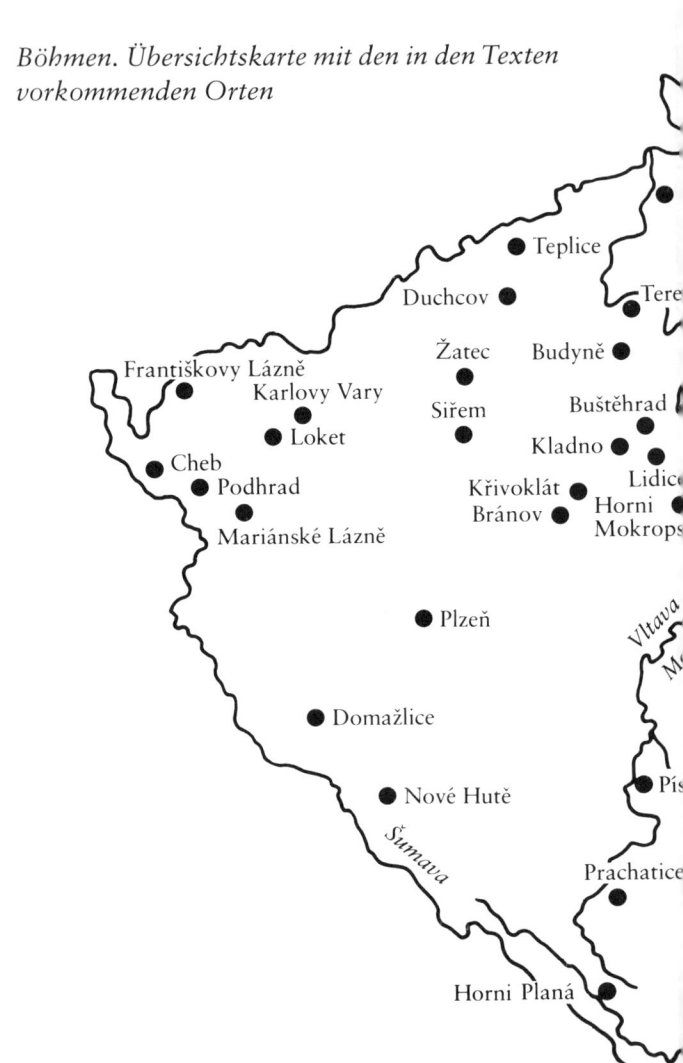

Böhmen. Übersichtskarte mit den in den Texten vorkommenden Orten

dorf

Frýdlant

Liberec

Krkonoše

Rokytnice

Turnov

Malé Svatoňovice

Jičin

Náchod

ělník

Kersko

Nymburk

Kuks

ha

raslav

Kolín

Labe/Elbe

Jílové

Kutná Hora

Benešov

Česko-Moravská vrchovina

Tábor

Planá

Lipnice

ké Budějovice

ý Krumlov

Textnachweis

Achternbusch, Herbert
Die Toten horchen an meinem Herz…, S. 26; Böhmischer Wind*,
S. 192-196; aus: Wind. Suhrkamp Verlag Frankfurt am Main 1989,
S. 424; S. 413, 416-418, 420, 424-425, 427, 428, 431, 434-437. Ab-
druck mit freundlicher Genehmigung des Autors

Alejchem, Scholem (Scholem Rabinowitz)
Loschne sluchem in Marienbad*, S. 52-55; aus: Marienbad. Ein Roman in Briefen. Aus dem Jiddischen neu übertragen und herausgegeben
von Salcia Landmann. © 1977 by F. A. Herbig Verlagsbuchhandlung
GmbH, München, S. 34-37, 103

Andersen, Hans Christian
Wanderung nach Böhmen hinein*, S. 86-87; aus: Reiseschatten von
einem Ausfluge nach dem Harz, der Sächsischen Schweiz im Sommer
1831. Reclam Verlag Leipzig, 1985, S. 131

Bachmann, Ingeborg
Böhmen liegt am Meer, S. 24-25; aus: Werke. Band I. Herausgegeben
von Christine Koschel, Inge von Weidenbaum, Clemens Münster. © Pi-
per Verlag GmbH, München 1978, S. 167-168

Behnisch, Franz Joachim
Böhmen 45, S. 104; Unveröffentlichtes Manuskript. © Verlag Das Ar-
senal Berlin

Berlinger, Joseph
Wenn diese Buche sprechen könnte, S. 45-46; Originalbeitrag

Blinder Jüngling
Die Weissagungen des Blinden Jünglings, S. 28-29; Eine böhmische
Weissagung aus dem 14. Jahrhundert. Herausgegeben und kommen-
tiert von Max Erbstein. Aufstieg-Verlag München, 1981, S. 32-34

Borkovec, Petr
Ocker die Kirche, S. 109; aus: Ze tři knih / Aus drei Büchern. Aus dem Tschechischen von Christa Rothmeier. Herausgegeben von Ludwig Hartinger. Original-Holzschnitte von Christian Thanhäuser. Ranitz Druck Nr. 1. Buchwerkstatt Thanhäuser. Ottensheim an der Donau, 1995, (ohne Seitennumerierung)

Bräker, Ulrich
Da Lowositz schon in Feuer stand*, S. 90-91; aus: Lebensgeschichte und natürliche Abenteuer des armen Mannes im Tockenburg. In: Werke in einem Band. Ausgewählt und eingeleitet von Hans-Günther Thalheim. Aufbau Verlag Berlin Weimar, 1989 (3. Aufl.), S. 202-203

Britting, Georg
Der Böhmische Wald, S. 200-201; aus: Gedichte 1940-1951. Nymphenburger Verlagsbuchhandlung, 1957, S. 178-179. © 1966 Paul List Verlag, München

Butzbach, Johann
Durch die Segenswünsche ..., S. 27; *Jiii jiii heya hoya hossa hossa!**, S. 213-214; aus: Kap. 5; Buch II, Kap. 12. In: Böhmen, wie es Johannes Butzbach von 1488-1494 erlebte. Herausgegeben von Horst Preiss. Verlag Robert Lerche München, 1958, S. 80; 84-85

Čapek, Josef
Rübezahls Garten. Autobiographisches Vorwort, S. 139-140; aus: Josef Čapek, Krakonošova zahrada. (Gemeinsam mit Karel Čapek). Verlag F. Borový, Prag 1918. Ausgewählt und aus dem Tschechischen übertragen von Christa Rothmeier.

Čapek, Karel
Sobotka* (aus: Des Dichters Sobotka), S. 125; *Sanfte Hügel aus rotem Sandstein** (aus: Die Gegend Jiráseks), S. 140-142; *Auf dem Goldenen Steig*, S. 186-188; in: Bilder aus der Heimat. Deutsch von Eckhard Thiele. Aufbau-Verlag Berlin und Weimar 1988, S. 22; S. 13-15; S. 41-44

Chatwin, Bruce
Marta*, S. 220-221; aus: Utz. Deutsch von Anna Kamp. © 1989 Carl Hanser Verlag München Wien

Curtius, Mechthild
Flug über das Auge des Waldes*, S. 205-206; aus: Bleikristall. Originalbeitrag

Deml, Jakub
Lindenbaum ..., S. 26; *Wermut ... / Bilsenkraut ...*, S. 224; *Löwenzahn ...*, S. 225; aus: Meine Freunde. Deutsch von Otto F. Babler. In: Die Sonnenuhr. Tschechische Lyrik aus 11 Jahrhunderten. Teil 3. Herausgegeben von Ludvík Kundera. Reclam Verlag Leipzig, 1987, S. 72; S. 74-75; *Trauer in Kukus* (Auszug), S. 146-147; Aus dem Tschechischen von Kuno Graf Des Fours. Herausgegeben von Jakub Deml in Tasov am 16. Oktober 1933, S. 13

Dietrich, Wolfgang
Sudeten, S. 57-58; aus: Vergeltsgott. Gedichte. Druckhaus Galrev Berlin, 1994, S. 83-84

Doderer, Heimito von
Die Burg zu Eger ..., S. 34-35; aus: Tangenten. Tagebuch eines Schriftstellers 1940-1950. Biederstein Verlag München, 1964, S. 249

Döblin, Alfred
Wallenstein, S. 125-126; aus: Wallenstein. Deutscher Taschenbuch Verlag, München 1989, S. 190-191. © 1965 Walter-Verlag AG, Olten

Durych, Jaroslav
Böhmisches Dorf*, S. 215-217; aus: Gottes Regenbogen. Novelle. Deutsch von Jan Patočka und Frank Boldt. In: Bohemica. Zeitschrift der Konstanzer Hus-Gesellschaft. Heft 1/2 1975 (4. Jahrgang), S. 39-40

Fellini, Federico
Schloß Dux. Salon. Innen. Tag., S. 84-85; aus: Casanova. Drehbuch. Deutsch von Inez De Florio-Hansen und Dieter Schwarz. Copyright © 1977 by Diogenes Verlag AG Zürich, S. 173-174

Forman, Miloš
Mein zweihöckriges Kamel, S. 149-153; aus: Rückblende. Erinnerungen. Aus dem Amerikanischen von Brigitte Jakobeit. Copyright © 1994 by Miloš Forman und Jan Novak. Für die deutsche Ausgabe Copyright © 1994 by Hoffmann und Campe Verlag, Hamburg, S. 54-58

Fühmann, Franz
Die Berge herunter, S. 130-132; aus: Die Berge herunter. In: Das Judenauto. Reclam Verlag Leipzig, 1987, (2. Aufl.), S. 37, 40-41. © Hinstorff Verlag Rostock 1978

Goethe, Johann Wolfgang
Fahrt nach Pograd, S. 35-39; *Aus Teplitz*, S. 87-88; aus: Allgemeine Naturlehre. Geologie. Herausgegeben von Wolf von Engelhardt und Manfred Wenzel. Deutscher Klassiker Verlag Frankfurt am Main, 1989, S. 435-439; S. 452-453; *Aus der Marienbader Elegie*, S. 47-48; aus: Marienbader Elegie. Urschrift 1823. Herausgegeben von Jürgen Behrens und Christoph Michel, mit einem Geleitwort von Arthur Henkel. Insel Verlag Frankfurt am Main, 1991, S. 79-85; *Amazonen in Böhmen*, S. 169; aus: Amazonen in Böhmen. In: Goethes Werke. Herausgegeben im Auftrage der Großherzogin Sophie von Sachsen, 42. Band, 2. Abteilung, Hermann Böhlaus Nachfolger, Weimar, 1907, S. 93-94

Grimmelshausen, Hans Jakob Christoffel von
Jungfrau Libuschka, hernachmals genannte Courasche, kommt in den Krieg, S. 190-192; aus: Die Lebensbeschreibung der Erzbetrügerin und Landstörzerin Courasche. Zum Druck befördert von Engelbert Hegaur. Mit einem Nachwort von Hans Magnus Enzensberger. Deutscher Taschenbuch Verlag München, 1962, S. 9-11

Gröner, Walter
Bierstube, S. 185-186; aus: Fabrikler, Leser und Poet. Elster Verlag
Bühl-Moos, 1985, S. 66

Gröschner, Annett
Die Burg der Frauen, S. 170-172; Originalbeitrag

Gruša, Jiří
Babylon – der Wald in Ensko, S. 124; aus: Der Babylonwald. Gedichte
1988. Mit einem Nachwort von Sarah Kirsch. Deutsche Verlags-An-
stalt, Stuttgart 1991, S. 23

Günther, Johann Christian
Auf das Kuckusbad in Böhmen, S. 146; aus: Gesammelte Gedichte.
Herausgegeben von Herbert Heckmann. Carl Hanser Verlag München
Wien, 1981, S. 287

Halas, František
Drei Landschaften, S. 23-24; aus: Poesie. Übertragung und Nach-
wort von Peter Demetz. Suhrkamp Verlag Frankfurt am Main 1965,
S. 47

Hašek, Jaroslav
Die Predigt aus der Baumkrone*, S. 164-165; aus: Jaroslav Hašek in
Briefen, Bildern und Erinnerungen. Herausgegeben und kommentiert
von Radko Pytlík, deutsch von Gustav Just. Aufbau-Verlag Berlin und
Weimar, 1983, S. 154-156

Hebbel, Friedrich
Meine Frau nahm ihr erstes Schlammbad*, S. 49-51; aus: Tagebücher
1848-1863. Vollständige Ausgabe in drei Bänden. Band 3. Herausgegeben und mit Anmerkungen versehen von Karl Pörnbacher.
Deutscher Taschenbuch Verlag München, 1984, S. 147-149.

Heindl, Wenzel
Mein, was will man auch machen in so einer Gegend …, S. 27; *Wie
vierzehn der Krieg ausbrochen ist*, S. 63-64; aus: Werner Fritsch: Das

sind die Gewitter in der Natur. Filmbuch. Edition Solitude, Stuttgart 1992, S. 8; S. 9-10

Hilarová, Dagmar
Brot, S. 91-92; aus: Hundert Farben hat der Regenbogen. Deutsch von Günther Deicke. Verlag der Nation Berlin, 1966, S. 21

Hiršal, Josef
Honig*, S. 128; aus: Böhmische Boheme. Dorfbubensong. Deutsch von Susanna Roth. Residenz Verlag Salzburg und Wien, 1994, S. 12-14

Holan, Vladimír
Der Sand beharrt auf seinem Recht, S. 112-114; aus: Sebrané spisy Vladimíra Holana. Svazek X. Verlag Odeon Prag, 1988, S. 414-416. Ausgewählt und aus dem Tschechischen übertragen von Christa Rothmeier; *Herbst III*, S. 147-148; aus: Bolest. Verše z let 1949-1955. Verlag Československý spisovatel Prag, 1965, S. 140. Aus dem Tschechischen übertragen von Christa Rothmeier; *Die Föhre*, S. 147; aus: Vor eurer Schwelle. Deutsch von Reiner Kunze. J. G. Bläschke Verlag Darmstadt, 1970; *Sesam, öffne dich nicht…!*, S. 217-219; aus: Auf der Karte Europas ein Fleck. Gedichte der osteuropäischen Avantgarde. Herausgegeben von Manfred Peter Hein. Ammann Verlag Zürich, 1991, S. 379-383. Deutsch von Antonin Brousek und Manfred Peter Hein; *Am sechsten Januar*, S. 217; aus: Rückkehr. Herausgegeben und aus dem Tschechischen übertragen von Verena Flick. Wilhelm Schmitz Verlag Gießen, 1980, S. 9

Holzheimer, Gerd
Hašek in Lipnice, S. 148-149; aus: Hašek in Lipnice. Originalbeitrag

Hrabal, Bohumil
Die böhmischen Teiche … , S. 27; aus: Ein Heft ungeteilter Aufmerksamkeit. Deutsch von Susanna Roth. Suhrkamp Verlag Frankfurt am Main 1997, S. 33; *Eger in Trümmern**, S. 33-34; *So wanderten wir durch die Sternennacht**, S. 101-103; aus: Ich habe den englischen König bedient. Deutsch von Karl-Heinz Jähn. Suhrkamp Verlag Frank-

furt am Main 1988, S. 215-216, S. 209-211. © für die Übersetzung: Verlag Volk und Welt Berlin; *Wer Wind sät...**, S. 132-133; aus: Hochzeiten im Hause. Deutsch von Susanna Roth. Suhrkamp Verlag Frankfurt am Main 1993, S. 288-289, 292; *Gotteskinder*, S. 157-160; aus: Leben ohne Smoking, deutsch von Karl-Heinz Jähn. Suhrkamp Verlag Frankfurt am Main 1993, S. 9-11; *Das Schneeglöckchenfest*, S. 160-164; aus: Das Schneeglöckchenfest. In: Schneeglöckchenfeste. Deutsch von Petr Simon. Suhrkamp Verlag Frankfurt am Main 1981, S. 117-121; *Die schöne Poldi*, S. 97-100; aus: Die schöne Poldi. In: Verkaufe Haus, in dem ich nicht mehr wohnen will. Deutsch von Karl-Heinz Jähn. Suhrkamp Verlag Frankfurt am Main 1994, S. 136-138, 140

Hrubín, František
Einmal an der Sázava, S. 175-176; aus: Gesang der Liebe zum Leben. Tschechische Lyrik der Gegenwart. Herausgegeben von Manfred Jähnichen. Verlag Artia Prag, 1983, S. 62. Deutsch von Jürgen Rennert

Hrubý, Josef
Gedicht von der Heimat und dem Gesang der Mineralien, S. 188-190; in: Passauer Pegasus, Sonderheft: Tschechische Gegenwartsliteratur. 14. Jg. (1996), Heft 27/28, S. 138-139. Abdruck mit freundlicher Genehmigung der Fonda GmbH, München

Janáček, Leoš
Sie wurden eingefangen, S. 183-184; aus: Feuilletons aus den »Lidové noviny«. Deutsch von Charlotte Mahler. Ausgewählt, erweitert, mit Beiträgen und Anmerkungen versehen von Jan Racek. Breitkopf & Härtel Musikverlag Leipzig, 1959, S. 149-150

Juliš, Emil
Spiel um Bedeutung, S. 83; aus: Die Sonnenuhr. Tschechische Lyrik aus 11 Jahrhunderten. Herausgegeben von Ludvík Kundera. Reclam Verlag Leipzig, 1986 (2., veränderte Auflage, 1993), S. 402. Deutsch von Peter Demetz

Kafka, Franz
Nach den glücklichen Tagen im Böhmerwald ..., S. 26; aus: Max Brod: Über Franz Kafka. Fischer Taschenbuch Verlag Frankfurt am Main, 1974, S. 105; *Aus Zürau. Briefe**, S. 77-81; *Unschuldiger Lärm**, S. 182-183; aus: An Robert Klopstock. / Postkarte. Planá, Stempel: 26. VI. 1922; An Max Brod / Zwei Postkarten. Planá nad Lužnici, Ankunftsstempel: 26. VI. 1922. In: Briefe. Fischer Verlag Frankfurt am Main, 1975, S. 186-187, 197-198, 205-206, 231; S. 375-376; *Das Schloß in Friedland**, S. 116-118; *Ringplatz**, S. 120; aus: Reisetagebücher in der Fassung der Handschrift. Herausgegeben von Hans-Gerd Koch. Fischer Verlag Frankfurt am Main, 1994, S. 12-15, S. 17; *Die Kirschallee beim Waldausgang ...*, S. 225; aus: Tagebücher 1910-1923. Herausgegeben von Max Brod. Fischer Taschenbuch Verlag Frankfurt am Main, 1973, S. 364; *Wie der Wald im Mondschein atmet...*, S. 225; aus: Zur Frage der Gesetze und andere Schriften aus dem Nachlaß. In der Fassung der Handschrift. Nach der Kritischen Ausgabe herausgegeben von Hans-Gerd Koch. Fischer Taschenbuch Verlag Frankfurt am Main, 1994, S. 123; *Ein Landarzt*, S. 227-229; aus: Ein Landarzt. In: Sämtliche Erzählungen. Herausgegeben von Paul Raabe. Fischer Taschenbuch Verlag Frankfurt am Main, 1970, S. 124-125

von Kleist, Heinrich
Als hätten die Engel im Sande gespielt*, S. 89-90; aus: Brief an Wilhelmine von Zenge. Leipzig, den 21. Mai 1801. In: Sämtliche Werke. Herausgegeben von Paul Stapf, Emil Vollmer Verlag München (o. J.), S. 1294

Klíma, Ivan
Was empfindet ein Mensch an Orten, wo ihn der Tod häufiger umkreist als Vögel?*, S. 92-95; aus: Liebe und Müll. Deutsch von Alexandra Baumrucker. Carl Hanser Verlag München Wien, 1991, S. 34-37

Kling, Thomas
serner, karlsbad, S. 64-65; Originalbeitrag

Klostermann, Karel
Unterwegs zur Quelle der Warmen Moldau*, S. 196-199; *Aber eines hat der Böhmerwald …*, S. 201-202; aus: 9. Kapitel; 10. Kapitel. In: Böhmerwaldskizzen. Deutsch von Antje Pose. Mit einem Nachwort von Jaroslava Janáčková. Rütten & Loening, Berlin 1987, S. 187-192; S. 222

Kunz, Gregor
Andenkenladen, Reichenberg, S. 119; Originalbeitrag

Kunze, Reiner
Nach einem regen in Mělník, S. 110; aus: Gespräch mit der Amsel. © S. Fischer Verlag GmbH, Frankfurt am Main, 1984

Laube, Heinrich
Frauen in Franzensbad*, S. 42-45; aus: Marienbad. In: Reise durch das Biedermeier. Herausgegeben und mit einem Nachwort von Franz Heinrich Körber. Hoffmann und Campe Verlag Hamburg, 1965, S. 133-136

Lenz, Hermann
Und dann der Bogen eines Bussards über den Baumkronen*, S. 221-222; aus: Die Begegnung. Insel Verlag Frankfurt am Main 1979, S. 153-154

Loerke, Oskar
Ein Meer von Glut*, S. 133-137; aus: Reisetagebücher. Veröffentlichungen der Deutschen Akademie für Sprache und Dichtung Darmstadt. Zweiundzwanzigste Veröffentlichung. Eingeleitet und bearbeitet von Heinrich Ringleb.
Verlag Lambert Schneider Heidelberg Darmstadt, 1960, S. 92-94, 96, 98-99

Mácha, Karel Hynek
Abend auf Bezděz, S. 110-112; *Valdice*, S. 127-128; aus: Obrazy ze života mého, In: Spisy Karla Hynka Máchy. Díl druhý. I. L. Kober Praha, 1862, S. 204-206; S. 382-385. Ausgewählt und aus dem Tschechischen übertragen von Christa Rothmeier

Mörike, Eduard
*Tannendunkelheit**, S. 214; aus: Mozart auf der Reise nach Prag. In: Werke. Herausgegeben von Hannsludwig Geiger. Emil Vollmer Verlag Wiesbaden (o. J.), S. 959-961

Musäus, Johann Karl August
*Rübezahl**, S. 137-139; aus: Legenden von Rübezahl. In: Märchen und Sagen. Herausgegeben von Hans Marquardt. Buchverlag Der Morgen Berlin, 1978, 2. Aufl. 1985, S. 167-168

Němcová, Božena
Großmutter, S. 142-145; aus: Großmutter. Aus dem Tschechischen übertragen und mit einem Nachwort versehen von Josef Mühlberger. © 1969, 1997 Artemis & Winkler Verlag, Düsseldorf und Zürich

Nietzsche, Friedrich
*Aus Marienbad**, S. 51-52; aus: Briefe. Ausgewählt von Richard Oehler. Insel Verlag Frankfurt am Main 1993, S. 231-232

Novalis (Georg Philipp Friedrich Freiherr von Hardenberg)
*Ein Bergmann aus Böhmen**, S. 173-175; aus: Heinrich von Ofterdingen. Schriften. 1. Band. Paul Kluckhohn und Richard Samuel (Hrsg.), Darmstadt 1960, zit. nach 3. erw. Aufl. 1977, S. 240-241, 242-243

Pavel, Ota (Ota Popper)
Der schwarze Hecht, S. 68-70; *Weiße Pilze*, S. 70-73; *Menschenherzen** (aus: Die lange Meile), S. 100-101; in: Wie ich den Fischen begegnete. Deutsch von Elisabeth Borchardt. Verlag Volk und Welt, Berlin 1976, S. 12, S. 28-30, S. 43-44; *Die können dich auch töten*, S. 105-109; aus: Die können dich auch töten. In: Der Tod der schönen Rehböcke. Deutsch von Elisabeth Borchardt. Verlag Volk und Welt, Berlin 1973, S. 31-35

Pivonas, Viktoras
Böhmische Gläser, S. 58-63; Originalbeitrag

Riederer, Hartmut
Nach Böhmen möcht' ich immer ..., S. 26; Aus einem Brief an die Herausgeber, 1994

Robbe-Grillet, Alain
Letztes Jahr in Marienbad, S. 55-56; aus: Letztes Jahr in Marienbad (Drehbuch). Aus dem Französischen von Helmut Scheffel. Carl Hanser Verlag München, 1961. Abdruck mit freundlicher Genehmigung der Editions de Minuit, Paris

Schiele, Egon
In Momenten jochte der schwarze Fluß ..., S. 202; Jetzt sehe ich die schwarze Stadt wieder ..., S. 202; aus: Ich ewiges Kind. Gedichte und Zeichnungen. Verlag Christian Bandstätter Wien München, 1985, S. 22

Schlesak, Dieter
Aber du liebst sie noch immer, S. 223-224; Originalbeitrag

Schreiner, Margit
Kleofas, S. 199-200; aus: Kleofas. In: Die Unterdrückung der Frau, die Virilität der Männer, der Katholizismus und der Dreck. © 1995 by Haffmans Verlag AG Zürich, S. 63-65

Seifert, Jaroslav
Blick auf die Burgruine Trosky*, S. 123; aus: Brünnlein und Dichter. In: Ein Himmel voller Raben. Deutsch von Hans Gaertner. Albrecht Knaus Verlag München und Hamburg, 1985, S. 159

Semprun, Jorge
Libušes Blick*, S. 65-66; aus: Der Weiße Berg. Deutsch von Eva Moldenhauer. Suhrkamp Verlag Frankfurt am Main 1987

Setzwein, Bernhard
Klíma in Domažlice*, S. 67-68; aus: Wie ich einmal mit Ladislav Klíma im »U Schneidru« ein, zwei Stamperl Neunziggrädigen trank. Originalbeitrag

Seume, Johann Gottfried
In Budin*, S. 95-97; aus: Spaziergang nach Syrakus im Jahre 1802. In:
Werke in zwei Bänden. Band I. Herausgegeben von Jörg Drews.
Deutscher Klassiker Verlag Frankfurt am Main, 1993, S. 172-175

Shakespeare, William
In Böhmen. Eine öde Küste, S. 24; aus: Das Wintermärchen. Deutsch
von Peter Handke. Suhrkamp Verlag Frankfurt am Main 1991, S. 79

Skácel, Jan
Kindheit, S. 22-23; *Das Land gegenüber*, S. 226-227; aus: Wundklee.
Ins Deutsche übertragen und mit einem Nachwort versehen von Reiner
Kunze. Mit der Laudatio auf Jan Skácel zur Verleihung des Petrarca-
Preises von Peter Handke. Fischer Taschenbuch Verlag, Frankfurt am
Main 1989, S. 71-72; S. 80-81. © S. Fischer Verlag GmbH, Frankfurt
am Main 1982

Škvorecký, Josef
Trauerweiden in Kolín*, S. 154-157; aus: Feiglinge. Die Andere Bibliothek. Herausgegeben von Hans Magnus Enzensberger. Verlegt
bei Franz Greno, Nördlingen 1986, S. 182 – 188. © Josef Škvorecký, 1964. Abdruck mit freundlicher Genehmigung von Westwood
Creative Artists, Toronto

Sonka (Hugo Sonnenschein)
Der Totenkopfschwärmer . . ., S. 26; aus: Terrhan oder Der Traum von
meiner Erde. Herausgegeben und mit einem Nachwort von Jürgen
Serke. © Paul Zsolnay Verlag Gesellschaft m. b. H., Wien/Darmstadt
1988, S. 87

Sova, Antonín
Teiche, S. 185; aus: Tschechische Anthologie. Insel Verlag Leipzig,
1917, S. 23. Deutsch von Paul Eisner

Stifter, Adalbert
Weit zurück in dem leeren Nichts*, S. 21-22; *Abermals Dunkel**,
S. 207-209; aus: Nachgelassene Blätter. In: Gelegenheitsschriften. In:

Werke in drei Bänden. Band III. Herausgegeben von Hannsludwig Geiger, Ernst Vollmer Verlag Wiesbaden (o.J.), S. 1291 f; S. 1292-1294;
Moldauherz*, S. 203-205; aus: Der Waldgänger. a.a.O. Band II,
S. 336-337; *Schnee**, S. 229-236; aus: Die Mappe meines Urgroßva-
ters. In: Studien. Erster Band. Herausgegeben von Max Stefl. Mit
einem Nachwort von Wolfgang Frühwald. Insel Verlag Frankfurt am
Main, 1989

von Tepl, Johannes
Der Ackermann aus Böhmen, S. 81-82; aus: Der Ackermann aus Böhmen. Vyšehrad Verlag MCMXCIV (Herausgegeben in Zusammenar-
beit mit der Ackermann-Gemeinde)

Urzidil, Johannes
Durch Dörfer kam man*, S. 225; aus: Stief und halb. Erzählung. In:
Die verlorene Geliebte. © 1956 by Langen Müller in der F.A. Herbig
Verlagsbuchhandlung GmbH, München, S. 42

Vančura, Vladislav
Das Städtchen Benešov*, S. 176-178; aus: Der Bäcker Jan Marhoul.
Deutsch von Peter Pont. Suhrkamp Verlag Frankfurt am Main 1978,
S. 22-24

Weiss, Peter
Kafka und Brueghel in Warnsdorf*, S. 114-116; aus: Die Ästhetik des
Widerstands. Suhrkamp Verlag Frankfurt am Main 1988, S. 171-173

Weiss, Rainer
Eine Reise mit W., S. 39-42; Originalbeitrag

Werfel, Franz
Das Reich Gottes in Böhmen, S. 178-182; aus: Das Reich Gottes in
Böhmen. In: Gesammelte Werke. Die Dramen. Zweiter Band. © S. Fi-
scher Verlag GmbH, Frankfurt am Main 1959, S. 39-43

Wurm, Franz
Das Auge blüht, S. 223; aus: Dirzulande. © Paul Zsolnay Verlag Gesellschaft m.B.H., Wien/Darmstadt 1990, S. 85-86

Závada, Vilém
Man nannte dich Herz Europas …, S. 26; aus: Versuchung in der Wüste. Deutsch von Richard Pietraß. In: Die Sonnenuhr. Tschechische Lyrik aus 11 Jahrhunderten. Teil 3. Herausgegeben von Ludvík Kundera. Reclam Verlag Leipzig, 1987, S. 260

Zweig, Stefan
Hinter dieser totenschädeligen Stirn*, S. 85-86; aus: Casanova. In: Drei Dichter ihres Lebens. Aus: Essays. Auswahl 1925-1928. Insel Verlag Leipzig 1985. Abdruck mit freundlicher Genehmigung des S. Fischer Verlags, Frankfurt am Main

Zwetajewa, Marina Iwanowna
Aus Horni Mokropsi*, S. 172-173; Aus dem Brief an Alexander Wassiljewitsch Bachrach, Mokropsy, 20. Juli 1923. In: Im Feuer geschrieben. Ein Leben in Briefen. Herausgegeben und aus dem Russischen übersetzt von Ilma Rakusa. Suhrkamp Verlag Frankfurt am Main 1992, S. 147-148

Die mit * versehenen Titel stammen von den Herausgebern

Bildnachweis

Kunsthalle Hamburg: 6
Mauritius: 1-4, Umschlagabbildung
Museum Horni Planá, Tschechien 8
Privatbesitz: 7
Staatliche Museen Preußischer Kulturbesitz,
    Nationalgalerie Berlin: 5

Literatur und Reisen
im insel taschenbuch

158/1/12.96

Literatur und Reisen
im insel taschenbuch

Literatur und Reisen
im insel taschenbuch

158/3/12.96

Literatur und Reisen
im insel taschenbuch

158/4/12.96

Städte und Landschaften
Reiselesebücher im insel taschenbuch

169/1/12.96